# 全新非税收入
# 业务习题集及解析

税收实战编写组◎编

立信会计出版社
LIXIN ACCOUNTING PUBLISHING HOUSE

**图书在版编目(CIP)数据**

全新非税收入业务习题集及解析 / 税收实战编写组编. —上海：立信会计出版社，2021.7(2023.4 重印)
ISBN 978 - 7 - 5429 - 6887 - 6

Ⅰ. ①全… Ⅱ. ①税… Ⅲ. ①非税收收入—财政管理—中国—习题集 Ⅳ. ①F812.43-44

中国版本图书馆 CIP 数据核字(2021)第 130166 号

策划编辑　张巧玲
责任编辑　张临林

**全新非税收入业务习题集及解析**
QUANXIN FEISHUI SHOURU YEWU XITIJI JI JIEXI

| | | | |
|---|---|---|---|
| 出版发行 | 立信会计出版社 | | |
| 地　　址 | 上海市中山西路 2230 号 | 邮政编码 | 200235 |
| 电　　话 | (021)64411389 | 传　　真 | (021)64411325 |
| 网　　址 | www.lixinaph.com | 电子邮箱 | lixinaph2019@126.com |
| 网上书店 | http://lixin.jd.com | | http://lxkjcbs.tmall.com |
| 经　　销 | 各地新华书店 | | |

| | | | |
|---|---|---|---|
| 印　　刷 | 固安华明印业有限公司 | | |
| 开　　本 | 710 毫米×1000 毫米 | 1/16 | |
| 印　　张 | 18.75 | | |
| 字　　数 | 251 千字 | | |
| 版　　次 | 2021 年 7 月第 1 版 | | |
| 印　　次 | 2023 年 4 月第 3 次 | | |
| 书　　号 | ISBN 978 - 7 - 5429 - 6887 - 6/F | | |
| 定　　价 | 89.00 元 | | |

# 前 言

为了帮助大家在掌握非税收入各项目政策的基础上进行自我测试，我们特别邀请了非税收入专家编写了《全新非税收入业务习题集及解析》一书。本书编写结构分为两部分：第一部分以“考点串讲”梳理每章知识点体系，并对高频考点作出提示，指引读者迅速锁定重点知识；第二部分以“随章练习”针对“考点提示”的重点知识设置习题，并以相关理论和政策进行解析，帮助读者知其然，亦知所以然。

“随章练习”主要有单项选择题、多项选择题、判断题、业务题、综合计算实务题等题型，每题均附有答案及解析。

本书编写过程中，我们多次进行了内部稿件核对和计算，谨慎地校对了每一个知识点、每一道习题，但难免有疏漏之处，真诚希望广大读者批评指正，以助改进。若有疑问，请联系出版社进行反馈，谢谢大家！

税收实战编写组

# 目录

# 第一章

# 非税收入基础知识

## 第一部分　考点串讲

### 考点一　非税收入的定义

2016年财政部《政府非税收入管理办法》(财税〔2016〕33号)明确,政府非税收入(以下简称"非税收入")是指除税收以外,由各级国家机关、事业单位、代行政府职能的社会团体及其他组织依法利用国家权力、政府信誉、国有资源(资产)所有者权益等取得的各项收入。

**【考点提示1】**

1. 非税收入是政府财政收入的重要组成部分,应当纳入财政预算管理。

2. 非税收入征收主体具有多样性,包括各级国家机关、事业单位、代行政府职能的社会团体及其他组织。

3. 非税收入的收缴需依法进行,按照规定的程序(包括国家赋予地方政府及税收部门的审批权限)批准后方可收取。

4. 非税收入的收缴凭借的是国家政治权力、政府信誉、国有资源(资产)所有者权益等多种权利。

**【考点提示2】**

依据《政府非税收入管理办法》(财税〔2016〕33号)的规定非税收

入不包括社会保险费、住房公积金(指计入缴存人个人账户部分)。

## 考点二　非税收入与税收的区别

非税收入与税收既有相似之处,又有较大区别。两相比较,二者在职能作用、性质目的、预算管理、征管模式等方面存在显著差异。

**(一) 职能作用不同**

税收的主要职能是筹集财政收入,其次还有调节经济、监督反映的职能,除此之外税收一般坚持"税收中性"的原则,尽量减少对市场经济的干预。而非税收入除筹集财政收入之外,还承担了更多的职能作用:一是减少拥挤和补偿成本。二是减少负外部效应。三是促进国有资产保值增值。

**(二) 性质目的不同**

税收具有"强制性、无偿性、固定性"三性。与税收"三性"相比,各项非税收入的特点不完全一致,呈现多种特点:有的具有"强制性、无偿性、固定性",有的具有"强制性、无偿性、一次性",有的具有"自愿性、补偿性、一次性"。

**(三) 预算管理不同**

一是预算类别不同。根据《中华人民共和国预算法》,政府的全部收入和支出都应当纳入预算。税收只在一般公共预算中核算,而非税收入分布在一般公共预算、政府性基金预算、国有资本经营预算3个预算中。二是收入分成方式不同。税收一般是分税种按比例确定中央与地方的收入分成方式,比如企业所得税60%归属中央,40%归属地方。而非税收入的分成方式呈现多样化:第一种是按比例分成,比如水资源费10%归中央,90%归地方;第二种是按地区分成,比如国家重大水利工程建设基金，北京等 14 个省属于中央收入，山西等 16 个省属于地方收入；第三种是按照缴费对象分成，比如国有资本收益，中央企业缴纳的属于中央收入，地方企业缴纳的属于地方收入。

**（四）征管模式不同**

税收的征管模式基本一致，分为登记、申报、征收、检查、处罚、保全强制等征管环节，非税收入的征管模式差异却比较大：一是自愿与强制并存。二是征收部门多样化。三是管理方式不同。四是票据管理方式不同。目前税收都是使用税收票证，而非税收入一般是使用非税收入票据。

**【考点提示】**

税务部门大多采用的"征收管理"的模式：纳税人依法自行申报，税务部门开展风险应对，对税收缴纳情况进行全方位管理。而非税收入大多是用的"收缴"或"执收"的概念，大多采取事前核对的方式，核对无误后再开具缴款书征收入库。

## 考点三　非税收入的职能

**（一）财政职能**

和税收一样，非税收入也有财政职能，即筹集财政收入的职能。在财政收入中，税收收入是主体，非税收入是重要补充，特别是地方财政收入的重要补充。

**（二）经济管理职能**

和税收一样，非税收入也有经济职能，即经济杠杆职能——调节经济的职能。非税收入是政府参与国民收入分配和再分配的一种形式，非税收入在参与分配和再分配的过程中，必然改变国民收入在各部门、各地区、各缴纳义务人之间的分配比例，改变利益分配格局，对经济产生影响。

### （三）监督职能

非税收入具有监督政府及其所属单位履行其职责、监督社会成员行为的功能。非税收入监督社会经济活动的广泛性与深入性，是随市场经济的发展和国家干预社会经济生活的程度而发展的。

**【考点提示1】**

政府非税收入调节经济的职能主要体现在：一是公平社会负担，体现“谁受益、谁负担”的原则。二是作为政府通过经济手段行使社会经济管理职能的手段之一，与政府的法律手段、行政手段一起，成为政府管理社会经济活动的三大基本手段。

**【考点提示2】**

一般来说，市场经济越发达，经济生活越复杂，政府干预调节社会经济生活的活动就越复杂，非税收入监督也就越广泛而深入。

## 考点四　非税收入的作用

### （一）非税收入在深化财税体制改革中发挥的作用

新一轮财税体制改革是一场关系国家治理体系和治理能力现代化的深刻变革，是立足全局、着眼长远的制度创新。非税收入作为财税体制的组成部分直接影响着财税体制改革的成败，在深化财税体制改革重点推进的三个方面的改革中都发挥着重要作用。

1. 促进预算管理制度改革。

2. 促进税收制度改革。

3. 促进中央和地方政府间财政关系调整。

### （二）非税收入在健全公共财政体系中发挥的作用

1. 非税收入是政府提供准公共产品的成本补偿。

2. 非税收入是政府解决负外部效应的重要方式。

3. 非税收入是依据国家财产所有权获得收益的根本途径。

4. 非税收入是参与国民收入分配的重要手段。

**（三）非税收入在政府转型和构建和谐社会中发挥的作用**

非税收入征收管理的公开化和规范化，不仅可以堵住权力“寻租”的贪腐空间，还可以有效避免财政收入的流失，有效保障人民群众的切身利益。因此，非税收入是促进政府转型和构建和谐社会的重要组成部分。

**【考点提示 1】**

2014 年中央深改组和中央政治局审议通过了《深化财税体制改革总体方案》。深化财税体制改革重点推进三个方面的改革：一是预算制度的改革；二是深化税收制度改革，优化税制结构、完善税收功能、稳定宏观税负、推进依法治税，建立有利于科学发展、社会公平、市场统一的税收制度体系，充分发挥税收筹集财政收入、调节分配、促进结构优化的职能作用；三是调整中央和地方政府间财政关系。新一轮财税体制改革于 2016 年基本完成重点工作和任务，2020 年基本建立现代财政制度。

**【考点提示 2】**

财税体制改革重点之一是改进预算管理制度，强化预算约束、规范政府行为、实现有效监督，加快建立全面规范、公开透明的现代预算制度。非税收入的预算制度改革是预算制度改革的重点和难点，直接影响着改革的成果。

财税体制改革重点之二是深化税收制度改革，优化税制结构、完善税收功能、稳定宏观税负、推进依法治税，建立有利于科学发展、社会公平、市场统一的税收制度体系，充分发挥税收筹集财政收入、调节分配、促进结构优化的职能作用。

财税体制改革重点之三是调整中央和地方政府间财政关系,在保持中央和地方收入格局大体稳定的前提下,进一步理顺中央和地方收入划分,合理划分政府间事权和支出责任,促进权力和责任、办事和花钱相统一,建立事权和支出责任相适应的制度。

**【考点提示 3】**

2018 年 1 月 1 日起我国开征了环境保护税,实际是将原属于非税收入的排污费改为环境保护税。将一部分具有税收特征的非税收入改为税收,将各种不规范的收费、基金等纳入税收轨道上来,并使用税收的手段进行征管,这使管理更加法制化和规范化,使非税收入的结构更合理,同时也促进了税收制度的改革。

**【考点提示 4】**

公共产品具有消费上的非竞争性和非排他性,因此只能通过强制征税的方式弥补其供给成本。对于介于私人产品和公共产品之间的准公共品而言,在消费上,准公共品一方面具有一定的公共性或外部性,要么市场不会提供,要么由市场提供会带来低效性;另一方面又具有一定的排他性和竞争性特征,此种情况下,依据成本补偿原则,向使用者收费或征收基金就显得更为合理,且具有实际操作的可行性。对准公共产品征收非税收入,不仅能够在一定程度上减少拥挤,还可以充分体现“谁受益谁负担、多收益多负担”的原则,在政府对所提供产品的成本费用支出全部或部分收回的同时,也给予了所有社会成员消费的机会,实现了准公共品提供与分配的经济效率和社会福利最大化。

**【考点提示 5】**

外部效应是指在市场活动中没有得到补偿的额外成本或额外收

益，分为正外部效应和负外部效应。矫正负外部效应的方法一般有两种：征税和收费。当征税在现实环境中无法实施时，便可依据政府所具有的强制性行政权力采用收费或罚没的方式，促使生产者自觉减少负外部效应的产生。收费或罚没收入的标准确定与取得依据既不能超出负外部效应所存在的区间范围，也不能突破法律所赋予的行政权力的权限。

**【考点提示 6】**

财产所有权是指财产所有人依法对自己的财产享有的占有、使用、收益和处分的权利。社会中除了私人财产，还存在大量的公共财产，这些财产所有权属于国家，在我国被称为国有资产，具体包括经营性国有资产、行政事业性国有资产和资源性国有资产。国家凭借国国有资产所有者的身份，对其进行管理和经营，使其保值增值，并从中获取收益。这部分收益，自然成为政府非税收入的重要来源渠道之一。

**【考点提示 7】**

由“税主费辅”转为“税费皆重”的重大变化。

## 考点五　非税收入的分类

《政府非税收入管理办法》(财税〔2016〕33 号)规定，非税收入共计 12 项，具体包括：行政事业性收费收入、政府性基金收入、罚没收入、国有资源(资产)有偿使用收入、国有资本收益、彩票公益金收入、特许经营收入、中央银行收入、以政府名义接受的捐赠收入、主管部门集中收入、政府收入的利息收入、其他非税收入。不包括社会保险费、住房公积金(指计入缴存人个人账户部分)。

### (一) 行政事业性收费收入

《行政事业性收费项目审批管理暂行办法》(财综〔2004〕100 号)

规定，行政事业性收费是指国家机关、事业单位、代行政府职能的社会团体及其他组织根据法律、行政法规、地方性法规等有关规定，依照国务院规定程序批准，在向公民、法人提供特定服务的过程中，按照成本补偿和非营利原则向特定服务对象收取的费用。

行政事业收费具有以下特点：

1. 主体限定性。

2. 事项特定性。

3. 依据强制性。

4. 费用补偿性。

5. 行政事业性收费是属于纳入财政管理的财政性资金收入，一般为不征税收入。

**（二）政府性基金收入**

政府性基金，是指各级人民政府及其所属部门根据法律、行政法规和中共中央、国务院文件规定，为支持特定公共基础设施建设和公共事业发展，向公民、法人和其他组织无偿征收的具有专项用途的财政资金。

政府性基金具有以下特点：

1. 政府性基金收费的主体是各级人民政府及其所属部门，部分政府性基金由企业代为收取后上交各级人民政府及其所属部门。

2. 政府性基金属于政府非税收入，全额纳入财政预算，实行“收支两条线”管理。

3. 政府性基金一般具有专项用途。

4. 政府性基金一般无偿征收。

**（三）罚没收入**

罚没收入是指国家行政机关、司法机关和法律、法规授权的机构依据法律、法规，对公民、法人和其他组织实施处罚所取得的罚没款以及没收赃物的折价收入。

罚没收入是对违法违章行为实施的一种经济处罚，具有以下特点：

1. 强制性。

2. 无偿性。

3. 不稳定性。

**（四）国有资源（资产）有偿使用收入**

国有资源（资产）有偿使用收入是指有偿转让国有资源（资产）使用权而取得的收入，包括国有资产有偿使用收入和国有资源有偿使用收入。

国有资产有偿使用收入，包括国家机关、实行公务员管理的事业单位、代行政府职能的社会团体以及其他组织的固定资产和无形资产出租、出售、出让、转让等取得的收入，世界文化遗产保护范围内实行特许经营项目的有偿出让收入和世界文化遗产的门票收入，利用政府投资建设的城市道路和公共场地设置停车泊位取得的收入，以及利用其他国有资产取得的收入。

**（五）国有资本收益**

国有资本收益是指国家以所有者身份依法取得的国有资本投资收益。

国家以所有者身份进行投资成立国家出资企业，国家出资企业的形式主要有国有独资公司、国有资本控股公司和国有资本参股公司。国有资本收益主要包括国有资本分享的企业税后利润，国有股股利、红利、股息，企业国有产权（股权）出售、拍卖、转让收益和依法由国有资本享有的其他收益。

**（六）彩票公益金收入**

彩票公益金是从彩票发行收入中按规定比例提取的，专项用于社会福利、体育等社会公益事业的资金。按彩票类型划分，彩票公益金收入分为福利彩票公益金收入、体育彩票公益金收入和其他彩票公益金收入。

**（七）特许经营收入**

特许经营收入是指国家依法特许企业、组织或个人垄断经营某种产品或服务而获得的收入，主要包括烟草专卖收入、酒类产品专卖收入、免税商品专营收入、货币发行收入、印钞造币收入、纪念邮票（纪念币）发行收入、食盐批发专营收入等。

**（八）中央银行收入**

中央银行收入是指中国人民银行按规定上缴国家的收入，具体包括利息收入、业务收入、租赁收入和赔款收入。

**（九）以政府名义接受的捐赠收入**

以政府名义接受的捐赠收入，是指以各级政府、国家机关、实行公务员管理的事业单位、代行政府职能的社会团体以及其他组织名义接受的非定向捐赠货币收入，不包括定向捐赠货币收入、实物捐赠收入以及以不实行公务员管理的事业单位、不代行政府职能的社会团体、企业、个人或者其他民间组织名义接受的捐赠收入。

**（十）主管部门集中收入**

主管部门集中收入主要指国家机关、实行公务员管理的事业单位、代行政府职能的社会团体及其他组织集中所属事业单位收入，这部分收入必须经同级财政部门批准。今后，随着事业单位体制改革的深入进行，主管部门应当与事业单位财务实行彻底脱钩，逐步取消主管部门集中事业单位收入。作为过渡性措施，目前主管部门集中收入应当统一纳入非税收入管理范围，实行“收支脱钩”管理，有关支出纳入部门预算，实行统一安排。

**（十一）政府收入的利息收入**

政府财政资金产生的利息收入是指税收和非税收入产生的利息收入，按照中国人民银行规定计息，统一纳入政府非税收入管理范围。

**【考点提示 1】**

罚没收入与税收存在较大的区别，主要表现为：罚没收入是对违章、违规行为实施的一种经济处罚，罚没收入比税收具有更明显的强制性和无偿性，是财政收入的一种特殊形式，与税收相比，罚没收入缺乏固定性，具有定向性、一次性的特征，对取得财政收入缺乏稳定可靠的保证。

**【考点提示 2】**

国有资源有偿使用收入，包括土地出让金收入、新增建设用地土地有偿使用费、海域使用金、探矿权和采矿权使用费及价款收入、场地和矿区使用费收入；出租汽车经营权、公共交通线路经营权、汽车号牌使用权等有偿出让取得的收入；政府举办的广播电视机构占用国家无线电频率资源取得的广告收入；以及利用其他国有资源取得的收入。

## 考点六　非税收入管理体制

非税收入管理体制是指中央和地方及地方政府之间、财政与相关部门及单位之间非税收入管理权限划分的制度，具体表现为特定的非税收入管理模式，以及基于管理模式下的管理组织机构设置、管理职能及管理权责划分、人力等管理要素资源的配置等。

**(一) 非税收入管理体制的确立原则**

1. 统一领导、分级管理的原则。

2. 财权与事权相匹配的原则。

**【考点提示 1】**

在非税收入的管理体制中,非税收入管理政策和制度由政府制定,非税收入立项权、标准制定或审定权由政府掌握,属于全国性的非税收入项目由中央负责,属于地方性的非税收入项目由地方负责;分级管理要求具体非税收入项目的审定和批准、非税收入管理制度的制定与发布分别由中央与地方政府分权管理;人大与政府之间、政府部门(财政部门、物价管理部门)之间、部门与相关单位之间在非税收入的立项、标准制定、征收管理和资金使用方面,按照分权与制衡的原则和非税收入征收管理方式进行分权管理。

**(二) 非税收入管理体制的内容**

非税收入管理权限包括非税收入立法权、非税收入法律解释权、非税收入立项权或停征权、非税收入征收管理权、非税收入资金使用权等。

1. 非税收入立法权。

非税收入立法权是指国家最高权力机关根据法律程序赋予非税收入法律效力时所具有的权力。包括非税收入法律的制定权、审议权、表决权、批准权及公布权等。

目前我国没有法律层次高的非税收入法律,只有《政府非税收入管理办法》等规范性文件。还有一些地方性的管理办法。

2. 非税收入法律解释权。

非税收入法律解释权,是指经过立法机关授权,对非税收入有关法律法规进行解释的权限。

3. 非税收入立项权或停征权。

非税收入立项权是指设立开征某项非税收入的权利，包括确定开征的具体项目、开征的时间、征收的范围、征收标准等。非税收入停征权是指对已经开征的某项非税收入停止征收的权利，包括停止征收的条件、时间等。

4. 非税收入征收管理权。

非税收入征收管理权包括非税收入的征收权、票据管理权、资金管理权、对缴纳义务人的稽查权、对各管理方的监督检查权、行政处罚权等。

5. 非税收入资金使用权。

非税收入资金使用权是指非税收入的收益归属权，即收入缴入哪级国库、由谁支配使用等权利。

**（三）非税收入的管理机构**

依据《政府非税收入管理办法》（财税〔2016〕33 号）第十一条的规定："非税收入可以由财政部门直接征收，也可以由财政部门委托的部门和单位（以下简称执收单位）征收。未经财政部门批准，不得改变非税收入执收单位。法律、法规对非税收入执收单位已有规定的，从其规定。"由此可见，非税收入征收单位有三种：一是财政部门，二是财政部门授权的其他部门，三是其他法律法规特别规定的部门。

**（四）非税收入的设立**

设立非税收入，应当依据法律、法规的规定或者按下列管理权限予以批准。

1. 行政事业性收费按照国务院和省、自治区、直辖市（以下简称省级)人民政府及其财政、价格主管部门的规定设立。

2. 政府性基金设立的主体有国务院和财政部。省级人民政府无权设立政府性基金。

3. 其他非税收入的设立。

(1) 国有资源有偿使用收入、特许经营收入按照国务院和省级人民政府及其财政部门的规定设立。

(2) 国有资产有偿使用收入、国有资本收益由拥有国有资产(资本)产权的人民政府及其财政部门按照国有资产(资本)收益管理规定征收。

(3) 彩票公益金收入按照国务院和财政部的规定筹集。

(4) 中央银行收入按照相关法律法规征收。

(5) 罚没收入按照法律、法规和规章的规定征收。

(6) 主管部门集中收入、以政府名义接受的捐赠收入、政府收入的利息收入及其他非税收入按照同级人民政府及其财政部门的管理规定征收或者收取。

**(五) 非税收入的征收管理**

1. 执收主体。

非税收入执收主体由法律、法规、规章规定,法律、法规、规章没有规定执收主体的,由非税收入管理机构直接征收或依法委托相关单位征收。未经财政部门批准,不得改变非税收入执收主体。法律、法规对非税收入执收主体已有规定的,从其规定。

2. 缴纳义务人。

公民、法人或者其他组织(以下统称缴纳义务人)应当按规定履行非税收入缴纳义务。

3. 非税收入的票据管理。

非税收入的票据管理的内容包括印制、领取、发放、使用、保管、核销、销毁、监督检查等内容。

4. 非税收入的收缴管理。

(1) 非税收入收缴的电子化管理。

各级财政部门应当加快推进非税收入收缴电子化管理，逐步降低征收成本，提高收缴水平和效率。

(2) 非税收入的资金管理。

非税收入的资金管理包括收缴、存储、退付、清算、核算等内容。

(3) 非税收入的预算管理。

根据非税收入不同性质，分别纳入一般公共预算、政府性基金预算和国有资本经营预算管理。

5. 非税收入的监督管理。

(1) 各级财政部门应当建立健全非税收入监督管理制度，加强非税收入政策执行情况的监督检查，依法处理非税收入违法违规行为。

(2) 执收单位应当建立健全内部控制制度，接受财政部门和审计机关的监督检查，如实提供非税收入情况和相关资料。

(3) 各级财政部门和执收单位应当通过政府网站和公共媒体等渠道，向社会公开非税收入项目名称、设立依据、征收方式和标准等，并加大预决算公开力度，提高非税收入透明度，接受公众监督。

(4) 任何单位和个人有权监督和举报非税收入管理中的违法违规行为。

各级财政部门应当按职责受理、调查、处理举报或者投诉，并为举报人保密。

(5) 对违反《政府非税收入管理办法》规定设立、征收、缴纳、管理非税收入的行为，依照《中华人民共和国预算法》《财政违法行为处罚处分条例》和《违反行政事业性收费和罚没收入收支两条线管理规定行政处分暂行规定》等国家有关规定追究法律责任；涉嫌犯罪的，依法移送司法机关处理。

**【考点提示 1】**

非税收入国库集中收缴制度是国库集中收付制度的组成部分。国库集中收付制度是指建立国库单一账户体系，所有财政性资金都纳入国库单一账户管理，收入直接缴入国库或财政专户，支出通过国库单一账户体系，按照不同支付类型，采用财政直接支付与授权支付的方法，支付到商品或货物供应者或用款单位。

**【考点提示 2】**

非税收入实行分成的，应当按照事权与支出责任相适应的原则确定分成比例，并按下列管理权限予以批准：

1. 涉及中央与地方分成的非税收入，其分成比例由国务院或者财政部规定。

2. 涉及省级与市、县级分成的非税收入，其分成比例由省级人民政府或者其财政部门规定。

3. 涉及部门、单位之间分成的非税收入，其分成比例按照隶属关系由财政部或者省级财政部门规定。

未经国务院和省级人民政府及其财政部门批准，不得对非税收入实行分成或者调整分成比例。

## 考点七　税务机关征收的非税收入征管改革

### (一) 税务部门非税收入征管的历史沿革

从相关文件看，税务部门征管非税收入起步于 1986 年教育费附加的开征，历经2015年前、2015—2018年、2018年后三个阶段。

1. 委托征管阶段（2015年前）。

2015年前，从税务部门征管效率高、征管成本低的角度出发，各级政府及财政等部门将普遍征管、具有“同税”特点的非税收入，主动划转税务部门征管。主要存在两种形式：

一是设立阶段即明确由税务部门征管。比如教育费附加、废弃电器电子产品处理基金等。

二是征收中逐步划转税务部门征收。如残保金。

2. 拓展征管阶段（2015—2018年）。

2015年10月，中共中央办公厅、国务院办公厅（后统称中办国办）出台《深化国税、税务征管体制改革方案》，明确要求要发挥税务部门税费统征效率高等优势，按照便利征管、节约行政资源的原则，将依法保留、适宜由税务部门征收的行政事业性收费、政府性基金等非税收入项目，改由税务部门统一征收。

3. 研判征管阶段（2018年后）。

2018年3月，中国共产党中央委员会印发的《深化党和国家机构改革方案》指出，为降低征纳成本，理顺职责关系，提高征管效率，为纳税人提供更加优质高效便利的服务，将省级和省级以下国税地税机构合并，具体承担所辖区域内各项税收、非税收入征管等职责。中办国办随之出台了《国税地税征管体制改革方案》，明确“按照便民、高效的原则，合理确定非税收入征管职责划转到税务部门的范围，对依法保留，适宜划转的非税收入项目成熟一批划转一批，逐步推进。”

**（二）税务部门征收非税收入的征缴模式**

1. 全流程征管模式。

2. 部门协作征管模式。

3. 委托代征模式。

**(三) 税务部门征收非税收入的优势**

1. 组织优势明显。

2. 信息资源充分。

3. 征收成本降低。

4. 缴费负担减轻。

5. 资金安全完整。

6. 管理规范有效。

7. 执法保障有力。

**【考点提示 1】**

《关于国家重大水利工程建设基金等政府非税收入项目征管职责划转有关事项的公告》(国家税务总局公告 2018 年第 63 号)规定,自 2019 年 1 月 1 日起,原由财政部驻地方财政监察专员办事处(以下简称“专员办”)负责征收的国家重大水利工程建设基金、农网还贷资金、可再生能源发展基金、中央水库移民扶持基金(含大中型水库移民后期扶持基金、三峡水库库区基金、跨省际大中型水库库区基金)、三峡电站水资源费、核电站乏燃料处理处置基金、免税商品特许经营费、油价调控风险准备金、核事故应急准备专项收入,以及国家留成油收入、石油特别收益金,划转至税务部门征收。

**【考点提示 2】**

《国家税务总局关于水利建设基金等政府非税收入项目征管职责划转有关事项的公告》(国家税务总局公告 2020 年第 2 号)规定,自 2020 年起,地方政府及有关部门负责征收的国家重大水利工程建设基金,以及向企事业单位和个体经营者征收的水利建设基金,划转至税务部门征收。

【考点提示 3】

《关于水土保持补偿费等政府非税收入项目征管职责划转有关事项的公告》(国家税务总局公告 2020 年第 21 号)规定,自 2021 年 1 月 1 日起,水土保持补偿费、地方水库移民扶持基金、排污权出让收入、防空地下室易地建设费划转至税务部门征收。征收范围、征收对象、征收标准等政策仍按现行规定执行。

【考点提示 4】

2021 年 3 月 26 日,财政部发布的《关于土地闲置费、城镇垃圾处理费划转税务部门征收的通知》(财税〔2021〕8 号)规定,自 2021 年 7 月 1 日起,将自然资源部门负责征收的土地闲置费、住房城乡建设等部门负责征收的按行政事业性收费管理的城镇垃圾处理费划转至税务部门征收。

【考点提示 5】

2021 年 6 月 4 日财政部、自然资源部、税务总局、人民银行公开了《关于将国有土地使用权出让收入、矿产资源专项收入、海域使用金、无居民海岛使用金四项政府非税收入划转税务部门征收有关问题的通知》(财综〔2021〕19 号),决定将由自然资源部门负责征收的上述政府四项非税收入,全部划转给税务部门负责征收。其中河北、上海等七地自 7 月 1 日开始试点,2022 年 1 月 1 日起在全国全面实施这项征管划转工作。

# 第二部分　随章练习

## 一、单项选择题

1. 依据《政府非税收入管理办法》(财税〔2016〕33 号)的规定,下列项目不属于非税收入的是（　　）。

A. 国家重大水利工程建设基金

B. 国有资本收益

C. 残疾人就业保障金

D. 社会保险费

**【参考答案】** D

**【答案解析】** 本题考查的是非税收入的定义。依据《政府非税收入管理办法》（财税〔2016〕33号）的规定，非税收入不包括社会保险费、住房公积金（指计入缴存人个人账户部分）。

2.《国税地税征管体制改革方案》中明确提出，合理确定非税收入征管职责划转到税务部门的范围所遵照的原则是（　　）。

A. 便民、高效　　B. 科学、高效

C. 依法保留、适宜划转　　D. 成熟一批、划转一批

**【参考答案】** A

**【答案解析】** 《中共中央办公厅国务院办公厅印发〈国税地税征管体制改革方案〉》规定，按照便民、高效的原则，合理确定非税收入征管职责划转到税务部门的范围，对依法保留、适宜划转的非税收入项目成熟一批划转一批，逐步推进。

3. 下列有关非税收入的表述正确的是（　　）。

A. 非税收入纳入政府预算外收入管理

B. 中央银行收入属于非税收入

C. 社会保险费属于非税收入

D. 特许经营收入不属于非税收入

**【参考答案】** B

**【答案解析】** 根据《政府非税收入管理办法》（财税〔2016〕33

号）第四条的规定，非税收入是政府财政收入的重要组成部分，应当纳入财政预算管理。选项A错误；

《办法》第三条规定，非税收入具体包括：(1)行政事业性收费收入；(2)政府性基金收入；(3)罚没收入；(4)国有资源（资产）有偿使用收入；(5)国有资本收益；(6)彩票公益金收入；(7)特许经营收入；(8)中央银行收入；(9)以政府名义接受的捐赠收入；(10)主管部门集中收入；(11)政府收入的利息收入；(12)其他非税收入。本办法所称非税收入不包括社会保险费、住房公积金（指计入缴存人个人账户部分）。选项B正确，选项CD错误。

4. 非税收入是我国财政收入的重要组成部分，下列选项中不属于政府非税收入的是（　　）。

A. 罚没收入

B. 住房公积金（指计入缴存人个人账户部分）

C. 特许经营收入

D. 中央银行收入

**【参考答案】** B

**【答案解析】** 根据《政府非税收入管理办法》（财税〔2016〕33号）第三条的规定，非税收入具体包括行政事业性收费收入、政府性基金收入、罚没收入、国有资源（资产）有偿使用收入、彩票公益金收入、特许经营收入、中央银行收入、以政府名义接受的捐赠收入、主管部门集中收入、政府收入的利息收入、其他非税收入。不包含社会保险费、住房公积金（指计入缴存人个人账户部分）。

5. 下列选项属于非税收入项目的是（　　）。

A. 用人单位缴纳的基本养老保险费

B. 职工个人缴纳的基本医疗保险费

C. 计入缴存人个人账户的住房公积金

D. 中央银行收入

【参考答案】 D

【答案解析】 根据《政府非税收入管理办法》(财税〔2016〕33号)第三条的规定,非税收入具体包括:(1)行政事业性收费收入;(2)政府性基金收入;(3)罚没收入;(4)国有资源(资产)有偿使用收入;(5)国有资本收益;(6)彩票公益金收入;(7)特许经营收入;(8)中央银行收入;(9)以政府名义接受的捐赠收入;(10)主管部门集中收入;(11)政府收入的利息收入;(12)其他非税收入。本办法所称非税收入不包括社会保险费、住房公积金(指计入缴存人个人账户部分)。选项ABC均不属于非税收入项目。

6. 根据《政府非税收入管理办法》中的分类,非税收入包括行政事业性收入、政府性基金收入、国有资本收益、主管部门集中收入等12类,教育费附加属于(　　)。

A. 行政事业性收入　　B. 政府性基金收入

C. 国有资本收益　　D. 主管部门集中收入

【参考答案】 B

【答案解析】 根据《全国政府性基金目录清单》的规定,教育费附加属于政府性基金收入。

7. (　　)通过的《中共中央关于深化党和国家机构改革的决定》明确,将省级和省级以下国税地税机构合并,承担所辖区域内各项税收、非税收入征管职责。

A. 党的十九届三中全会　　B. 党的十八届三中全会

C. 党的十九届四中全会　　D. 党的十八届四中全会

【参考答案】 A

【答案解析】　党的十九届三中全会通过的《中共中央关于深化党和国家机构改革的决定》明确，将省级和省级以下国税地税机构合并，承担所辖区域内各项税收、非税收入征管职责。

8. 根据《政府非税收入管理办法》的规定，下列（　　）属于政府非税收入。

A. 慈善机构捐赠收入　　B. 主管部门集中收入

C. 住房公积金　　D. 社会保险费

【参考答案】　B

【答案解析】　根据《政府非税收入管理办法》（财税〔2016〕33号）第三条的规定，本办法所称非税收入，是指除税收以外，由各级国家机关、事业单位、代行政府职能的社会团体及其他组织依法利用国家权力、政府信誉、国有资源（资产）所有者权益等取得的各项收入。具体包括：行政事业性收费收入；政府性基金收入；罚没收入；国有资源（资产）有偿使用收入；国有资本收益；彩票公益金收入；特许经营收入；中央银行收入；以政府名义接受的捐赠收入；主管部门集中收入；政府收入的利息收入；其他非税收入。本办法所称非税收入不包括社会保险费、住房公积金（指计入缴存人个人账户部分）。

9. 根据《政府非税收入管理办法》，下列（　　）不属于政府非税收入。

A. 中央银行收入　　B. 主管部门集中收入

C. 工会经费　　D. 政府收入的利息收入

【参考答案】　C

【答案解析】　根据《政府非税收入管理办法》（财税〔2016〕33号）第三条的规定，本办法所称非税收入，是指除税收以外，由各级国家机关、事业单位、代行政府职能的社会团体及其他组织依法利用国家权力、政府信誉、国有资源(资产)所有者权益等取得的各项收入。具体包括:行政事业性收费收入;政府性基金收入;罚没收入;国有资源(资产)有偿使用收入;国有资本收益;彩票公益金收入;特许经营收入;中央银行收入;以政府名义接受的捐赠收入;主管部门集中收入;政府收入的利息收入;其他非税收入。本办法所称非税收入不包括社会保险费、住房公积金(指计入缴存人个人账户部分)。

## 二、多项选择题

1. 下列关于非税收入的说法正确的有(　　)。

A. 非税收入是政府财政收入的重要组成部分,应当纳入财政预算管理

B. 非税收入征收主体具有多样性

C. 非税收入的收缴需依法进行,按照规定的程序(包括国家赋予地方政府及税收部门的审批权限)批准后方可收取

D. 非税收入的收缴凭借的都是国家政治权力

**【参考答案】** ABC

**【答案解析】** 本题考查的是非税收入的内涵。非税收入的收缴凭借的是国家政治权力、政府信誉、国有资源(资产)所有者权益等多种权利。故选项 D 不正确。

2. 非税收入作为财税体制的组成部分直接影响着财税体制改革的成败,下列属于非税收入在健全公共财政体系方面发挥的作用有(　　)。

A. 非税收入是政府提供准公共产品的成本补偿

B. 非税收入是政府解决负外部效应的重要方式

C. 非税收入是依据国家财产所有权获得收益的根本途径

D. 非税收入有利于促进税收制度改革

【参考答案】 ABC

【答案解析】 本题考查的是非税收入的作用。促进税收制度改革是指非税收入在深化财税体制改革中发挥的作用，不属于非税收入在健全公共财政体系方面发挥的作用。故选项D不正确。

3.《政府非税收入管理办法》规定非税收入包括（　　）。

A. 失业保险费　　B. 罚没收入

C. 中央银行收入　　D. 生育保险费

E. 政府收入的利息收入

【参考答案】 BCE

【答案解析】 《政府非税收入管理办法》（财税〔2016〕33号）规定，非税收入不包括社会保险费、住房公积金（指计入缴存人个人账户部分）。选项AD均为社会保险费，不属于非税收入。

4. 下列有关非税收入的说法错误的有（　　）。

A. 非税收入纳入政府预算外收入管理

B. 各级税务机关是非税收入的主管部门

C. 住房公积金不属于非税收入

D. 以政府名义接受的捐赠不属于非税收入

E. 彩票公益金是非税收入

【参考答案】 ABD

【答案解析】 《政府非税收入管理办法》（财税〔2016〕33号）规定，非税收入包括：（1）行政事业性收费收入；（2）政府性基金收入；（3）罚没收入；（4）国有资源（资产）有偿使用收入；（5）国有资本收益；（6）彩票公益金收入；（7）特许经营收入；（8）中央银行收入；（9）以政府名义接受的捐赠收入；（10）主管部门集中收入；（11）政府收入的利息收入；（12）其他非税收入。但不包括社会保险费、住房公积金(指计入缴存人个人账户部分)。选项CE正确。政府全部收入都应当纳入预算,所以选项A说法错误。非税收入征收主体具有多样性,包括各级国家机关、事业单位、代行政府职能的社会团体及其他组织。所以选项B说法错误。

**三、判断题**

1. 非税收入和税收的特点一样,具有“强制性、无偿性、固定性”三性。 ( )

**【参考答案】** ×

**【答案解析】** 本题考查的是非税收入和税收的区别。各项非税收入的特点不完全一致,呈现多种特点:有的具有“强制性、无偿性、固定性”;有的具有“强制性、无偿性、一次性”;有的具有“自愿性、补偿性、一次性”。

2. 党的十九届三中全会通过的《中共中央关于深化党和国家机构改革的决定》中明确,将省级和省级以下国税地税机构合并,承担所辖区域内各项税收、非税收入征管职责。 ( )

**【参考答案】** √

**【答案解析】** 2018年2月,习近平总书记在《关于深化党和国家机构改革的决定稿和方案稿的说明》中指出,将省级和省级以下国税地税机构合并,承担所辖区域内各项税收、非税收入征管职责。国税地税合并后,实行以国家税务总局为主与省区市人民政府双重领导管理体制。

**四、综合题**

(一) 简述税务部门统一征收非税收入对国家治理的作用。

**【答案解析】**

(1) 税务部门统一征收能够精准管理收入底数。

非税收入和税收收入都是国家财政收入的重要组成部分，及时、足额的非税收入征收是国家财力的重要保障。非税收入（狭义）和社会保险费已撑起国家财政收入的半壁江山，税务部门对此统一征收能够精准管理国家财政收入底数，从而直接影响国家财政治理水平，提升国家治理能力。

（2）税务部门统一征收能够提高非税收入收缴效能。

当前社会保险费和非税收入的征管职责涉及各级政府、多个部门和十多亿缴费人，情况复杂，效率不高，其征缴效率和效能亟待提高。

非税收入在实际征缴过程中，还存在非税收入虚收空转，未及时缴入国库，违规提前征收、减征、缓征、退付，提前垫付资金入库，代理银行延压入库等问题。统一非税收入征缴主体并交由税务部门征收，能发挥税务部门税费统征优势，节约国家行政资源，提高税费征缴效率及优化资源配置，建立“征收、预算、使用三分离”的非税收入管理模式。

（3）税务部门统一征收能够改善营商环境。

非税收入统一交由税务部门征收，可以清楚计算出企业实际缴纳的税收收入和非税收入，从而准确测算企业整体税费负担，为进一步调整税费率、优化财政收入结构等重要财政决策提供关键信息。可见，税务部门统一征收非税收入的改革举措将为研究完善非税收入缴费比率、提高非税收入征管统筹层次、推进非税收入法治化进程奠定良好基础，这能够从根本上深化“放管服”改革、改善营商环境，从而进一步激发市场主体活力。

# 第二章

# 教育费附加与地方教育附加

## 第一部分 考点串讲

### 考点一 教育费附加与地方教育费附加的征收目的

教育费附加是国家为扶持教育事业发展，计征用于教育的专项收入。1986 年，国务院颁布《征收教育费附加的暂行规定》（国发〔1986〕50 号）规定，从 1986 年 7 月起，教育费附加以各单位和个人实际缴纳的产品税[①]增值税、营业税[②]总额的 2%计征。1994 年国务院发布的《国务院关于教育费附加征收问题的紧急通知》（国发明电〔1994〕2 号）规定，从 1994 年 1 月 1 日起，教育费附加率提高为 3%。2005 年国务院《关于修改〈征收教育费附加的暂行规定〉的决定》对《征收教育费附加的暂行规定》做出修订，教育费附加分别与增值税、营业税、消费税同时缴纳。教育费附加作为专项收入，由教育部门统筹安排使用，2011 年国务院对其进行第三次修订。

地方政府为发展地方教育事业，由各省、自治区、直辖市人民政府根据《中华人民共和国教育法》和国务院有关规定，决定是否开征

① 根据《国务院关于废止和修改部分行政法规的决定》（国务院令第 588 号）的规定，“产品税”修改为“消费税”。

② 营业税改征增值税后，有关营业税的规定停止执行。

及征收率。2010年，根据《财政部关于统一地方教育附加政策有关问题的通知》（财综〔2010〕98号）和《国务院关于进一步加大财政教育投入的意见》（国发〔2011〕22号）的精神，规定从2011年起，部署各省全面开征地方教育附加。

**【考点提示1】**

教育费附加和地方教育附加由中央一级审批，遵循统一领导、分级管理原则纳入预算管理，并由税务机关统一征收。

## 考点二　教育费附加和地方教育附加的特点

1. 专款专用。

教育费附加纳入预算管理，作为教育专项资金，根据“先收后支、列收列支、收支平衡”的原则进行使用和管理。地方各级人民政府应当依照国家有关规定，使预算内教育事业费逐步增长，不得因教育费附加纳入预算专项资金管理而抵顶教育事业费拨款。

2. 附加征收。

两者本身没有特定的课征对象，以纳税人实际缴纳的增值税和消费税的税额为计征依据。

3. 征收简便。

两者的缴费环节、缴费地点、缴费期限等方面的规定，与增值税、消费税的规定相似、趋同。在申报方式、信息化支撑、入库及退库方式上，均与两税入库、退库方式一致。

## 考点三　教育费附加和地方教育附加的缴纳义务人

凡缴纳增值税、消费税（以下简称“两税”）的单位和个人。

凡代征“两税”的单位和个人，亦为代征教育费附加的义务人。

## 考点四　教育费附加和地方教育附加的征税范围

教育费附加与增值税、消费税“两税”的征收范围相同。

**【考点提示 1】**

依据《财政部关于征收教育费附加几个具体问题的通知》(财税字〔1986〕120 号)的规定,海关对进口产品征收的增值税、产品税,不征收教育费附加。

**【考点提示 2】**

依据《财政部关于征收教育费附加几个具体问题的通知》(财税字〔1986〕120 号)的规定,对由于减免增值税、产品税、营业税而发生退税的,同时退还已征的教育费附加。但对出口产品退还增值税、产品税的,不退还已征的教育费附加。

**【考点提示 3】**

依据《财政部　国家税务总局关于生产企业出口货物实行免抵退税办法后有关城市维护建设税教育费附加政策的通知》(财税〔2005〕25 号)的规定,自 2005 年 1 月 1 日起,经国家税务局正式审核批准的当期免抵的增值税税额应纳入城市维护建设税和教育费附加的计征范围,分别按规定的税(费)率征收城市维护建设税和教育费附加。

**【考点提示 4】**

依据《财政部　国家税务总局关于增值税、营业税、消费税实行先征后返等办法有关城建税和教育费附加政策的通知》(财税〔2005〕72 号)的规定,对增值税、消费税、营业税实行先征后返、先征后退、即征即退办法的,除另有规定外,对随之附征的城市维护建设税和教育费附加,一律不予退(返)还。

**【考点提示5】**

依据《财政部　国家税务总局关于免征国家重大水利工程建设基金的城市维护建设税和教育费附加的通知》(财税〔2010〕44号)的规定,自2010年5月25日起,经国务院批准,为支持国家重大水利工程建设,对国家重大水利工程建设基金免征城市维护建设税和教育费附加。

**【考点提示6】**

依据《财政部关于免征全国中小学校舍安全工程建设有关政府性基金的通知》(财综〔2010〕54号)的规定,自2010年6月28日起,全国城乡公办和民办、教育系统和非教育系统的所有中小学校"校舍安全工程"建设所涉及的政府性基金项目,均应当予以免收,免收的具体项目包括教育费附加和地方教育附加。

**【考点提示7】**

依据《国务院关于统一内外资企业和个人城市维护建设税和教育费附加制度的通知》(国发〔2010〕35号)的规定,自2010年12月1日起,外商投资企业、外国企业及外籍个人适用国务院1985年发布的《中华人民共和国城市维护建设税暂行条例》和1986年发布的《征收教育费附加的暂行规定》。1985年及1986年以来国务院及国务院财税主管部门发布的有关城市维护建设税和教育费附加的法规、规章、政策同时适用于外商投资企业、外国企业及外籍个人。

**【考点提示8】**

依据《财政部　国家税务总局关于扩大政府性基金免征范围的通知》(财税〔2016〕12号)的规定,自2016年2月1日起,将免征教育费附加、地方教育附加、水利建设基金的范围,由现行按月纳税的月销售额或营业额不超过3万元(按季度纳税的季度销售额或营业额不超过9万元)的缴纳义务人,扩大到按月纳税的月销售额或营业额不超过10万元(按季度纳税的季度销售额或营业额不超过30万元)的缴纳义务人。

**【考点提示9】**

依据《财政部 税务总局关于增值税期末留抵退税有关城市维护建设税教育费附加和地方教育附加政策的通知》(财税〔2018〕80号)的规定,自2018年7月27日起,对实行增值税期末留抵退税的纳税人,允许其从城市维护建设税、教育费附加和地方教育附加的计税(征)依据中扣除退还的增值税税额。

**【考点提示10】**

依据《财政部 税务总局关于实施小微企业普惠性税收减免政策的通知》(财税〔2019〕13号)的规定,2019年1月1日至2021年12月31日,由省、自治区、直辖市人民政府根据本地区实际情况,以及宏观调控需要确定,对增值税小规模纳税人可以在50%的税额幅度内减征教育费附加、地方教育附加。增值税小规模纳税人已依法享受教育费附加、地方教育附加其他优惠政策的,可叠加享受以上规定的优惠政策。

**【考点提示11】**

依据《财政部 税务总局 退役军人部关于进一步扶持自主就业退役士兵创业就业有关税收政策的通知》(财税〔2019〕21号)的规定,2019年1月1日至2021年12月31日,自主就业退役士兵从事个体经营的,自办理个体工商户登记当月起,在3年内按每户每年12 000元为限额依次扣减其当年实际应缴纳的增值税、城市维护建设税、教育费附加、地方教育附加和个人所得税。限额标准最高可上浮20%,各省、自治区、直辖市人民政府可根据本地区实际情况在此幅度内确定具体限额标准。

企业招用自主就业退役士兵，与其签订1年以上期限劳动合同并依法缴纳社会保险费的，自签订劳动合同并缴纳社会保险当月起，在3年内按实际招用人数予以定额依次扣减增值税、城市维护建设税、教育费附加、地方教育附加和企业所得税优惠。定额标准为每人每年6 000元，最高可上浮50%，各省、自治区、直辖市人民政府可根据本地区实际情况在此幅度内确定具体定额标准。

**【考点提示12】**

依据《财政部　税务总局　人力资源社会保障部　国务院扶贫办关于进一步支持和促进重点群体创业就业有关税收政策的通知》（财税〔2019〕22号）的规定，2019年1月1日至2021年12月31日，建档立卡贫困人口、持《就业创业证》（注明"自主创业税收政策"或"毕业年度内自主创业税收政策"）或《就业失业登记证》（注明"自主创业税收政策"）的人员，从事个体经营的，自办理个体工商户登记当月起，在3年内按每户每年12 000元为限额依次扣减其当年实际应缴纳的增值税、城市维护建设税、教育费附加、地方教育附加和个人所得税。限额标准最高可上浮20%，各省、自治区、直辖市人民政府可根据本地区实际情况在此幅度内确定具体限额标准。

企业招用建档立卡贫困人口，以及在人力资源社会保障部门公共就业服务机构登记失业半年以上且持《就业创业证》或《就业失业登记证》（注明"企业吸纳税收政策"）的人员，与其签订1年以上期限劳动合同并依法缴纳社会保险费的，自签订劳动合同并缴纳社会保险当月起，在3年内按实际招用人数予以定额依次扣减增值税、城市维护建设税、教育费附加、地方教育附加和企业所得税优惠。定额标准为每人每年6 000元，最高可上浮30%，各省、自治区、直辖市人民政府可根据本地区实际情况在此幅度内确定具体定额标准。

城市维护建设税、教育费附加、地方教育附加的计税依据是享受本项税收优惠政策前的增值税应纳税额。

**【考点提示13】**

对部分特殊行业教育附加缴纳的规定：

1. 依据《国家税务总局关于调整国家开发银行城市维护建设税和教育费附加缴纳办法的通知》(国税函〔2007〕484号)的规定，自2007年1月1日起，将国家开发银行城市维护建设税和教育费附加由“集中划转，返还各地，各地入库”的缴纳方式改为由国家开发银行各省(区、市)分行直接向各地税务局申报缴纳。

2. 依据《国家税务总局关于中外合作开采石油资源适用城市维护建设税 教育费附加有关事宜的公告》(国家税务总局公告2010年第31号)的规定，中外合作油(气)田开采的原油、天然气，在依据《国务院关于外商投资企业和外国企业适用增值税、消费税、营业税等税收暂行条例有关问题的通知》(国发〔1994〕10号)和《国家税务总局关于中外合作开采石油资源缴纳增值税有关问题的通知》(国税发〔1994〕114号)，按5%税率缴纳实物增值税后，以合作油(气)田实际缴纳的增值税税额为计税依据，缴纳城市维护建设税和教育费附加。

合作油(气)田的城市维护建设税和教育费附加的申报缴纳事宜，由参与中外合作开采石油资源的中国石油公司负责办理。

3. 依据《国家税务总局关于个人保险代理人税收征管有关问题的公告》(国家税务总局公告2016年第45号)的规定，个人保险代理人为保险企业提供保险代理服务应当缴纳的增值税和城市维护建设税、教育费附加、地方教育附加，税务机关可以根据《国家税务总局关于发布〈委托代征管理办法〉的公告》(国家税务总局公告2013年第24号)的有关规定，委托保险企业代征。

4.《财政部关于调整部分政府性基金有关政策的通知》(财税〔2019〕46号)规定，自2019年1月1日起，纳入产教融合型企业建设培育范围的试点企业，兴办职业教育的投资符合本通知规定的，可按投资额的30%比例，抵免该企业当年应缴教育费附加和地方教育附加。试点企业属于集团企业的，其下属成员单位(包括全资子公司、控股子公司)对职业教育有实际投入的，可按本通知规定抵免教育费附加和地方教育附加。

## 考点五　教育费附加和地方教育附加的征收标准

1986年，教育费附加在全国范围内统一开征时，征收比率为1%；1990年5月，《国务院关于修改〈征收教育费附加的暂行规定〉的决定》将征收比率调整至2%；按照1994年2月7日《国务院关于教育费附加征收问题的紧急通知》的规定，从1994年1月1日起，教育费附加征收比率调整至3%，该征收比率沿用至今。

2010年11月7日，财政部下发的《财政部关于统一地方教育附加政策有关问题的通知》(财综〔2010〕98号)规定，各地统一开征地方教育附加，地方教育附加的征收比率统一为2%。

**【考点提示】**

目前教育费附加征收比率为3%；地方教育费附加征收比率为2%。

## 考点六　教育费附加和地方教育附加的计算

应纳教育费附加=(实际缴纳的增值税+实际缴纳的消费税)×征收比率

应纳地方教育附加=(实际缴纳的增值税+实际缴纳的消费税)×征收比率

**【考点提示1】**

生产企业出口货物增值税“免、抵、退”办法下教育费附加与地方教育附加的计算：

自2005年1月1日起，生产企业出口货物全面实行“免、抵、退”税办法后，经国家税务局正式审核批准的当期免抵的增值税税额应纳入教育费附加的计征范围，按规定的税（费）率征收教育费附加。2005年1月1日前，已按免抵的增值税税额征收的城市维护建设税和教育费附加不再退还，未征的不再补征。

当期免抵的增值税税额应纳的教育费附加的计算：

当期免抵的增值税税额应纳的教育费附加 = 经税务局正式审核批准的当期免抵的增值税税额 × 征收比率

**【考点提示2】**

例：某内资生产型企业为增值税一般纳税人，经营内销与出口业务。2021年4月实际缴纳增值税40万元，出口货物免抵税额5万元。另外，进口货物缴纳增值税17万元、消费税30万元。

该企业4月应缴纳的教育费附加 = (40 + 5) × 3% = 1.35（万元）。

该企业4月应缴纳的地方教育费附加 = (40 + 5) × 2% = 0.9（万元）。

说明：进口不征，出口不退。

## 考点七　教育费附加和地方教育附加会计分录

1. 计提：

借：税金及附加

　　贷：应交税费——教育费附加

　　　　应交税费——地方教育费附加

2. 缴纳：

借：应交税费——教育费附加

　　应交税费——地方教育费附加

　　贷：银行存款

## 考点八　教育费附加与地方教育附加的征收管理

### (一) 征收机关

根据《国务院征收教育费附加的暂行规定》(国发〔1986〕50号)的规定,自1986年7月1日起,教育费附加由税务机关负责征收。教育费附加的征收管理,按照消费税、增值税的有关规定办理。

各省对地方教育附加的征收管理与教育费附加保持一致,按照增值税、消费税的规定办理。在缴纳增值税、消费税时同时缴纳教育费附加和地方教育附加。

### (二) 缴纳义务发生时间

教育费附加和地方教育费附加的缴纳义务发生时间,与缴纳义务人的增值税、消费税纳税义务发生时间相同。

### (三) 缴纳环节与地点

教育费附加和地方教育费附加的缴纳环节和地点,原则上与增值税、消费税一样。

### (四) 教育费附加和地方教育费附加的几个具体问题

1. 滞纳金和处罚问题。

目前,对应缴未缴、应缴少缴教育费附加和地方教育附加等违规事项,税务机关没有征收滞纳金或进行处罚的依据,虽然部分省份规定了滞纳金的比例,但不能处以罚款。今后应明确如何征收滞纳金和进行处罚问题。

2. 优惠政策的适用范围问题。

目前《财政部　国家税务总局关于扩大有关政府性基金免征范围的通知》(财税〔2016〕12号)的优惠政策适用于所有纳税人,《财政部　税务总局关于实施小微企业普惠性税收减免政策的通知》(财税

〔2019〕13号)的优惠政策只适用于小规模纳税人,两者适用范围不一。而金税三期系统在通用代扣代缴申报中也未能作相应的系统设置,基层操作易造成失误,产生超范围享受或应享未享问题。因此,需要统一两个优惠政策适用范围,同时进一步完善金税三期核心征管系统,从而实现教育费附加、地方教育附加和主税种统一申报扣款、统一比对审核。

**【考点提示1】**

教育费附加和地方教育附加的缴纳地点

1. 固定业户应当向其机构所在地主管税务机关申报缴纳。

2. 总机构和分支机构不在同一县(市)的,应当分别向各自所在地主管税务机关申报缴纳。

3. 非固定业户销售货物或者应税劳务,应当向销售地主管税务机关申报缴纳。

**【考点提示2】**

**纳税人异地预缴增值税有关城市维护建设税和教育费附加政策问题**

依据《财政部 国家税务总局关于纳税人异地预缴增值税有关城市维护建设税和教育费附加政策问题的通知》(财税〔2016〕74号)的规定:

1. 纳税人跨地区提供建筑服务、销售和出租不动产的,应在建筑服务发生地、不动产所在地预缴增值税时,以预缴增值税税额为计税依据,并按预缴增值税所在地的城市维护建设税适用税率和教育费附加征收率就地计算缴纳城市维护建设税和教育费附加。

2. 预缴增值税的纳税人在其机构所在地申报缴纳增值税时,以其实际缴纳的增值税税额为计税依据,并按机构所在地的城市维护建设税适用税率和教育费附加征收率就地计算缴纳城市维护建设税和教育费附加。

**【考点提示3】**

**简并税费申报**

《国家税务总局关于简并税费申报有关事项的公告》(国家税务总局公告2021年第9号)规定,自2021年5月1日起,海南、陕西、大连和厦门开展增值税、消费税分别与城市维护建设税、教育费附加、地方教育附加申报表整合试点,启用《增值税及附加税费申报表(一般纳税人适用)》《增值税及附加税费申报表(小规模纳税人适用)》《增值税及附加税费预缴表》及其附列资料和《消费税及附加税费申报表》。

纳税人填写增值税、消费税相关申报信息后,自动带入附加税费附列资料(附表);纳税人填写完附加税费其他申报信息后,回到增值税、消费税申报主表,形成纳税人本期应缴纳的增值税、消费税和附加税费。上述表内信息预填均由系统自动实现。

# 第二部分　随章练习

## 一、单项选择题

1. 教育费附加、地方教育费附加的征收加快了地方教育事业的发展,扩大了地方教育经费的来源,教育费附加和地方教育费附加的附加率分别为(　　)。

A. 3%,2%　　B. 2%,3%

C. 5%,3%　　D. 3%,5%

**【参考答案】** A

**【答案解析】** 《征收教育费附加的暂行规定》(2011 年修订)第三条规定,教育费附加,以各单位和个人实际缴纳的增值税、营业税、消费税的税额为计征依据,教育费附加率为 3%,分别与增值税、营业税、消费税同时缴纳。《国务院关于进一步加大财政教育投入的意见》第三条规定,地方教育附加统一按增值税、消费税、营业税实际缴纳税额的 2%征收。

2. 根据教育费附加的现行规定,下列属于教育费附加计征依据的是(　　)。

A. 企业缴纳的企业所得税

B. 企业拖欠消费税加收的滞纳金

C. 个体工商户偷税被处的增值税罚款

D. 外资商场检查补缴的增值税

**【参考答案】** D

**【答案解析】** 根据《征收教育费附加的暂行规定》2011 年修订第三条的规定,教育费附加,以各单位和个人实际缴纳的增值税、营业税、消费税的税额为计征依据,教育费附加率为 3%,分别与增值税、营业税、消费税同时缴纳。选项 ABC 的内容均不属于教育费附加计征依据。

3. 2019 年 12 月,某增值税一般纳税人按月申报销售额 78 000 元,当期无可抵扣进项税额,实际缴纳增值税 10 140 元,若不考虑其他因素,该纳税人当月应缴纳教育费附加、地方教育附加合计金额是(　　)元。

A. 507.00　　B. 456.30

C. 304.20　　D. 0

**【参考答案】** D

**【答案解析】** 根据《财政部　国家税务总局关于扩大有关政府性基金免征范围的通知》（财税〔2016〕12号）的规定，将免征教育费附加、地方教育附加、水利建设基金的范围，由现行按月纳税的月销售额或营业额不超过3万元（按季度纳税的季度销售额或营业额不超过9万元）的缴纳义务人，扩大到按月纳税的月销售额或营业额不超过10万元（按季度纳税的季度销售额或营业额不超过30万元）的缴纳义务人。

4. A公司为增值税一般纳税人，2020年3月缴纳了增值税10万元、滞纳金3 000元、税务罚款2 000元。该公司应当缴纳教育费附加金额是（　　）元。

A. 0　　　　B. 3 000

C. 3 090　　　　D. 3 150

**【参考答案】** B

**【答案解析】** 根据《国务院关于修改〈征收教育费附加的暂行规定〉的决定》（国务院令第448号）第三条的规定，教育费附加，以各单位和个人实际缴纳的增值税、营业税、消费税的税额为计征依据，不含滞纳金和罚款。该公司应当缴纳教育附加金额 = 100 000 × 3% = 3 000（元）。

5. 自2019年开始实施的小微企业普惠性税收减免政策中，有权决定在50%的税额幅度内减征教育费附加、地方教育附加的部门是（　　）。

A. 主管税务机关

B. 省一级税务局

C. 省人民政府

D. 主管税务机关所在同级地方政府

**【参考答案】** C

**【答案解析】** 根据《财政部 税务总局关于实施小微企业普惠性税收减免政策的通知》(财税〔2019〕13号)第三条的规定,省、自治区、直辖市人民政府根据本地区实际情况,以及宏观调控需要确定,对增值税小规模纳税人可以在50%的税额幅度内减征资源税、城市维护建设税、房产税、城镇土地使用税、印花税(不含证券交易印花税)、耕地占用税和教育费附加、地方教育附加。

6. 某市区甲企业为增值税一般纳税人,2020年3月被查补增值税50 000元、消费税50 000元、所得税30 000元,加收滞纳金2 000元、罚款8 000元,当地地方教育附加计征率为2%。该企业应补缴教育费附加、地方教育附加合计金额是(　　)元。

A. 5 000　　B. 6 500

C. 6 600　　D. 7 000

**【参考答案】** A

**【答案解析】** 根据《国务院关于修改〈征收教育费附加的暂行规定〉的决定》(国务院令第448号)第三条的规定,教育费附加,以各单位和个人实际缴纳的增值税、营业税、消费税的税额为计征依据,因此计税依据不包括所得税额、滞纳金和罚款。应补缴的教育费附加和地方教育附加合计=(50 000+50 000)×(3%+2%)=5 000(元)。

7. 根据现行小微企业普惠性税收减免政策规定,对增值税小规模纳税人教育费附加、地方教育附加的减征幅度最高为(　　)。

A. 100%　　B. 80%　　C. 50%　　D. 20%

**【参考答案】** C

**【答案解析】** 根据《财政部 税务总局关于实施小微企业普惠

性税收减免政策的通知》(财税〔2019〕13 号)第三条的规定,省、自治区、直辖市人民政府根据本地区实际情况,以及宏观调控需要确定,对增值税小规模纳税人可以在 50%的税额幅度内减征资源税、城市维护建设税、房产税、城镇土地使用税、印花税(不含证券交易印花税)、耕地占用税和教育费附加、地方教育附加。

8. 下列关于教育费附加的说法,不正确的是(  )。

A. 凡代征增值税、消费税(简称两税)的单位和个人,亦为代征教育费附加的义务人

B. 对海关进口的产品征收的“两税”,不征收教育费附加

C. 对出口产品退还“两税”的,同时退还已征的教育费附加

D. 自 2016 年 2 月 1 日起,对月销售额或营业额不超过 10 万元(按季度纳税的季度销售额或营业额不超过 30 万元)的“两税”纳税人免征教育费附加

**【参考答案】** C

**【答案解析】** 对由于减免“两税”而发生退税的,可以同时退还已征收的教育费附加。但对出口产品退还“两税”的,不退还已征的教育费附加。所以选项 C 说法不正确。

9. 属于随税收附征的非税收入项目是(  )。

A. 文化事业费　　B. 教育费附加

C. 工会经费　　D. 残保金

**【参考答案】** B

**【答案解析】** 教育费附加和地方教育费附加随增值税、消费税附征。

## 二、多项选择题

1.《财政部 税务总局关于实施小微企业普惠性税收减免政策的通

知》规定，2019 年 1 月 1 日至 2021 年 12 月 31 日，由省、自治区、直辖市人民政府根据本地区实际情况，对增值税小规模纳税人可以在 50%的税额幅度内减征的非税收入项目包括（　　）。

A. 教育费附加　　B. 文化事业建设费

C. 地方教育费附加　　D. 残疾人就业保障金

E. 免税商品特许经营费

**【参考答案】** AC

**【答案解析】** 《财政部　税务总局关于实施小微企业普惠性税收减免政策的通知》第三条规定，由省、自治区、直辖市人民政府根据本地区实际情况，以及宏观调控需要确定，对增值税小规模纳税人可以在 50%的税额幅度内减征资源税、城市维护建设税、房产税、城镇土地使用税、印花税（不含证券交易印花税）、耕地占用税和教育费附加、地方教育费附加。第六条规定本通知执行期限为 2019 年 1 月 1 日至 2021 年 12 月 31 日。

2. 教育费附加的征收加快了地方教育事业的发展，扩大了地方教育经费的来源。教育费附加的缴费人包括（　　）。

A. 缴纳消费税的单位和个人　　B. 缴纳烟叶税的单位和个人

C. 缴纳增值税的单位和个人　　D. 缴纳环保税的单位和个人

E. 缴纳资源税的单位和个人

**【参考答案】** AC

**【答案解析】** 《征收教育费附加的暂行规定》（国务院令第 588 号）第二条规定，凡缴纳消费税、增值税、营业税的单位和个人，除按照《国务院关于筹措农村学校办学经费的通知》（国发〔1984〕174 号）的规定，缴纳农村教育事业费附加的单位外，都应当依照本规定缴纳教育费附加。

3. 教育费附加的缴费人包括按规定缴纳增值税、消费税的（　　）。

A. 外资企业　　B. 国有企业

C. 外国企业　　D. 一人有限公司

E. 个体工商户

**【参考答案】** ABCDE

**【答案解析】**《财政部关于统一地方教育附加政策有关问题的通知》(财综〔2010〕98号)规定，所有缴纳增值税、消费税的单位和个人(包括外商投资企业、外国企业及外籍个人)，按规定缴纳地方教育附加。

4. 下列应当按照规定缴纳地方教育附加的有（　　）。

A. 出口货物适用征税政策缴纳增值税的外贸企业

B. 缴纳增值税的外籍个人

C. 提供应税劳务缴纳增值税的事业单位

D. 委托加工代收代缴消费税的委托企业

E. 缴纳消费税的外商投资企业

**【参考答案】** ABCE

**【答案解析】**《财政部关于统一地方教育附加政策有关问题的通知》(财综〔2010〕98号)规定，所有缴纳增值税、消费税的单位和个人(包括外商投资企业、外国企业及外籍个人)，按规定缴纳地方教育附加。选项D代收代缴消费税的受托加工企业应就地缴纳附征的地方教育附加。

5. 教育费附加的计征依据包括（　　）。

A. 进口货物代征的增值税额　　B. 进口货物代征的消费税额

C. 委托加工代收的消费税额　　D. 出口货物缴纳的增值税额

E. 出口货物缴纳的消费税额

**【参考答案】** CDE

**【答案解析】**《财政部关于征收教育费附加几个具体问题的通知》(财税〔1986〕120号)规定,海关对进口产品征收的消费税、增值税,不征收教育费附加。选项AB不征收教育费附加。

6. 地方教育附加的计征依据是纳税人实际缴纳的(　　)。

A. 消费税税额　　B. 增值税税额

C. 所得税税额　　D. 加收的滞纳金

E. 税收罚款

**【参考答案】** AB

**【答案解析】**《财政部关于统一地方教育附加政策有关问题的通知》(财综〔2010〕98号)规定,地方教育附加征收标准统一为单位和个人(包括外商投资企业、外国企业及外籍个人)实际缴纳的增值税和消费税税额的2%。选项CDE不属于计征依据。

7. 下列关于教育费附加说法中正确的有(　　)。

A. 海关对进口产品代征消费税的,不代征教育费附加

B. 对于因减免税而需要进行增值税、消费税退库的,教育费附加可同时退库

C. 教育费附加计征依据是实际缴纳的增值税、消费税的税额,不包括加收的滞纳金

D. 经审核批准的当期免抵的增值税税额,应按规定缴纳教育费附加

E. 流动经营无固定纳税地点的单位和个人,不缴纳教育费附加

**【参考答案】** ABCD

**【答案解析】**《国务院关于征收教育费附加的暂行规定》(国发〔1986〕50号)规定,凡缴纳消费税、增值税、营业税的单位和个人,除

按照《国务院关于筹措农村学校办学经费的通知》的规定，缴纳农村教育事业费附加的单位外，都应当依照本规定缴纳教育费附加。选项E说法错误。

8. 自2016年2月1日起，免征教育费附加、地方教育附加的范围包括(　　)。

A. 按月纳税的月销售额或营业额不超过3万的缴费人

B. 按月纳税的月销售额或营业额不超过9万的缴费人

C. 按月纳税的月销售额或营业额不超过10万的缴费人

D. 按季纳税的季度销售额或营业额不超过9万的缴费人

E. 按季纳税的季度销售额或营业额不超过30万的缴费人

**【参考答案】** CE

**【答案解析】**《财政部　国家税务总局关于扩大有关政府性基金免征范围的通知》(财税〔2016〕12号)规定，将免征教育费附加、地方教育附加、水利建设基金的范围，由现行按月纳税的月销售额或营业额不超过3万元(按季度纳税的季度销售额或营业额不超过9万元)的缴纳义务人，扩大到按月纳税的月销售额或营业额不超过10万元(按季度纳税的季度销售额或营业额不超过30万元)的缴纳义务人。

9. 实施小微企业普惠性税收减免政策中，下列可以享受在50%的幅度内减征教育费附加、地方教育附加优惠政策的有(　　)。

A. 未享受过教育费附加、地方教育附加其他优惠的增值税一般纳税人

B. 未享受过教育费附加、地方教育附加其他优惠的增值税小规模纳税人

C. 已享受过教育费附加、地方教育附加其他优惠的增值税一般

纳税人

D. 已享受过教育费附加、地方教育附加其他优惠的增值税小规模纳税人

E. 所有增值税纳税人

**【参考答案】** BD

**【答案解析】**《财政部 国家税务总局关于实施小微企业普惠性税收减免政策的通知》(财税〔2019〕13号)规定，由省、自治区、直辖市人民政府根据本地区实际情况，以及宏观调控需要确定，对增值税小规模纳税人可以在50%的税额幅度内减征教育费附加、地方教育附加。增值税小规模纳税人已依法享受地方教育附加其他优惠政策的，可叠加享受。选项BD正确。

10. 按规定办理退(返)增值税、消费税时，对已附征教育费附加不予退(返)还的有(　　)。

A. 实行先征后退办法申报缴纳的增值税

B. 实行先征后返办法申报缴纳的消费税

C. 纳税人发现超过应缴税额申报缴纳的增值税

D. 实行即征即退办法申报缴纳的增值税

E. 税务机关发现超过应缴税额申报缴纳的消费税

**【参考答案】** ABD

**【答案解析】**《财政部 国家税务总局关于增值税营业税消费税实行先征后返等办法有关城建税和教育费附加政策的通知》(财税〔2005〕72号)规定，对增值税、消费税实行先征后返、先征后退、即征即退办法的，除另有规定外，对随之附征的城市维护建设税和教育费附加，一律不予退(返)还。选项CE应当一并退还已附征的教育费附加。

## 三、判断题

1. 2019年新出台的非税收入降费政策涉及费种包括：文化事业建设费、国家重大水利工程建设基金、教育费附加与地方教育附加。（　　）

**【参考答案】** √

**【答案解析】** 2019年新出台的非税收入降费政策包括《关于实施小微企业普惠性税收减免政策的通知》等随增值税改革降费政策及《关于调整部分政府性基金有关政策的通知》，涉及文化事业建设费、国家重大水利工程建设基金、教育费附加与地方教育附加4个费种。

2. 对实行增值税期末留抵退税的纳税人，允许其从教育费附加和地方教育附加的计税（征）依据中扣除退还的增值税税额。（　　）

**【参考答案】** √

**【答案解析】** 《财政部　税务总局关于增值税期末留抵退税有关城市维护建设税教育费附加和地方教育附加政策的通知》（财税〔2018〕80号）规定，对实行增值税期末留抵退税的纳税人，允许其从城市维护建设税、教育费附加和地方教育附加的计税（征）依据中扣除退还的增值税税额。

3. 对纳入产教融合型企业建设培育范围的试点企业，有撤回投资和转让股权行为的，该企业无须补缴已经抵免的教育费附加和方教育附加。（　　）

**【参考答案】** ×

**【答案解析】** 《财政部关于调整部分政府性基金有关政策的通知》（财税〔2019〕46号）第三条规定，试点企业有撤回投资和转让股权行为的，应当补缴已经抵免的育费附加和地方教育附加。

4. 对由于减免增值税而发生退税的，不予退还已征的教育费附加。（　）

【参考答案】 ×

【答案解析】 根据《财政部关于征收教育费附加几个具体问题的通知》(财税〔1986〕120 号)第三条的规定，对由于减免产品税、增值税、营业税而发生退税的，同时退还已征的教育费附加。

5. 经税务机关正式审核批准的当期免抵的增值税税额，同时免征教育费附加。（　）

【参考答案】 ×

【答案解析】 根据《财政部 国家税务总局关于生产企业出口货物实行免抵退税办法后有关城市维护建设税教育费附加政策的通知》(财税〔2005〕25 号)的规定，经国家税务局正式审核批准的当期免抵的增值税税额应纳入城市维护建设税和教育费附加的计征范围，分别按规定的税(费)率征收城市维护建设税和教育费附加。

6. 对国家重大水利工程建设基金减半征收教育费附加。（　）

【参考答案】 ×

【答案解析】 根据《财政部 国家税务总局关于免征国家重大水利工程建设基金的城市维护建设税和教育费附加的通知》(财税〔2010〕44 号)的规定，自 2010 年 5 月 25 日起，经国务院批准，为支持国家重大水利工程建设，对国家重大水利工程建设基金免征城市维护建设税和教育费附加。

7. 某公司经营的业务适用增值税即征即退政策，增值税退税的同时，教育费附加可一并退还。（　）

【参考答案】 ×

【答案解析】 根据《财政部 国家税务总局关于增值税、营业税、消费税实行先征后返等办法有关城建税和教育费附加政策的通知》(财税〔2005〕72 号)的规定，对“三税”实行先征后返、先征后退、即征即退办法的，除另有规定外，对随“三税”附征的城市维护建设税和教育费附加，一律不予退(返)还。

8. 某公司于 2020 年 6 月将购买的一批口罩和消毒用品，直接向当地承担疫情防治任务的医院捐赠，用于应对新型冠状病毒感染的肺炎疫情，可以免征相应的增值税及教育费附加、地方教育附加。（　　）

**【参考答案】** √

**【答案解析】** 根据《财政部　税务总局关于支持新型冠状病毒感染的肺炎疫情防控有关捐赠税收政策的公告》(财政部、税务总局公告 2020 年第 9 号)的规定，单位和个体工商户将自产、委托加工或购买的货物，通过公益性社会组织和县级以上人民政府及其部门等国家机关，或者直接向承担疫情防治任务的医院，无偿捐赠用于应对新型冠状病毒感染的肺炎疫情的，免征增值税、消费税、城市维护建设税、教育费附加、地方教育附加。

9. 某旅店为增值税一般纳税人，按月申报缴纳增值税，2020 年 3 月实现不含税销售收入 8 万元，当月无抵扣的进项税额，根据现行税收政策规定，该旅店当月应缴纳教育费附加 144 元。（　　）

**【参考答案】** ×

**【答案解析】** 根据《财政部　国家税务总局关于扩大有关政府性基金免征范围的通知》(财税〔2016〕12 号)的规定，自 2016 年 2 月 1 日起，将免征教育费附加、地方教育附加、水利建设基金的范围，由现行按月纳税的月销售额或营业额不超过 3 万元(按季度纳税的季度销售额或营业额不超过 9 万元)的缴纳义务人，扩大到按月纳税的月销售额或营业额不超过10万元(按季度纳税的季度销售额或营业额不超过30万元)的缴纳义务人。该旅店当月销售额未超过10万元,免征教育费附加。

10. 2020年8月,某增值税小规模纳税人已依法享受了地方教育附加其他优惠政策,根据小微企业普惠性税收减免政策相关规定,仍可叠加享受在50%的税额幅度内减征地方教育附加的优惠政策。 ( )

**【参考答案】** √

**【答案解析】** 根据《财政部 国家税务总局关于实施小微企业普惠性税收减免政策的通知》(财税〔2019〕13号)第三条的规定,由省、自治区、直辖市人民政府根据本地区实际情况,以及宏观调控需要确定,对增值税小规模纳税人可以在50%的税额幅度内减征资源税、城市维护建设税、房产税、城镇土地使用税、印花税(不含证券交易印花税)、耕地占用税和教育费附加、地方教育附加;《通知》第四条规定,自2019年1月1日至2021年12月31日,增值税小规模纳税人已依法享受资源税、城市维护建设税、房产税、城镇土地使用税、印花税、耕地占用税、教育费附加、地方教育附加其他优惠政策的,可叠加享受本通知第三条规定的优惠政策。

11. 自2016年2月1日起,按月纳税的月销售额或营业额不超过10万元(按季度纳税的季度销售额或营业额不超过30万元)的缴纳义务人免征教育费附加和地方教育附加,这一优惠政策仅适用于小规模纳税人。 ( )

**【参考答案】** ×

**【答案解析】** 根据《财政部 国家税务总局关于扩大有关政府性基金免征范围的通知》(财税〔2016〕12号)的规定,自2016年2月

1 日起，将免征教育费附加、地方教育附加、水利建设基金的范围，由现行按月纳税的月销售额或营业额不超过 3 万元（按季度纳税的季度销售额或营业额不超过 9 万元）的缴纳义务人，扩大到按月纳税的月销售额或营业额不超过 10 万元（按季度纳税的季度销售额或营业额不超过 30 万元）的缴纳义务人。该政策增值税一般纳税人和小规模纳税人均适用。

# 第三章

# 文化事业建设费

## 第一部分　考点串讲

### 考点一　概述

文化事业建设费是国家为促进文化事业发展而设立的政府性基金。

为切实加强社会主义精神文明建设、促进文化事业健康发展，国务院决定进一步完善文化经济政策，在加大各级财政对文化事业投入力度的同时，拓宽文化事业资金投入渠道，逐步形成适应社会主义市场经济要求的筹资机制和多渠道投入体制。《国务院关于进一步完善文化经济政策的若干规定》（国发〔1996〕37 号）规定，从 1997 年 1 月 16 日起，在全国范围内开征文化事业建设费。各种营业性的歌厅、舞厅、卡拉 OK 歌舞厅、音乐茶座和高尔夫球、台球、保龄球等娱乐场所，按营业收入的 3%缴纳文化事业建设费。广播电台、电视台和报纸、刊物等广告媒介单位以及户外广告经营单位，按经营收入的 3%缴纳文化事业建设费。《国务院关于支持文化事业发展若干经济政策的通知》（国发〔2000〕41 号）以及《国务院办公厅转发财政部、中宣部关于进一步支持文化事业发展若干经济政策的通知》（国办发〔2006〕43 号），均再次重申上述规定。《国务院关于推进文化创意和设计服务与相关产业融合发展的若干意见》(国发〔2014〕10 号)规定,广告领域文化事业建设费征收范围严格限定在广告媒介单位和户外广告经营单位。广告业文化事业建设费征收范围明显收窄。

财税部门从规范文化事业建设费的征收管理出发,陆续下发了不少文件,主要有:《国家税务总局关于广告代理业征收文化事业建设费问题的批复》(国税函〔1999〕353 号)。规定将广告代理业务纳入文化事业建设费征收范围;《财政部 国家税务总局关于营业税改征增值税试点有关文化事业建设费政策及征收管理问题的通知》(财税〔2015〕25 号)规定,在中华人民共和国境内提供广告服务的单位和个人,应缴纳文化事业建设费。

**【考点提示 1】**

文化事业建设费 1997 年开征的时候是由地税机关负责征收,随着营改增的推进,2013 年广告业的文化事业建设费由国税局征收,2016 年娱乐业的文化事业建设费由国税局征收。

## 考点二 缴纳义务人和扣缴义务人

在中华人民共和国境内提供广告服务的广告媒介单位和户外广告经营单位以及提供娱乐服务的单位和个人,应按规定缴纳文化事业建设费。

中华人民共和国境外的广告媒介单位和户外广告经营单位在境内提供广告服务,在境内未设有经营机构的,以广告服务接受方为文化事业建设费的扣缴义务人。

**【考点提示 1】**

缴纳义务人包括外商投资企业、外国企业和个人,无论境内还是境外的单位和个人在境内发生应当缴纳文化事业建设费的行为,均应按照相关规定缴纳文化事业建设费。

**【考点提示 2】**

提供广告服务的只有单位缴纳文化事业建设费;提供娱乐服务的单位和个人都应按规定缴纳文化事业建设费。

## 考点三　征收范围

根据《财政部　国家税务总局关于全面推开营业税改征增值税试点的通知》(财税〔2016〕36 号 )附件《销售服务、无形资产、不动产注释》的规定:广告服务,是指利用图书、报纸、杂志、广播、电视、电影、幻灯、路牌、招贴、橱窗、霓虹灯、灯箱、互联网等各种形式为客户的商品、经营服务项目、文体节目或者通告、声明等委托事项进行宣传和提供相关服务的业务活动。包括广告代理和广告的发布、播映、宣传、展示等。娱乐服务,是指为娱乐活动同时提供场所和服务的业务。具体包括:歌厅、舞厅、夜总会、酒吧、台球、高尔夫球、保龄球、游艺(包括射击、狩猎、跑马、游戏机、蹦极、卡丁车、热气球、动力伞、射箭、飞镖)。

**【考点提示 1】**

广告代理收入、广告发布收入、广告宣传收入、广告播映收入、广告展示收入都需要缴纳文化事业建设费。而广告策划收入、广告设计收入、广告制作收入、广告咨询收入则不需要缴纳文化事业建设费;另外,需要注意的是会议展览服务不属于广告服务,也不需要缴纳文化事业建设费。

**【考点提示 2】**

对娱乐服务的界定应严格按照上述定义,不能随意扩大。比如大家通常会把拍电影电视剧的行业称为娱乐圈,但按照《财政部　国家税务总局关于全面推行营业税改征增值税试点的通知》(财税

〔2016〕36 号)的规定,拍摄电影电视剧的行为属于广播影视节目制作服务,不属于娱乐服务。文艺表演、文化活动、体育表演,旅游公司应旅游者要求组织安排的文娱服务也不属于娱乐服务,不属于征缴文化事业建设费范围。

## 考点四　计费依据和费率

缴纳义务人应按照其提供广告服务、娱乐服务取得的计费销售额和 3%的费率计算应缴费额。其中,广告业缴纳义务人的计费销售额,为其提供广告服务取得的全部含税价款和价外费用,减除支付给其他广告公司或广告发布者的含税广告发布后的余额;娱乐业缴纳义务人的计费销售额,为其提供广告服务和娱乐服务取得的全部含税价款和价外费用。

根据《财政部关于调整部分政府性基金有关政策的通知》(财税〔2019〕46 号)的精神,自 2019 年 7 月 1 日至 2024 年 12 月 31 日,对归属中央收入的文化事业建设费,按照缴纳义务人应缴费额的 50%减征;对归属地方收入的文化事业建设费,各省(区、市)财政、党委宣传部门可以结合当地经济发展水平、宣传思想文化事业发展等因素,在应缴费额 50%的幅度内减征。各省(区、市)财政、党委宣传部门应当将本地区制定的减征政策文件抄送财政部、中共中央宣传部。

## 考点五　减免规定

**【考点提示 1】**

**起征点**

未达到增值税起征点的缴纳义务人(即提供娱乐服务的个人),免征文化事业建设费。

**【考点提示 2】**

**优惠政策**

为减轻广告业缴纳义务人负担,《财政部 国家税务总局关于营业税改征增值税试点有关文化事业建设费政策及征收管理问题的通知》(财税〔2016〕25 号)规定,增值税小规模纳税人中月销售额不超过 2 万元(按季纳税 6 万元)的企业和非企业性单位提供的应税服务,免征文化事业建设费。自 2015 年 1 月 1 日起至 2017 年 12 月 31 日,对按月纳税的月销售额不超过 3 万元(含 3 万元),以及按季纳税的季度销售额不超过 9 万元(含 9 万元)的缴纳义务人,免征文化事业建设费。娱乐业纳入营改增试点范围后,财政部和国家税务总局又共同制发《财政部 国家税务总局关于营业税改征增值税试点有关文化事业建设费政策及征收管理问题的补充通知》(财税〔2016〕60 号)明确,娱乐业缴纳义务人可以按照上述规定,享受免征文化事业建设费的优惠政策。2017 年底,对月销售额 2～3 万元的缴纳义务人免征文化事业建设费的政策执行到期后未延续,现行免征文化事业建设费的月销售额标准仍为 2 万元。

自 2019 年 1 月 1 日起,对月销售额 10 万元以下(含本数)的增值税小规模纳税人,免征增值税。但财政部、国家税务总局未再相应提高免征文化事业建设费的标准。

《财政部关于调整部分政府性基金有关政策的通知》(财税〔2019〕46 号)规定,自 2019 年 7 月 1 日至 2024 年 12 月 31 日,对归属中央收入的文化事业建设费,按照缴纳义务人应缴费额的 50%减征;对归属地方收入的文化事业建设费,各省(区、市)财政、党委宣传部门可以结合当地经济发展水平、宣传思想文化事业发展等因素,在应缴费额 50%的幅度内减征。各省(区、市)财政、党委宣传部门应当将本地区制定的减征政策文件抄送财政部、中共中央宣传部。

《财政部　税务总局关于电影等行业税费支持政策的公告》(财政部　税务总局公告2020年第25号)第三条规定,自2020年1月1日至2020年12月31日,免征文化事业建设费。

《财政部　税务总局关于延续实施应对疫情部分税费优惠政策的公告》(财政部　税务总局公告2021年第7号)第二条规定,《财政部　税务总局关于电影等行业税费支持政策的公告》(财政部　税务总局公告2020年第25号)规定的税费优惠政策凡已经到期的,执行期限延长至2021年12月31日。

**【考点提示3】**

**减免申报**

1. 申报《文化事业建设费申报表(营改增)》时,缴费单位本期按规定应征文化事业建设费的收入,正常填写在第1栏"应征收入"中,当税款属期为2020年1月1日至2021年12月31日时,第18栏"本期应补(退)费额"自动带出为0,即全额享受减免。不得擅自将有费申报改为零申报,不得将收入全部填入第2栏"免征收入"中,"免征收入"限定为享受财税〔2016〕25号或财税〔2016〕60号小微优惠政策。

2. 申报《代扣代缴文化事业建设费申报》时,缴费单位正常填报第1栏"计费依据"后,税款属期为"2020年1月1日至2021年12月31日"时间段内,第3栏"本期应扣缴费额"自动带出为0,即全额享受减免。

## 考点六　应缴费额的计算

### (一) 一般费额计算

$$应缴费额 = 计费销售额 \times 3\%$$

### (二) 扣缴费额计算

按规定扣缴文化事业建设费的,扣缴义务人应按下列公式计算应扣缴费额：

应扣缴费额＝支付的广告服务含税价款×费率

**【考点提示】**

计费销售额指：

1. 广告服务计费销售额，为缴纳义务人提供广告服务取得的全部含税价款和价外费用，减除支付给其他广告公司或广告发布者的含税广告发布费后的余额。

缴纳义务人减除价款的，应当取得增值税专用发票或国家税务总局规定的其他合法有效凭证，否则，不得减除。

2. 娱乐服务计费销售额，为缴纳义务人提供娱乐服务取得的全部含税价款和价外费用。

## 考点七 缴纳地点

缴纳义务人缴纳文化事业建设费的地点，与缴纳义务人的增值税纳税地点相同。文化事业建设费的扣缴义务人应当向其机构所在地或者居住地主管税务机关申报缴纳其扣缴的文化事业建设费。

## 考点八 缴纳义务发生时间与缴纳期限

文化事业建设费的缴纳义务发生时间，与缴纳义务人的增值税纳税义务发生时间相同。

文化事业建设费的扣缴义务发生时间，为缴纳义务人的增值税纳税义务发生时间。

文化事业建设费的缴纳期限与缴纳义务人的增值税纳税期限相同。

文化事业建设费扣缴义务人解缴税款的期限，与应缴纳义务人的增值税纳税期限相同。

## 考点九　会计处理

1. 直接缴纳文化事业建设费的会计处理。

借：税金及附加——文化事业建设费

　　贷：库存现金或银行存款

2. 先计提后缴纳文化事业建设费的会计处理。

（1）借：税金及附加——文化事业建设费

　　　　贷：应交税费——应交文化事业建设费

（2）借：应交税费——应交文化事业建设费

　　　　贷：库存现金或银行存款

**【考点提示1】**

**例1**　某广告公司是增值税一般纳税人，2019年5月实现广告发布收入开具增值税专用发票金额100万元，税额6万元，价税合计106万元，并将部分发布业务分包给个人A，取得了由A在税务机关代开的增值税普通发票（票面销售额16万元）。

（1）计算增值税：

应缴纳增值税 = 1 000 000 × 6% = 60 000（元）

（2）计算文化事业建设费：

计费销售额，为缴纳义务人提供广告服务取得的全部含税价款和价外费用，减除支付给其他广告公司或广告发布者的含税广告发布费后的余额。

缴纳义务人减除价款的，应当取得增值税专用发票或国家税务总局规定的其他合法有效凭证，否则，不得减除。

应缴文化事业建设费 = 计费销售额 × 3%

　　　　　　　　　= （1 060 000 − 160 000）× 3%

=27 000(元)。

**【考点提示2】**

**例2** 某公司生产经营范围:工程设计,设计、制作广告,路牌、标牌、广告牌安装施工,园林绿化,工艺美术品制作,雕刻,铁艺制作,牌匾制作,2019年5月该公司为区城建局设计制作了社会主义核心价值观的宣传铁牌,包工包料包安装,牌子的落款是区城建局宣,没有该公司的任何内容,牌子制完后由该公司负责安装到公园等公共场所。该公司需要缴纳文化事业建设费吗?给城建区的发票应如何开具?

(1) 不需要缴纳文化事业建设费。

根据《财政部 国家税务总局关于营业税改征增值税试点有关文化事业建设费政策及征收管理问题的通知》(财税〔2016〕25号)的规定,在中华人民共和国境内提供广告服务的广告媒介单位和户外广告经营单位,应缴纳文化事业建设费。

根据《广告发布登记管理规定》第四条、第五条的规定,办理广告发布登记,应当具备一定的条件;申请办理广告发布登记,应当向工商行政管理部门提交有关材料。

该公司经营范围不含广告发布、展示,这笔业务也不包含广告发布费,因此不属于广告服务,不属于文化事业建设费征收范围。

(2) 发票的开具:

这笔业务含设计、制作、安装,假如合同中设计成分占的比重小,根据《国家税务总局关于进一步明确营改增有关征管问题的公告》(国家税务总局公告2017年第11号)的规定,属于销售自产货物的同时提供安装服务,应分别核算制作和安装服务的销售额,分别适用不同的税率或征收率,因此是制作销售与安装的兼营,发票应分两行开具,第一行开具 * 金属制品 * 广告牌制作,税率13%(或征收率3%)，第二行开具*建筑服务*广告牌安装，税率9%(或征收率3%)。假如设计比重很大，如工程设计，是设计服务与安装服务的混合，则从主业，按照设计服务来缴纳增值税，税率6%(或征收率3%)。

# 第二部分　随章练习

## 一、单项选择题

1. 下列单位和个人属于文化事业费缴纳义务人的是(　　)。

A. 提供广告发布服务的个人　　B. 户外广告经营单位

C. 电影制作公司　　D. 民办学校

**【参考答案】** B

**【答案解析】** 在中华人民共和国境内提供广告服务的广告媒介单位和户外广告经营单位以及提供娱乐服务的单位和个人，应按规定缴纳文化事业建设费。选项B符合题意。

2. 下列收入属于文化事业费征收范围的是(　　)。

A. 广告咨询收入　　B. 广告发布收入

C. 广告设计收入　　D. 广告制作收入

**【参考答案】** B

**【答案解析】** 根据《财政部　国家税务总局关于全面推开营业税改征增值税试点的通知》(财税〔2016〕36号)附件《销售服务、无形资产、不动产注释》的规定，广告服务，是指利用图书、报纸、杂志、广播、电视、电影、幻灯、路牌、招贴、橱窗、霓虹灯、灯箱、互联网等各种形式为客户的商品、经营服务项目、文体节目或者通告、声明等委托事项进行宣传和提供相关服务的业务活动。包括广告代理和广告的发布、播映、宣传、展示等。选项 B 符合题意。

3.《财政部关于调整部分政府性基金有关政策的通知》(财税〔2019〕46 号)规定,对归属中央收入的文化事业建设费,按照缴纳义务人应缴费额的 50%减征,政策执行时间为(　　)。

A. 2019 年 1 月 1 日至 2025 年 12 月 31 日

B. 2019 年 7 月 1 日至 2025 年 12 月 31 日

C. 2019 年 1 月 1 日至 2024 年 12 月 31 日

D. 2019 年 7 月 1 日至 2024 年 12 月 31 日

**【参考答案】** D

**【答案解析】** 《财政部关于调整部分政府性基金有关政策的通知》(财税〔2019〕46 号)第一条规定,自 2019 年 7 月 1 日至 2024 年 12 月 31 日,对归属中央收入的文化事业建设费,按照缴纳义务人应缴费额的 50%减征。

4. 非税收入划转改革前,税务部门普遍征收的非税收入有(　　)。

A. 文化事业建设费　　B. 水利建设基金

C. 国家重大水利建设基金　　D. 工会经费

**【参考答案】** A

**【答案解析】** 划转改革前,税务部门普遍征收的非税收入有教育费附加、地方教育费附加、残疾人就业保障金、文化事业建设费、废弃电器电子产品处理基金等 5 项。

## 二、多项选择题

1. 下列关于文化事业费的说法正确的有(　　)。

A. 自 2019 年 7 月 1 日至 2024 年 12 月 31 日,对归属中央收入的文化事业建设费,按照缴纳义务人应缴费额的 50%减征

B. 2020 年免征文化事业费,2021 年减半征收文化事业费

C. 中华人民共和国境外的广告媒介单位和户外广告经营单位在境内提供广告服务，在境内未设有经营机构的，以广告服务接受方为文化事业建设费的扣缴义务人

D. 文化事业建设费的缴纳义务发生时间，与缴纳义务人的增值税纳税义务发生时间相同

**【参考答案】** ACD

**【答案解析】** 《财政部　税务总局关于延续实施应对疫情部分税费优惠政策的公告》（财政部　税务总局公告2021年第7号）第二条规定，《财政部　税务总局关于电影等行业税费支持政策的公告》（财政部　税务总局公告2020年第25号）规定的税费优惠政策凡已经到期的，执行期限延长至2021年12月31日。选项B不正确。

**三、判断题**

1. 受疫情影响，2020年针对电影行业免征文化事业建设费，其他行业照常征收。（　　）

**【参考答案】** ×

**【答案解析】** 根据《财政部　税务总局关于电影等行业税费支持政策的公告》（财政部　税务总局公告2020年第25号）的规定，自2020年1月1日至2020年12月31日，免征文化事业建设费。此规定是针对所有行业。

2. 娱乐服务计费销售额，为缴纳义务人提供娱乐服务取得的不含税价款和价外费用。（　　）

**【参考答案】** ×

**【答案解析】** 娱乐服务计费销售额，为缴纳义务人提供娱乐服务取得的全部含税价款和价外费用。

3. 广告服务计费销售额，为缴纳义务人提供广告服务取得的全部

含税价款和价外费用。 (　　)

【参考答案】 ×

【答案解析】 广告服务计费销售额,为缴纳义务人提供广告服务取得的全部含税价款和价外费用,减除支付给其他广告公司或广告发布者的含税广告发布费后的余额。

4. 某广告公司为小规模纳税人,其增值税征收率和文化事业建设费计费率一致,所以应纳增值税额和应缴文化事业建设费相等。 (　　)

【参考答案】 ×

【答案解析】 增值税征收率目前为1%,而文化事业建设费计费率为3%;增值税计税依据为不含税价,而文化事业建设费计税依据为含税价。因此应纳增值税额和应缴文化事业建设费不相等。

5. 未达到增值税起征点的缴纳义务人,免征文化事业建设费。 (　　)

【参考答案】 √

【答案解析】 根据《财政部　国家税务总局关于营业税改征增值税试点有关文化事业建设费政策及征收管理问题的补充通知》第三条的规定,未达到增值税起征点的缴纳义务人,免征文化事业建设费。

# 第四章

# 废弃电器电子产品处理基金

## 第一部分　考点串讲

### 考点一　概述

废弃电器电子产品处理基金(以下简称“基金”)是国家为促进废弃电器电子产品回收处理而设立的政府性基金。设立废弃电器电子产品处理基金主要是为了充分调动回收企业和处理企业的积极性,逐步规范废弃电器电子产品的回收处理活动。基金全额上缴中央国库,纳入中央政府性基金预算管理,实行专款专用,年终结余结转下年度继续使用。

建立废弃电器电子产品处理专项基金制度,是依据有关法律规定,立足我国国情,并借鉴国外“生产者责任制”(当今许多工业化国家循环经济法律制度中的重要制度之一。该制度对于提高资源利用率,减少废弃物的排放,保护和改善自然环境发挥着重要作用。)的做法而提出的。一是《固体废物污染环境防治法》规定,国家对固体废物污染环境防治实行污染者依法负责的原则,产品的生产者、销售者、使用者对其产生的固体废物依法承担污染防治责任。二是为推动生产者承担一定的废弃电器电子产品的回收处理责任,支持处理企业实现产业化经营,这些都需要国家出台一定的激励措施。

三是从一些国家的实践情况看，许多国家采用由生产者缴纳回收处理费用，由专门机构统一组织回收处理废弃电器电子产品方式。同时，为提高废弃电器电子产品处理专项基金收取和使用的公平性和透明度，《回收处理管理条例》规定，制订废弃电器电子产品处理基金的征收标准和补贴标准，应当充分听取电器电子产品生产企业、处理企业、有关行业协会及专家的意见。

主要政策依据：2012 年 5 月，财政部、环境保护部、国家发展改革委、工业和信息化部、海关总署与国家税务总局联合下发了《废弃电器电子产品处理基金征收使用管理办法》（财综〔2012〕34 号，以下简称《基金征收使用管理办法》），自 2012 年 7 月 1 日起执行。根据国务院批准的《关于印发〈废弃电器电子产品处理基金征收使用管理办法〉的通知》的规定，国家税务总局制定了《废弃电器电子产品处理基金征收管理规定》（国家税务总局公告 2012 年第 41 号，以下简称《基金征收管理规定》），自 2012 年 7 月 1 日起施行。

## 考点二　基金缴纳义务人

我国境内电器电子产品生产者、进口电器电子产品的收货人或者其代理人应当履行废弃电器电子产品处理基金缴纳义务。

1. 电器电子产品生产者应缴纳的基金，由税务局负责征收。税务局对电器电子产品生产者征收基金，适用税收征收管理的规定。

2. 进口电器电子产品的收货人或者其代理人应缴纳的基金，由海关负责征收。海关对基金的征收缴库管理，按照关税征收缴库管理的规定执行。

**【考点提示 1】**

电器电子产品生产者包括自主品牌生产企业和代工生产企业。

**【考点提示 2】**

1. 基金缴纳义务人销售应征基金产品时缴纳基金。本规定所称销售,是指通过从购买方取得货物、货币或其他经济利益的方式转让应征基金产品所有权。

2. 基金缴纳义务人受托加工生产应征基金产品的,不论原料和主要材料由何方提供,不论在财务上是否做销售处理,均由受托方缴纳基金。

3. 基金缴纳义务人将应征基金产品用于生产非应征基金产品、在建工程、管理部门、非生产机构、提供劳务、馈赠、赞助、集资、广告、样品、职工福利、奖励等方面,并于移送使用时缴纳基金。

**【考点提示 3】**

1. 废弃电器电子产品处理基金缴纳义务人向其主管税务机关申报缴纳基金。对基金缴纳义务人征收基金,适用税收征收管理的规定。

2. 基金缴纳义务人应当自觉接受税务机关的监督检查,提供有关资料,如实反映情况,不得拒绝、隐瞒。未经国务院批准或者授权,任何地方、部门和单位不得擅自减免基金,不得改变基金征收对象、范围和标准。任何单位和个人有权监督和举报基金缴纳和使用中的违法违规问题。有关部门应当按照职责分工对单位和个人举报投诉的问题进行调查和处理。

## 考点三 征收范围

废弃电器电子产品处理基金分别按照电器电子产品生产者销售、进口电器电子产品的收货人或者其代理人进口的电器电子产品数量定额征收。

【考点提示 1】

## 国内销售电器电子产品基金征收范围和标准

根据《废弃电器电子产品处理基金征收使用管理办法》和《基金征收管理规定》的有关规定，中华人民共和国境内电器电子产品的生产者销售时应缴纳的废弃电器电子产品处理基金，其征收范围、征收标准依照《国内销售电器电子产品基金征收范围和标准》（见表4-1）执行。

表 4-1　国内销售电器电子产品基金征收范围和标准

| 序号 | 产品种类 | 产品范围 | 征收标准（元/台） |
|---|---|---|---|
| 1 | 电视机 | 阴极射线管（黑白、彩色）电视机 | 13 |
| | | 液晶电视机 | 13 |
| | | 等离子电视机 | 13 |
| | | 背投电视机 | 13 |
| | | 其他用于接收信号并还原出图像及伴音的终端设备 | 13 |
| 2 | 电冰箱 | 冷藏冷冻箱（柜） | 12 |
| | | 冷藏箱（柜） | 12 |
| | | 冷冻箱（柜） | 12 |
| | | 其他具有制冷系统、消耗能量以获取冷量的隔热箱体 | 12 |
| 3 | 洗衣机 | 波轮式洗衣机 | 7 |
| | | 滚筒式洗衣机 | 7 |
| | | 搅拌式洗衣机 | 7 |
| | | 脱水机 | 7 |
| | | 其他依靠机械作用洗涤衣物（含兼有干衣功能）的器具 | 7 |

（续表）

| 序号 | 产品种类 | 产品范围 | 征收标准（元/台） |
| --- | --- | --- | --- |
| 4 | 房间空调器 | 整体式空调（窗机、穿墙机等） | 7 |
| | | 分体式空调（分体壁挂、分体柜机等） | 7 |
| | | 一拖多空调器 | 7 |
| | | 其他制冷量在 14 000 W 及以下的房间空气调节器具 | 7 |
| 5 | 微型计算机 | 台式微型计算机的显示器 | 10 |
| | | 主机、显示器一体形式的台式微型计算机 | 10 |
| | | 便携式微型计算机（含平板电脑、掌上电脑） | 10 |
| | | 其他信息事务处理实体 | 10 |

**【考点提示 2】**

**对进口电器电子产品征收基金适用的商品名称、海关税则号列和征收标准**

根据《基金征收使用管理办法》的有关规定，目前，进口电器电子产品的收货人或者其代理人进口的电器电子产品应缴纳的废弃电器电子产品处理基金，其征收范围、征收标准依照《对进口电器电子产品征收基金适用的商品名称、海关税则号列和征收标准》（见表 4-2）执行。

**表 4-2　对进口电器电子产品征收基金适用的商品名称、海关税则号列和征收标准　（2012 年版）**

| 序号 | 产品种类 | 商品名称 | 税则号列 | 征收标准（元/台） |
| --- | --- | --- | --- | --- |
| 1 | 电视机 | 其他彩色的模拟电视接收机，带阴极射线显像管的 | 85287211 | 13 |
| | | 其他彩色的数字电视接收机，阴极射线显像管的 | 85287212 | 13 |

（续表）

| 序号 | 产品种类 | 商品名称 | 税则号列 | 征收标准（元/台） |
|---|---|---|---|---|
| 1 | 电视机 | 其他彩色的电视接收机，阴极射线显像管的 | 85287219 | 13 |
| | | 彩色的液晶显示器的模拟电视接收机 | 85287221 | 13 |
| | | 彩色的液晶显示器的数字电视接收机 | 85287222 | 13 |
| 1 | 电视机 | 其他彩色的液晶显示器的电视接收机 | 85287229 | 13 |
| | | 彩色的等离子显示器的模拟电视接收机 | 85287231 | 13 |
| | | 彩色的等离子显示器的数字电视接收机 | 85287232 | 13 |
| | | 其他彩色的等离子显示器的电视接收机 | 85287239 | 13 |
| | | 其他彩色的模拟电视接收机 | 85287291 | 13 |
| | | 其他彩色的数字电视接收机 | 85287292 | 13 |
| | | 其他彩色的电视接收机 | 85287299 | 13 |
| | | 黑白或其他单色的电视接收机 | 85287300 | 13 |
| 2 | 电冰箱 | 容积＞500升冷藏-冷冻组合机（各自装有单独外门的） | 84181010 | 12 |
| | | 200升＜容积≤500升冷藏-冷冻组合机（各自装有单独外门的） | 84181020 | 12 |
| | | 容积≤200升冷藏-冷冻组合机（各自装有单独外门的） | 84181030 | 12 |
| | | 容积＞150升压缩式家用型冷藏箱 | 84182110 | 12 |
| | | 压缩式家用型冷藏箱（50升＜容积≤150升） | 84182120 | 12 |
| | | 容积≤50升压缩式家用型冷藏箱 | 84182130 | 12 |
| | | 半导体制冷式家用型冷藏箱 | 84182910 | 12 |
| | | 电气吸收式家用型冷藏箱 | 84182920 | 12 |

**（续表）**

| 序号 | 产品种类 | 商品名称 | 税则号列 | 征收标准（元/台） |
| --- | --- | --- | --- | --- |
| 2 | 电冰箱 | 其他家用型冷藏箱 | 84182990 | 12 |
| | | 制冷温度>－40℃小的其他柜式冷冻箱（小的指容积≤500升） | 84183029 | 12 |
| | | 制冷温度>－40℃小的立式冷冻箱（小的指容积≤500升） | 84184029 | 12 |
| 3 | 洗衣机 | 干衣量≤10 kg全自动波轮式洗衣机 | 84501110 | 7 |
| | | 干衣量≤10 kg全自动滚筒式洗衣机 | 84501120 | 7 |
| | | 其他干衣量≤10 kg全自动洗衣机 | 84501190 | 7 |
| | | 装有离心甩干机的非全自动洗衣机（干衣量≤10 kg） | 84501200 | 7 |
| | | 干衣量≤10 kg的其他洗衣机 | 84501900 | 7 |
| 4 | 房间空调器 | 独立窗式或壁式空气调节器（装有电扇及调温、调湿装置，包括不能单独调湿的空调器） | 84151010 | 7 |
| | | 制冷量≤4 000大卡/时分体式空调，窗式或壁式（装有电扇及调温、调湿装置，包括不能单独调湿的空调器） | 84151021 | 7 |
| | | 4 000大卡/时<制冷量≤12 046大卡/时（14 000 W）分体式空调，窗式或壁式（装有电扇及调温、调湿装置，包括不能单独调湿的空调器） | ex84151022 | 7 |
| | | 制冷量≤4 000大卡/时热泵式空调器（装有制冷装置及一个冷热循环换向阀的） | 84158110 | 7 |
| | | 4 000大卡/时<制冷量≤12 046大卡/时（14 000 W）热泵式空调器（装有制冷装置及一个冷热循环换向阀的） | ex84158120 | 7 |
| | | 制冷量≤4 000大卡/时的其他空调器（仅装有制冷装置，而无冷热循环装置的） | 84158210 | 7 |

（续表）

| 序号 | 产品种类 | 商品名称 | 税则号列 | 征收标准（元/台） |
|---|---|---|---|---|
| 4 | 房间空调器 | 4 000 大卡/时＜制冷量≤12 046 大卡/时(14 000 W)的其他空调(仅装有制冷装置,而无冷热循环装置的) | ex84158220 | 7 |
| 5 | 微型计算机 | 便携式自动数据处理设备(重量≤10 kg,至少由一个中央处理器、键盘和显示器组成) | 84713000 | 10 |
| | | 微型机 | 84714140 | 10 |
| | | 以系统形式报验的微型机 | 84714940 | 10 |
| | | 含显示器的微型机的处理部件 | ex84715040 | 10 |
| | | 专用或主要用于 84.71 商品的阴极射线管监视器 | 85284100 | 10 |
| | | 专用或主要用于 84.71 商品的液晶监视器 | 85285110 | 10 |
| | | 其他专用或主要用于 84.71 商品的监视器 | 85285190 | 10 |
| | | 其他彩色的监视器 | 85285910 | 10 |
| | | 其他单色的监视器 | 85285990 | 10 |

**【考点提示 3】**

对电器电子产品生产者销售台式微型计算机整机不征收基金，但台式微型计算机显示器生产者将其生产的显示器组装成计算机整机销售的除外。对台式微型计算机显示器生产者组装的计算机整机按照 10 元/台的标准征收基金。

**【考点提示 4】**

**列入征收范围的各类电器具体的含义**

纳入基金征收范围的电视机，是指含有电视调谐器(高频头)的用于接收信号并还原出图像及伴音的终端设备，包括阴极射线管

（黑白、彩色）电视机、液晶电视机、等离子电视机、背投电视机以及其他用于接收信号并还原出图像及伴音的终端设备。

纳入基金征收范围的电冰箱，是指具有制冷系统、消耗能量以获取冷量的隔热箱体，包括各自装有单独外门的冷藏冷冻箱（柜）、容积≤500 升的冷藏箱（柜）、制冷温度＞－40℃且容积≤500 升的冷冻箱（柜），以及其他具有制冷系统、消耗能量以获取冷量的隔热箱体。对上述产品中分体形式的设备，按其制冷系统设备的数量计征废弃电器电子产品处理基金。对自动售货机、容积＜50 升的车载冰箱以及不具有制冷系统的柜体，不征收废弃电器电子产品处理基金。

纳入基金征收范围的洗衣机，是指干衣量≤10 kg 的依靠机械作用洗涤衣物（含兼有干衣功能）的器具，包括波轮式洗衣机、滚筒式洗衣机、搅拌式洗衣机、脱水机以及其他依靠机械作用洗涤衣物（含兼有干衣功能）的器具。

纳入基金征收范围的房间空调器，是指制冷量≤14 000 W（12 046 大卡/时）的房间空气调节器具，包括整体式空调（窗机、穿墙机、移动式等）、分体形式空调（分体壁挂、分体柜机、一拖多、单元式空调器等）以及其他房间空气调节器。对分体形式空调器，按室外机的数量计征基金。对不具有制冷系统的空气调节器，不征收废弃电器电子产品处理基金。

纳入基金征收范围的微型计算机，是指接口类型仅包括 VGA（模拟信号接口）、DVI（数字视频接口）或 HDMI（高清晰多媒体接口）的台式微型计算机的显示器、主机和显示器一体形式的台式微型计算机、便携式微型计算机（含笔记本电脑、平板电脑、掌上电脑）以及其他信息事务处理实体。

## 考点四　基金缴纳义务的发生时间

1. 基金缴纳义务人销售电器电子产品的，按不同的销售结算方式分别为：

（1）采取赊销和分期收款结算方式的，为书面合同约定的收款日期的当天，书面合同没有约定收款日期或者无书面合同的，为发出电器电子产品的当天；

（2）采取预收货款结算方式的，为发出电器电子产品的当天；

（3）采取托收承付和委托银行收款方式的，为发出电器电子产品并办妥托收手续的当天；

（4）采取其他结算方式的，为收讫销售款或者取得索取销售款凭据的当天。

2. 受托加工应征基金产品，基金缴纳义务人只收取加工费的，为委托方提货的当天。

3. 基金缴纳义务人将应征基金产品用于生产非应征基金产品、在建工程、管理部门等情形的，为移送使用的当天。

4. 基金缴纳义务人以委托代销方式销售应征基金产品的，为收到代销单位的代销清单或者收到全部或者部分货款的当天。未收到代销清单及货款的，为发出应征基金产品满 180 天的当天。

## 考点五　应缴费额的计算

1. 基金缴纳义务人销售或受托加工生产相关电器电子产品，按照从量定额的办法计算应缴纳基金。应缴纳基金的计算公式为：

应缴纳基金 = 销售数量（受托加工数量）× 征收标准

2. 基金缴纳义务人应当准确核算购进和委托加工收回的已缴

纳基金的电器电子产品数量，不能准确核算的，按实际销售数量征收基金。

## 考点六　费额减免优惠

1. 废弃电器电子产品处理基金缴纳义务人出口电器电子产品，免征基金。由电器电子产品生产者依据《中华人民共和国海关出口货物报关单》列明的出口产品名称和数量，向税务局申请从应缴纳基金的产品销售数量中扣除。

2. 基金缴纳义务人购进或者收回委托加工电器电子产品已缴纳基金的，从应征基金产品销售数量中扣除；不足扣除部分，可留待下期继续扣除。

3. 基金缴纳义务人应当准确核算购进和委托加工收回的已缴纳基金的电器电子产品数量，不能准确核算的，按实际销售数量征收基金。

4. 基金缴纳义务人已缴纳基金的电器电子产品发生销货退回的，准予在当期申报中扣除，不足扣除部分，可留待下期继续扣除。

5. 对采用有利于资源综合利用和无害化处理的设计方案以及使用环保和便于回收利用材料生产的电器电子产品，可以减征基金，具体办法由财政部会同环境保护部、国家发展改革委、工业和信息化部、税务总局、海关总署另行制定。

6. 电器电子产品生产者进口电器电子产品已缴纳基金的，国内销售时免征基金，由电器电子产品生产者依据《中华人民共和国海关进口货物报关单》和《进口废弃电器电子产品处理基金缴款书》列明的进口产品名称和数量，向税务机关申请从应缴纳基金的产品销售数量中扣除。

## 考点七　申报缴纳

1. 基金缴纳义务人应当自季度终了之日起十五日内申报缴纳基金，向主管税务机关报送《废弃电器电子产品处理基金申报表》。

2. 税务局征收基金应使用税收票证。

基金缴纳义务人应妥善保管基金缴款凭证、增值税专用发票及清单、海关进(出)口货物报关单、代理出口货物证明、委托代理出口协议、委托加工协议、退货证明及其他相关资料。

3. 基金缴纳义务人应当自觉接受税务机关的监督检查，提供有关资料，如实反映情况，不得拒绝、隐瞒。

4. 基金缴纳义务人违反基金征收管理规定的，税务机关比照税收违法行为予以行政处罚。

# 第二部分　随章练习

## 一、单项选择题

1. 某电视机生产企业 2021 年一个季度实现电视机的销售数量为 135 000 台，其中出口销售数量为 80 000 台，国内销售数量为 55 000 台，那么填报《废弃电器电子产品处理基金申报表》时，在"应征销售数量"栏填列(　　)。

A. 0　　B. 55 000　　C. 80 000　　D. 135 000

**【参考答案】** B

**【答案解析】** 基金缴纳义务人出口电器电子产品免征基金。此案例中填报《废弃电器电子产品处理基金申报表》时，在"本期销售数量"栏填列 135 000 台、"应征销售数量"栏填列 55 000 台、"出口免征销售数量栏”填列 80 000 台。

2. 下列关于废弃电器电子产品处理基金的说法不正确的是（　　）。

A. 电器电子产品生产者应缴纳的基金，由税务局负责征收

B. 受托加工应征基金产品，基金缴纳义务人只收取加工费的，为委托方提货的当天

C. 基金缴纳义务人受托加工生产应征基金产品的，不论原料和主要材料由何方提供，不论在财务上是否做销售处理，均由委托方缴纳基金

D. 基金缴纳义务人违反基金征收管理规定的，税务机关比照税收违法行为予以行政处罚

**【参考答案】** C

**【答案解析】** 基金缴纳义务人受托加工生产应征基金产品的，不论原料和主要材料由何方提供，不论在财务上是否做销售处理，均由受托方缴纳基金。

## 二、多项选择题

1. 下列单位属于废弃电器电子产品处理基金缴费主体的有（　　）。

A. 某电视机自主品牌生产企业

B. 某空调代工生产企业

C. 进口洗衣机收货人

D. 电脑经销商

**【参考答案】** ABC

**【答案解析】** 我国境内电器电子产品生产者、进口电器电子产品的收货人或者其代理人应当履行基金缴纳义务。电器电子产品生产者包括自主品牌生产企业和代工生产企业。因此，选项 ABC 正确。

2. 下列关于废弃电器电子产品处理基金的说法正确的有(　　)。

A. 废弃电器电子产品处理基金都由税务机关负责征收

B. 基金缴纳义务人将应征基金产品用于生产非应征基金产品、在建工程、管理部门、非生产机构、提供劳务、馈赠、赞助、集资、广告、样品、职工福利、奖励等方面，并于移送使用时缴纳基金

C. 基金缴纳义务人销售或受托加工生产相关电器电子产品，按照从价定率的办法计算应缴纳基金

D. 废弃电器电子产品处理基金缴纳义务人出口电器电子产品，免征基金

**【参考答案】** BD

**【答案解析】** 进口电器电子产品的收货人或者其代理人应缴纳的基金，由海关负责征收。基金缴纳义务人销售或受托加工生产相关电器电子产品，按照从量定额的办法计算应缴纳基金。因此，选项 AC 不正确。

3. 电器电子产品生产者进口电器电子产品已缴纳基金的，国内销售时免征基金，由电器电子产品生产者依据(　　)，向税务机关申请从应缴纳基金的产品销售数量中扣除。

A.《中华人民共和国海关进口货物报关单》

B.《中华人民共和国海关出口货物报关单》

C.《进口废弃电器电子产品处理基金缴款书》

D. 增值税专用发票及清单

**【参考答案】** AC

**【答案解析】** 电器电子产品生产者进口电器电子产品已缴纳基金的，国内销售时免征基金，由电器电子产品生产者依据《中华人

民共和国海关进口货物报关单》和《进口废弃电器电子产品处理基金缴款书》列明的进口产品名称和数量，向税务机关申请从应缴纳基金的产品销售数量中扣除。

4. 下列关于基金缴纳义务的发生时间的说法正确的有（　　）。

A. 采取预收货款结算方式的，为收到预收款的当天

B. 受托加工应征基金产品，基金缴纳义务人只收取加工费的，为委托方提货的当天

C. 基金缴纳义务人以委托代销方式销售应征基金产品，未收到代销清单及货款的，为发出应征基金产品满 180 天的当天

D. 采取赊销和分期收款结算方式的，为书面合同约定的收款日期的当天

**【参考答案】** BCD

**【答案解析】** 采取预收货款结算方式的，为发出电器电子产品的当天。因此，选项 A 不正确。

## 三、判断题

1. 对电器电子产品生产者销售台式微型计算机整机要征收废弃电器电子产品处理基金。（　　）

**【参考答案】** ×

**【答案解析】** 对电器电子产品生产者销售台式微型计算机整机不征收基金，但台式微型计算机显示器生产者将其生产的显示器组装成计算机整机销售的除外。

2. 基金缴纳义务人受托加工生产应征基金产品的，不论原料和主要材料由何方提供，不论在财务上是否做销售处理，均由委托方缴纳基金。（　　）

**【参考答案】** ×

【答案解析】 基金缴纳义务人受托加工生产应征基金产品的，不论原料和主要材料由何方提供，不论在财务上是否做销售处理，均由受托方缴纳基金。

3. 废弃电器电子产品处理基金缴纳义务人向其主管税务机关申报缴纳基金。对基金缴纳义务人征收基金，适用税收征收管理的规定。 （ ）

【参考答案】 √

4. 基金缴纳义务人违反基金征收管理规定的，税务机关比照税收违法行为予以行政处罚。 （ ）

【参考答案】 √

5. 基金缴纳义务人购进或者收回委托加工电器电子产品已缴纳基金的，从当期应征基金产品销售数量中扣除；不足扣除部分，不予继续扣除。 （ ）

【参考答案】 ×

【答案解析】 基金缴纳义务人购进或者收回委托加工电器电子产品已缴纳基金的，从应征基金产品销售数量中扣除；不足扣除部分，可留待下期继续扣除。

6. 基金缴纳义务人应当自月度终了之日起十五日内申报缴纳基金，向主管税务机关报送《废弃电器电子产品处理基金申报表》。 （ ）

【参考答案】 ×

【答案解析】 基金缴纳义务人应当自季度终了之日起十五日内申报缴纳基金，向主管税务机关报送《废弃电器电子产品处理基金申报表》。

7. 某电视机生产企业，将其生产的500台电视机移交给电视台，由电视台为该电视机生产企业进行为期3个月的广告宣传，因为生产企业并没有从电视台取得货币或货物，所以此行为不需缴纳废弃电器电子产品处理基金。（　　）

【参考答案】 ×

【答案解析】 该电视机生产企业，将其生产的500台电视机移交给电视台，由电视台为该电视机生产企业进行为期3个月的广告宣传，虽然生产企业并没有从电视台取得货币或货物，但通过将电视机移交给电视台，从电视台取得了广告效应，其实质是以电视机换取广告效应，是一种从受让方取得"其他经济利益"而转让应征基金产品所有权的行为。这种行为，也是一种销售行为，应按照《基金征收管理规定》缴纳基金。

8. 某微型计算机生产企业，将其生产的30万台微型计算机作为投资入股另一家企业，此行为不需缴纳废弃电器电子产品处理基金。（　　）

【参考答案】 ×

【答案解析】 该微型计算机生产企业，将其生产的30万台微型计算机作为投资入股另一家企业，尽管该微型计算机生产企业没有销售，但实际上已经转移了这些微型计算机的所有权，也应当按照规定缴纳基金。

**四、综合题**

（一）某电视机生产企业一个季度实现电视机的销售数量为140 000台，其中出口销售数量为80 000台，国内销售数量为60 000台，请问如何填报《废弃电器电子产品处理基金申报表》以及对核算有何要求？

【参考答案】 填报《废弃电器电子产品处理基金申报表》时，在

“本期销售数量”栏填列 140 000 台、“应征销售数量”栏填列 60 000 台、“出口免征销售数量栏”填列 80 000 台。

（二）某空调生产企业在夏季销售量激增，其产量不能满足市场需求，通过购进和委托加工的方式增加产品的投放量，在第二季度进口房间空调器 6 000 台，从另一生产企业购进房间空调器 8 000 台，收回委托加工的房间空调器 5 000 台，本季度国内销售房间空调器共 43 000 台。购进和收回委托加工的房间空调器都已经缴纳基金。请计算应征基金房间空调器数量以及如何填报《废弃电器电子产品处理基金申报表》。

**【参考答案】** 该空调生产企业填报《废弃电器电子产品处理基金申报表》时，在“本期可扣除数量”的“进口数量”栏填列 6 000 台、“国内购进数量”栏填列 8 000 台、“委托加工收回数量”栏填列 5 000 台。不考虑其他因素影响，该空调生产企业本期应征基金房间空调器的销售数量为 43 000 台，允许扣除购进和收回委托加工已经缴纳基金的房间空调器数量为 6 000 + 8 000 + 5 000 = 19 000（台），实际应征基金房间空调器的数量为 43 000 − 19 000 = 24 000（台）。

# 第五章

# 残疾人就业保障金

## 第一部分　考点串讲

### 考点一　概述

残疾人就业保障金(以下简称残保金)是为保障残疾人权益，由未按规定安排残疾人就业的机关、团体、企业、事业单位和民办非企业单位(以下简称用人单位)缴纳的资金。残保金属于政府性基金，收入全部归属地方。

残保金制度作为残疾人按比例就业制度的重要组成部分，是为了提高残疾人就业比例、促进残疾人就业而存在的。但它本身又不是履行保障残疾人就业义务的强制手段，而是间接地通过经济调整来达到立法的目的。全国人大法工委在对2008年修订的《中华人民共和国残疾人保障法》第三十三条规定的“各用人单位安排残疾人就业达不到规定比例的，应当按照国家有关规定履行保障残疾人就业义务”进行解释时就表示，要求未达到标准的用人单位缴纳残保金，“一方面，保障了各用人单位履行法律责任的严肃性；另一方面，又考虑到现实情况，体现出各用人单位履行责任的灵活性。”这说明，残保金制度的设立为用人单位提供了履行直接法律义务的一种替代方式。而根据相关法律规定，残保金又是用于残疾人就业的专项资金，这又不同于其他国家在残疾人就业问题上设置的不履行按比例就业的罚款制度。这说明，缴纳残保金，本身也是用人单位履行保障残疾人就业义务的一种方式。用人单位可以基于理性考量，来选择是安排最低比例以上的残疾人就业来直接促进残疾人就业，还是缴纳残保金来间接促进残疾人就业。

为更好发挥残保金制度作用，有效有力促进残疾人就业，2019年12月27日，国家发展改革委、财政部、民政部、人力资源社会保障部、税务总局、中国残联联合印发《关于完善残疾人就业保障金制度更好促进残疾人就业的总体方案》（发改价格规〔2019〕2015号）。

## 考点二　缴费主体

残保金的缴费主体是安排残疾人就业达不到其所在地省、自治区、直辖市人民政府规定比例的机关、团体、企业、事业单位和民办非企业单位。

**【考点提示1】**

残疾人，是指持有《中华人民共和国残疾人证》上注明属于视力残疾、听力残疾、言语残疾、肢体残疾、智力残疾、精神残疾和多重残疾的人员，或者持有《中华人民共和国残疾军人证》（1至8级）的人员。

**【考点提示2】**

安排残疾人就业的比例，由各省、自治区、直辖市人民政府根据本地区的实际情况规定，但不得低于本单位在职职工总数的1.5%。

## 考点三　征收标准

根据《关于完善残疾人就业保障金制度更好促进残疾人就业的

总体方案》(发改价格规〔2019〕2015 号)的规定,自 2020 年 1 月 1 日起至 2022 年 12 月 31 日,残保金由单一标准征收调整为分档征收,用人单位安排残疾人就业比例 1%(含)以上但低于本省(区、市)规定比例的,按应缴费额 50% 征收;1% 以下的,按应缴费额 90% 征收。

残保金征收标准上限按当地社会平均工资的 2 倍执行,上年在职职工年平均工资不超过当地社会平均工资 2 倍的,按用人单位在职职工平均工资计算;超过当地社会平均工资 2 倍的,按当地社会平均工资 2 倍计算。

当地社会平均工资按照所在地城镇非私营单位就业人员平均工资和城镇私营单位就业人员平均工资加权计算,即全口径城镇单位就业人员平均工资,其和社保费征缴口径一致。

**【考点提示 1】**

**当地社会平均工资计算口径**

当地是指本省、本市还是本县口径并不明确。按照《国务院办公厅关于印发降低社会保险费率综合方案的通知》(国办发〔2019〕13 号)来看社会平均工资的计算口径是本省。笔者建议残保金征缴可以参照社保费这个口径。

**【考点提示 2】**

**当地社会平均工资数据获取**

人力资源和社会保障局发布当地全口径城镇单位就业人员平均工资数据。

统计局按照国家统计调查制度要求,发布城镇非私营单位就业人员平均工资、城镇私营单位就业人员平均工资、规模以上企业法人单位不同岗位平均工资。

## 考点四　计算方法

保障金年缴纳额 = 本期应纳费额 − 本期减免费额

$$\text{本期应纳费额} = \left(\text{上年在职职工人数} \times \text{应安排残疾人就业比例} - \text{上年实际安排残疾人就业人数}\right) \times \text{上年在职职工年平均工资}(\text{或当地社会平均工资的 2 倍})$$

本期减免费额 = 本期应纳费额 × 100%(或 50%、10%)

**【考点提示 1】**

"在职职工"是指用人单位在编人员或依法与用人单位签订 1 年以上(含 1 年)劳动合同(服务协议)的人员,季节性用工应当折算为年平均用工人数。

**【考点提示 2】**

"应安排残疾人就业比例"依据各省、自治区、直辖市、计划单列市人民政府规定维护并调用。

**【考点提示 3】**

"上年实际安排残疾人就业人数"依据残联(残疾人就业服务机构)审核的残疾人就业情况填写。

**【考点提示 4】**

用人单位将残疾人录用为在编人员或依法与就业年龄段内的残疾人签订 1 年以上(含 1 年)劳动合同(服务协议),且实际支付的工资不低于当地最低工资标准,并足额缴纳社会保险费的,方可计入用人单位所安排的残疾人就业人数。

**【考点提示 5】**

用人单位安排 1 名持有《中华人民共和国残疾人证》(1 至 2 级)或《中华人民共和国残疾军人证》(1 至 3 级)的人员就业的,按照安排2名残疾人就业计算。

**【考点提示6】**

**"上年在职职工年平均工资"计算口径**

"上年在职职工年平均工资"按照国家统计局关于工资总额组成的有关规定执行。同时,根据《国家统计局关于工资总额组成的规定》(国家统计局令第1号)相关规定,工资总额,是指各单位在一定时期内直接支付给本单位全部职工的劳动报酬总额。工资总额的计算应以直接支付给职工的全部劳动报酬为根据。工资总额由下列六个部分组成:(1)计时工资;(2)计件工资;(3)奖金;(4)津贴和补贴;(5)加班加点工资;(6)特殊情况下支付的工资。计算残保金时的工资总额,应以直接支付给职工的全部劳动报酬,即应发工资来确定。

**【考点提示7】**

用人单位跨地区招用残疾人的,应当计入所安排的残疾人就业人数。

## 考点五　减免规定

1. 小微企业减免。

自2020年1月1日起至2022年12月31日,对在职职工总数30人(含)以下的企业,暂免征收残保金。

注意:与《财政部关于取消、调整部分政府性基金有关政策的通知》(财税〔2017〕18号)的区别是取消了"自工商登记之日起3年内"的规定。

2. 困难减免。

用人单位遇不可抗力自然灾害或其他突发事件遭受重大直接经

济损失,可以申请减免或者缓缴保障金。具体办法由各省、自治区、直辖市财政部门规定。

## 考点六　会计处理

按照《财政部关于印发企业缴纳残疾人就业保障金有关会计处理规定的通知》(财会字〔1995〕10 号)和新会计准则要求处理。

1. 计提保障金。

借:管理费用——残疾人就业保障金

　　贷:应交税费——残疾人就业保障金

2. 缴纳保障金。

借:应交税费——残疾人就业保障金

　　贷:银行存款等

3. 收到超比例安置残疾人奖励。

借:银行存款等

　　贷:管理费用——残疾人就业保障金

## 考点七　申报缴纳

用人单位应按规定时限向残保金征收机关(即税务局)申报缴纳残保金。在这一过程中,税务机关需要注意实务中对申报缴纳期限的变通规定。

根据《财政部　国家税务总局　中国残疾人联合会关于印发〈残疾人就业保障金征收使用管理办法〉的通知》(财税〔2015〕72 号)(以下简称《征收使用管理办法》)第十条的规定,残保金按月缴纳。而《国家税务总局办公厅关于认真贯彻落实〈残疾人就业保障金征收使用管理办法〉的通知》(税总办发〔2015〕206 号)又规定,残保金一般按月缴纳,暂不具备条件的,应当设置过渡期,在过渡期内按原有缴纳频次缴纳，过渡期结束后按月缴纳。

## 考点八　部门职责

人力资源社会保障部门要将残疾人就业工作纳入当地劳动就业与人力资源发展政策体系，依法维护残疾人职工劳动保障权益。残疾人联合会（以下简称残联）负责用人单位安排残疾人就业情况的审核，进一步发挥其在项目安排、资金使用等方面的作用。财政部门负责对残保金的征收、资金使用情况进行日常监督。税务部门依据残联审核的残疾人就业情况，负责残保金征收。审计部门依据法律法规开展审计，对审计发现的违法犯罪线索，按规定移送有关部门。

**【考点提示 1】**

省级财政、税务、人力资源社会保障、残联等相关部门和单位建立残疾人就业及残保金信息共享机制。

**【考点提示 2】**

未按比例安排残疾人就业且拒缴、少缴残保金的用人单位，其失信行为将被记入信用记录，纳入全国信用信息共享平台。

## 考点九　征管流程

1. 用人单位向税务局如实申报缴纳残保金。

用人单位应按规定时限向保障金征收机关（即税务局）申报缴纳残保金。在申报时，应提供本单位在职职工人数、实际安排残疾人就业人数、在职职工年平均工资等信息，并保证信息的真实性和完整性。

2. 残保金申报表的审核。

在接收到用人单位的申报材料后，税务机关需要注意以下两个方面：

（1）在对申报材料审核的过程中，要注意保持申报材料数据和残联数据的一致性。

根据《征收使用管理办法》第十二条的规定，残疾人就业服务机构应当配合残保金征收机关做好保障金征收工作。用人单位应按规定时限如实向残疾人就业服务机构申报上年本单位安排的残疾人就业人数。未在规定时限申报的，视为未安排残疾人就业。残疾人就业服务机构进行审核后，确定用人单位实际安排的残疾人就业人数，并及时提供给残保金征收机关。

（2）关于申报材料真实性、完整性的法律责任问题。《征收使用管理办法》第十条规定，"用人单位应按规定时限向保障金征收机关申报缴纳保障金……保证信息的真实性和完整性"。该条款明确了征纳双方的法律责任，即用人单位对申报材料的真实性和完整性负责，并承担相应的法律责任。税务部门实践中并不在申报环节对申报资料逐一审查，而是采用信息化手段，通过风险管理的方式，获取残联部门的数据，再结合个人所得税明细申报等资料，开展数据比对分析，发现异常再进行处理。

3. 根据《征收使用管理办法》第十一条的规定，残保金征收机关应当定期对用人单位进行检查。发现用人单位申报不实、少缴纳残保金的，征收机关应当催报并追缴。在这个过程中，税务局要厘清自己的权限范围，注意和其他部门程序上的衔接。

（1）根据《征收使用管理办法》第二十六条的规定，用人单位未按规定缴纳残保金的，按照《残疾人就业条例》的规定，由残保金征收机关提交财政部门，由财政部门予以警告，责令限期缴纳；逾期仍不缴纳的，除补缴欠缴数额外，还应当自欠缴之日起，按日加收5‰

的滞纳金。

也就是说，税务机关只能督促申报和督促缴纳，但正式的警告（属于行政处罚）和责令限期缴纳的行政命令，甚至加收滞纳金的决定（属于行政处理决定），则要由税务机关提交财政部门后，由财政部门作出。

(2) 催报催缴是不是警告和责令限期缴纳的前置程序呢？税务机关未经催报催缴就将材料提交财政部门，而财政部门直接给予警告和责令限期缴纳，算不算违反了法定程序呢？从《征收使用管理办法》第十一条文字的表述上来看，答案应该是肯定的，“征收机关应当催报并追缴保障金”，用的是“应当”。因此，在用人单位未按规定缴纳保障金时，应先由税务机关进行催报催缴，用人单位仍然不愿意申报不愿意缴费的，则再由财政部门警告并责令限期缴纳。

## 第二部分　随章练习

### 一、单项选择题

1. 残疾人就业保障金征收标准上限，按照当地社会平均工资的（　　）倍执行。

A. 1　　B. 2　　C. 3　　D. 4

**【参考答案】** B

**【答案解析】** 残保金征收标准上限按当地社会平均工资的 2 倍执行，上年在职职工年平均工资不超过当地社会平均工资 2 倍的，按用人单位在职职工平均工资计算；超过当地社会平均工资 2 倍的，按当地社会平均工资 2 倍计算。

2. 下列关于残疾人就业保障金的说法不正确的是（　　）。

A. 自2020年1月1日起至2022年12月31日，对在职职工总数30人(含)以下的企业，暂免征收残保金

B. 残保金征收标准上限按当地社会平均工资的2倍执行

C. 采用劳务派遣方式安置残疾人的，由派遣单位、接受单位协商在一方计算安排残疾就业人数、在职职工人数，不得重复计算

D. 自2020年1月1日起至2022年12月31日，用人单位安排残疾人就业比例1%(含)以上但低于本省区市规定比例的，残保金按应缴费额90%征收

【参考答案】 D

【答案解析】 根据国家发展和改革委员会、财政部、民政部、人力资源和社会保障部、国家税务总局、中国残疾人联合会《关于印发〈关于完善残疾人就业保障金制度更好促进残疾人就业的总体方案〉的通知》(发改价格规〔2019〕2015号)的规定，自2020年1月1日起至2022年12月31日，用人单位安排残疾人就业比例1%(含)以上但低于本省区市规定比例的，残保金按应缴费额50%征收。

3. 以下未按规定安排残疾人就业的经济主体不属于残疾人就业保障金征收对象的是(　　)。

A. 企业　　B. 机关　　C. 团体　　D. 个人

【参考答案】 D

【答案解析】 《残疾人就业保障金征收使用管理办法》(财税〔2015〕72号)第二条规定，保障金是为保障残疾人权益，由未按规定安排残疾人就业的机关、团体、企业、事业单位和民办非企业单位(以下简称用人单位)缴纳的资金。

4. 安排残疾人就业的比例要求，由各省、自治区、直辖市人民政府根据本地区的实际情况规定，但不得低于本单位在职职工总数

的（　　）。

A. 1%　　B. 1.5%　　C. 2%　　D. 3%

**【参考答案】** B

**【答案解析】** 安排残疾人就业的比例要求，由各省、自治区、直辖市人民政府根据本地区的实际情况规定，但不得低于本单位在职职工总数的1.5%。

## 二、多项选择题

1. 为促进残疾人就业，保障残疾人的劳动权利，用人单位应当按照一定比例安排残疾人就业，未按规定安排残疾人就业的经济主体中，属于残疾人就业保障金征收对象的有（　　）。

A. 企业　　B. 机关

C. 团体　　D. 事业单位

E. 个体工商户

**【参考答案】** ABCD

**【答案解析】** 《残疾人就业保障金征收使用管理办法》第二条规定，残疾人就业保障金是为保障残疾人权益，由未按规定安排残疾人就业的机关、团体、企业、事业单位和民办非企业单位缴纳的资金。

2. 下列（　　）等相关部门和单位建立残疾人就业及残保金信息共享机制。

A. 财政部门　　B. 税务部门

C. 人力资源社会保障部门　　D. 残联

E. 用人单位

**【参考答案】** ABCD

**【答案解析】** 省级财政、税务、人力资源社会保障、残联等相关部门和单位建立残疾人就业及残保金信息共享机制。

## 三、判断题

1. 龙盛商贸公司工商登记注册日期为 2020 年 6 月 1 日，该公司安排残疾人就业未达到规定比例，在职职工总数为 25 人。2022 年 12 月 31 日以前，该企业免征残疾人就业保障金。 （ ）

**【参考答案】** √

**【答案解析】** 自 2020 年 1 月 1 日起至 2022 年 12 月 31 日，对在职职工总数 30 人（含）以下的企业，暂免征收残保金。

2. 自 2018 年 4 月 1 日起，将残疾人就业保障金征收标准上限，由当地社会平均工资的 3 倍降低至 1 倍。 （ ）

**【参考答案】** ×

**【答案解析】**《财政部关于降低部分政府性基金征收标准的通知》（财税〔2018〕39 号）规定，自 2018 年 4 月 1 日起，将残疾人就业保障金征收标准上限，由当地社会平均工资的 3 倍降低至 2 倍。

3. 计算残保金时的工资总额，应按实发工资来确定。 （ ）

**【参考答案】** ×

**【答案解析】** 计算残保金时的工资总额，应以直接支付给职工的全部劳动报酬，即应发工资来确定。

4. 自 2020 年 1 月 1 日起至 2022 年 12 月 31 日，残保金由单一标准征收调整为分档征收，用人单位安排残疾人就业比例 1%（含）以上但低于本省区市规定比例的，按应缴费额 90%征收；1%以下的，按应缴费额 50%征收。 （ ）

**【参考答案】** ×

**【答案解析】** 自 2020 年 1 月 1 日起至 2022 年 12 月 31 日，残保金由单一标准征收调整为分档征收，用人单位安排残疾人就业比例1%(含)以上但低于本省区市规定比例的，按应缴费额50%征收；1%以下的，按应缴费额90%征收。

5. 用人单位将残疾人录用为在编人员或依法与就业年龄段内的残疾人签订1年以上(含1年)劳动合同(服务协议)，且实际支付的工资不低于当地最低工资标准，并足额缴纳社会保险费的，方可计入用人单位所安排的残疾人就业人数。 ( )

**【参考答案】** √

**【答案解析】** 略。

6. 用人单位安排1名持有《中华人民共和国残疾人证》(1至3级)或《中华人民共和国残疾军人证》(1至3级)的人员就业的，按照安排2名残疾人就业计算。 ( )

**【参考答案】** ×

**【答案解析】** 用人单位安排1名持有《中华人民共和国残疾人证》(1至2级)或《中华人民共和国残疾军人证》(1至3级)的人员就业的，按照安排2名残疾人就业计算。

**四、综合题**

(一) 湖南运通公司2015年成立，2019年在职在编职工150人，其中，持有残疾人证(非残疾军人证)3级的员工1人。2019年在职在编职工工资总额1 200万元。另外：季节性用工3人，用工时间6个月，工资6.9万元；劳务派遣常年用工20人，工资20万元，经协商在接受单位计算。当地人力资源和社会保障局发布2019年全口径城镇单位就业人员平均工资3万元，所在省规定安排残疾人就业比例为1.5%。试计算运通公司2020年应缴纳残保金额。

1. 运通公司上年在职职工人数为( )人。

A. 171.5 B. 150 C. 151 D. 153

【参考答案】 A

【答案解析】 上年在职职工人数 = 150 + 3×6÷12 + 20 = 171.5（人）。

2. 上年在职职工年平均工资为（　　）万元。

A. 8　　B. 7.15　　C. 7.17　　D. 7.22

【参考答案】 B

【答案解析】 上年在职职工年平均工资 =（1 200 + 6.9 + 20）÷171.5 = 7.15（万元）。

3. 2020 年残保金缴纳额为（　　）万元。

A. 6.75　　B. 9.44　　C. 13.89　　D. 8.49

【参考答案】 D

【答案解析】 2020 年残保金缴纳额 =（171.5×1.5% − 1）×6×90% = 8.49（万元）。

4. 下列关于残保金的说法正确的有（　　）。

A. 采用劳务派遣方式安置残疾人的，由派遣单位、接受单位协商在一方计算安排残疾就业人数、在职职工人数，不得重复计算

B. 残保金一般按月缴纳

C. 用人单位未按规定缴纳保障金的，除补缴欠缴数额外，还应当自欠缴之日起，按日加收 3‰的滞纳金

D. 对未按比例安排残疾人就业且拒缴、少缴残保金的用人单位，将其失信行为记入信用记录，纳入全国信用信息共享平台

【参考答案】 ABD

【答案解析】 用人单位未按规定缴纳保障金的，除补缴欠缴数额外，还应当自欠缴之日起，按日加收 5‰的滞纳金。选项 C 不正确。

# 第六章

# 2019—2020 年划转税务机关征收项目

## 第一部分　考点串讲

### 考点一　划转文件

根据党中央、国务院关于政府非税收入征管职责划转的有关要求，国家税务总局发布《关于国家重大水利工程建设基金等政府非税收入项目征管职责划转有关事项的公告》(国家税务总局公告 2018 年第 63 号)规定，自 2019 年 1 月 1 日起，原由财政部驻地方财政监察专员办事处(以下简称“专员办”)负责征收的国家重大水利工程建设基金、农网还贷资金、可再生能源发展基金、中央水库移民扶持基金(含大中型水库移民后期扶持基金、三峡水库库区基金、跨省际大中型水库库区基金)、三峡电站水资源费、核电站乏燃料处理处置基金、核事故应急准备专项收入、免税商品特许经营费、石油特别收益金、油价调控风险准备金，以及国家留成油收入，划转至税务部门征收。

根据《国家税务总局关于水利建设基金等政府非税收入项目征管职责划转有关事项的公告》(国家税务总局公告 2020 年第 2 号)的规定，自 2020 年起，地方政府及有关部门负责征收的国家重大水利工程建设基金，以及向企事业单位和个体经营者征收的水利建设基金，划转至税务部门征收。

## 考点二　国家重大水利工程建设基金

国家重大水利工程建设基金是国家为支持南水北调工程建设、解决三峡工程后续问题以及加强中西部地区重大水利工程建设而设立的政府性基金。国家重大水利工程建设基金的征收管理主要依据以下规定征收：

1. 财政部、国家发展改革委、水利部《关于印发〈国家重大水利工程建设基金征收使用管理暂行办法〉的通知》(财综〔2009〕90号)。该通知属于国家重大水利工程建设基金征收的纲领性文件。其明确了征收机关和入库级次，对缴费人、征收范围、费率等内容进行了规范，后面出台的所有文件都是对该文件的调整和修改。其中，确定该项基金的征收期限为2010年1月1日至2019年12月31日。《财政部关于调整部分政府性基金有关政策的通知》(财税〔2019〕46号)规定，国家重大水利工程建设基金征收至2025年12月31日。

2.《财政部关于征收国家重大水利工程建设基金有关问题的通知》(财综〔2010〕97号)。该通知主要规定拥有自备电厂企业应缴纳的基金改由省级电网企业代征。

3.《财政部关于对分布式光伏发电自发自用电量免征政府性基金有关问题的通知》(财综〔2013〕103号)，《财政部关于降低国家重大水利工程建设基金和大中型水库移民后期扶持基金征收标准的通知》(财税〔2017〕51号)，《财政部关于调整部分政府性基金有关政策的通知》(财税〔2019〕46号)《财政部关于降低部分政府性基金征收标准的通知》(财税〔2018〕39号)。均规定了与该项基金相关的减免政策或者征收标准调整政策。

4.《国家税务总局关于国家重大水利工程建设基金等政府非税

收入项目征管职责划转有关事项的公告》(国家税务总局公告 2018 年第 63 号)。该通知对划转后的税务部门征收提出了具体要求。征收范围、对象、标准及收入分成等仍按现行规定执行。

5.《财政部关于调整部分政府性基金有关政策的通知》(财税〔2019〕46 号)。该通知涉及该项基金征收截止日期延长和费率下调。其中,将征收期限延续到了 2025 年 12 月 31 日。

**【考点提示 1】**

**缴费主体**

1. 国家重大水利工程建设基金的缴费主体为用电的单位和个人,但下列两种情况除外:西藏自治区的用电单位和个人;国家扶贫开发工作重点县用于农业排灌的用电单位和个人。农业排灌用电不等于农业用电,农业用电还包括农业生产、农副产品加工等用电。

2. 按照财综〔2009〕90 号的规定,省级电网企业在向电力用户收取电费时一并代征重大水利工程建设基金,个人用电、工商业用电等都是通过代征实现的基金缴纳;按照财综〔2010〕97 号的规定,自发自用企业自备电厂应缴纳的基金,由省级电网企业代征。其中未与电网连接、独立成网的自备电厂企业,直接向税务部门申报。

3. 第三类缴费主体为地方独立电网企业。主要是指不隶属于国家电网和南方电网的地方电网企业。地方独立电网企业名单在国家能源局网站中进行了公布。

**【考点提示 2】**

**计费依据**

按照各省、自治区、直辖市扣除国家扶贫开发工作重点县农业排灌用电后的全部销售电量。全部销售电量包括:

1. 省级电网企业销售给电力用户的电量。

2. 省级电网企业扣除合理线损后的趸售电量(即实际销售给转供单位的电量)。为促进农村地区电力发展,调动县政府管电、办电的积极性,由电网向县供电局售电,形成趸售电的关系。

3. 省级电网企业销售给子公司的电量和对境外销售电量。

4. 企业自备电厂自发自用电量。

5. 地方独立电网销售电量(不含省级电网企业销售给地方独立电网企业的电量)。

6. 跨省(自治区、直辖市)电力交易,计入受电省份销售电量。例如,湖南向湖北售电,计入湖北销售电量。

**【考点提示 3】**

**计征标准**

征收标准依据《财政部　国家发展改革委　水利部关于印发〈国家重大水利工程建设基金征收使用管理暂行办法〉的通知》(财综〔2009〕90 号)规定。在放管服改革和减税降费大环境下,重大水利工程建设基金经历了三次下调,近三年每年都在下调,在前面政策盘点版块我们也进行了介绍。最新的征收标准依据《财政部关于调整部分政府性基金有关政策的通知》(财税〔2019〕46 号)规定,自 2019 年 7 月 1 日起,将国家重大水利工程建设基金征收标准降低 50%。降低后各省(区、市)征收标准见表 6-1。

**表 6-1　重大水利工程建设基金征收标准(单位:厘/千瓦时)**
**(2019 年 7 月 1 日起执行)**

| 省(自治区、直辖市) | 基金征收标准 | 省(自治区、直辖市) | 基金征收标准 |
|---|---|---|---|
| 北京 | 1.968 75 | 河南 | 3.189 375 |
| 天津 | 1.968 75 | 湖北 | 0 |
| 上海 | 3.915 | 湖南 | 1.054 687 5 |

（续表）

| 省（自治区、直辖市） | 基金征收标准 | 省（自治区、直辖市） | 基金征收标准 |
|---|---|---|---|
| 河北 | 1.968 75 | 广东 | 1.968 75 |
| 山西 | 1.968 75 | 广西 | 1.125 |
| 内蒙古 | 1.125 | 海南 | 1.125 |
| 辽宁 | 1.125 | 重庆 | 1.968 75 |
| 吉林 | 1.125 | 四川 | 1.968 75 |
| 黑龙江 | 1.125 | 贵州 | 1.125 |
| 江苏 | 4.193 437 5 | 云南 | 1.125 |
| 浙江 | 4.038 75 | 陕西 | 1.125 |
| 安徽 | 3.633 75 | 甘肃 | 1.125 |
| 福建 | 1.968 75 | 青海 | 1.125 |
| 江西 | 1.552 5 | 宁夏 | 1.125 |
| 山东 | 1.968 75 | 新疆 | 1.125 |

**【考点提示 4】**

## 征收方式

除企业自备电厂自发自用电量和地方独立电网销售电量外，国家重大水利工程建设基金由省级电网企业在向电力用户收取电费时一并代征。

北京、天津、河北、河南、山东、江苏、上海、浙江、安徽、江西、湖北、湖南、广东、重庆等 14 个南水北调和三峡工程直接受益省份（以下简称 14 个省份）电网企业代征的国家重大水利工程建设基金，由财政部驻当地财政监察专员办事处（以下简称专员办）负责征收，并全额上缴中央国库。2019 年 1 月 1 日起已划转税务机关征收。

山西、内蒙古、辽宁、吉林、黑龙江、福建、广西、海南、四川、贵州、云南、陕西、甘肃、青海、宁夏、新疆等 16 个南水北调和三峡工程非直接受益省份(以下简称16个省份)电网企业代征的国家重大水利工程建设基金,由当地省级财政部门负责征收,并全额上缴省级国库。自2020年起,地方政府及有关部门负责征收的国家重大水利工程建设基金,以及向企事业单位和个体经营者征收的水利建设基金,划转至税务部门征收。

**【考点提示5】**

未经国务院批准,任何地方、部门和单位均不得擅自减免国家重大水利工程建设基金,不得调整基金征收范围和征收标准。

**【考点提示6】**

**计算公式**

应缴基金=计征电量×征收标准-扣除数

其中,扣除数是指该项基金已征收的增值税及附加,《财政部 国家发展和改革委员会 国家能源局关于印发〈可再生能源发展基金征收使用管理暂行办法〉的通知》(财综〔2011〕115号文件)规定,对可再生能源电价附加征收增值税而减少的收入,由财政预算安排相应资金予以弥补。据此,国家税务总局在2018年的第三次视频会议上,延续了划转前的扣除政策,规定重大水利工程建设基金等三项电力附加已征收增值税及附加的部分,可在缴费前予以全额扣除。

**【考点提示7】**

**申报日期与征收管理**

1.申报事项。

主要申报计征电量、征收标准、扣除数。其中扣除数是指该项基金已征收的增值税及附加。

2.申报日期。

申报日期和按月申报的增值税纳税人一致。缴费人应于每月15日前申报，期限最后 1 日是法定休假日的，以休假日期满的次日为最后 1 日，期限内有连续 3 日以上法定休假日的，按休假日天数顺延。

3. 汇算清缴。

（1）财综〔2009〕90 号规定，专员办在次年 3 月底前完成对相关企业全年应缴重大水利基金的汇算清缴工作，审核电力用户欠缴电费、电网企业核销坏账损失的电量情况，经确认后不计入相关企业全年实际销售电量。

（2）国家税务总局公告 2018 年第 63 号文件明确，2018 年度的汇算清缴由专员办负责办理，以后年度的汇算清缴，缴费人向税务部门申报办理。

4. 征收管理。

（1）征收主体。国家税务总局公告 2018 年第 63 号文件明确，税务部门按照属地原则征收划转的非税收入，实现了税费同管。

（2）滞纳金。从滞纳之日起按日加收滞纳部分 2‰的滞纳金。

## 考点三　农网还贷资金

根据《财政部关于印发农网还贷资金征收使用管理办法的通知》（财企〔2001〕820 号）的规定，农网还贷资金是对农网改造贷款“一省多贷”的省、自治区、直辖市（指该省市区的农网改造工程贷款由多个电力企业承贷）电力用户征收的政府性基金，专项用于农村电网改造贷款还本付息。

**【考点提示 1】**

**计征标准**

农网还贷资金按社会用电量每度电 2 分钱标准，并入电价收取。

农网还贷资金由电网经营企业在向用户收取电费时一并收取，并在电费收款凭证中注明农网还贷资金的征收电量、征收标准和征收金额。除规定的减免用量外,电力用户必须及时足额交纳农网还贷资金。

**【考点提示 2】**

**减免范围**

农网还贷资金减免范围包括:

1. 农业排灌、抗灾救灾及氮肥、磷肥、钾肥和原化工部颁发生产许可证的复合肥生产用电免征农网还贷资金。

2. 自备电厂自用电量免征农网还贷资金。

3. 国有重点煤炭企业生产用电、核工业铀扩散厂和堆化工厂生产用电,农网还贷资金暂按每千瓦时用电量三厘钱标准征收。

征收农网还贷资金必须按照《中华人民共和国增值税暂行条例》及其他有关规定缴纳增值税和流转环节的其他税费,按规定纳入预算管理后免征企业所得税。

## 考点四　可再生能源发展基金

可再生能源发展基金是指国家为了促进可再生能源发展而设立的政府性基金。资金来源包括国家财政年度安排的专项资金和依法征收的可再生能源电价附加收入等。

**【考点提示 1】**

**主要依据**

1. 依据《财政部　国家发展改革委　国家能源局关于印发〈可再生能源发展基金征收使用管理暂行办法〉的通知》(财综〔2011〕115号)。文件规定,可再生能源发展基金筹集渠道有两个,包括国家财政公共预算安排的专项资金和依法向电力用户征收的可再生能源电价附加收入,税务部门负责征收的就是可再生能源电价附加收入。该文件对缴费人、征收范围、费率等内容进行了规定。

2. 依据《财政部关于调整可再生能源电价附加征收标准的通知》(财综〔2013〕89 号)、《财政部关于对分布式光伏发电自发自用电量免征政府性基金有关问题的通知》(财综〔2013〕103 号)、《财政部　国家发展改革委关于提高可再生能源发展基金征收标准等有关问题的通知》(财税〔2016〕4 号)等对免征和征收标准进行调整的文件。

3.《国家税务总局关于国家重大水利工程建设基金等政府非税收入项目征管职责划转有关事项的公告》(税务总局公告 2018 年第 63 号)对划转后税务部门征收可再生能源电价附加提出了具体要求。征收范围、对象、标准及收入分成等仍按现行规定执行。

**【考点提示 2】**

**缴费主体**

根据财政部、国家发展改革委、国家能源局关于印发《可再生能源发展基金征收使用管理暂行办法》(财综〔2011〕115 号)的通知，电力用户应缴纳的可再生能源电价附加，按照下列方式由电网企业代征：

1. 大用户与发电企业直接交易电量的可再生能源电价附加，由代为输送电量的电网企业代征。

2. 地方独立电网销售电量的可再生能源电价附加，由地方电网企业在向电力用户收取电费时一并代征。

3. 企业自备电厂自发自用电量应缴纳的可再生能源电价附加，由所在地电网企业代征。

4. 其他社会销售电量的可再生能源电价附加，由省级电网企业在向电力用户收取电费时一并代征。

**【考点提示 3】**

**计缴依据**

可再生能源电价附加在除西藏自治区以外的全国范围内，对各省、自治区、直辖市扣除农业生产用电（含农业排灌用电）后的销售电量征收。各省、自治区、直辖市纳入可再生能源电价附加征收范围的销售电量包括：

1. 省级电网企业（含各级子公司）销售给电力用户的电量。

2. 省级电网企业扣除合理线损后的趸售电量（即实际销售给转供单位的电量，不含趸售给各级子公司的电量）。

3. 省级电网企业对境外销售电量。

4. 企业自备电厂自发自用电量。

5. 地方独立电网（含地方供电企业，下同）销售电量（不含省级电网企业销售给地方独立电网的电量）。

6. 大用户与发电企业直接交易的电量。

省（自治区、直辖市）际间交易电量，计入受电省份的销售电量征收可再生能源电价附加。

**【考点提示 4】**

**征收标准**

依据《财政部　国家发展改革委　国家能源局关于印发〈可再生能源发展基金征收使用管理暂行办法〉的通知》（财综〔2011〕115 号）的规定，可再生能源电价附加征收标准为 8 厘/千瓦时。根据可再生能源开发利用中长期总量目标和开发利用规划，以及可再生能源电价附加收支情况，征收标准可以适时调整。

依据财综〔2013〕103 号和财税〔2016〕4 号的规定，可再生能源电价附加征收标准已经从 8 厘/千瓦时分别提高到 1.5 分/千瓦时和

1.9 分/千瓦时。

总体上看，可再生能源发展基金的计费依据、优惠政策、缴纳计算方法、申报日期、汇算清缴和征收主体等费制要素，与国家重大水利工程建设基金一致。

## 考点五　中央水库移民扶持基金

中央水库移民扶持基金由大中型水库移民后期扶持基金、跨省（区、市）大中型水库库区基金、三峡水库库区基金合并而来。从2006 年 6 月 30 日起开始征收，属于中央级收入。

**【考点提示 1】**

**大中型水库移民后期扶持基金**

1. 大中型水库移民后期扶持基金，是国家为扶持大中型水库农村移民解决生产生活问题而设立的政府性基金。

2. 大中型水库移民后期扶持基金主要依据以下规定征收：

(1)《财政部关于印发〈大中型水库移民后期扶持基金征收使用管理暂行办法〉的通知》(财综〔2006〕29 号)以及《财政部关于印发〈财政监察专员办事处大中型水库移民后期扶持基金征收管理操作规程〉的通知》(财监〔2006〕95 号)，对大中型水库移民后期扶持基金的缴费人、征收范围、标准、滞纳金等内容进行了规范。

(2)《财政部关于对分布式光伏发电自发自用电量免征政府性基金有关问题的通知》(财综〔2013〕103 号)、《财政部关于降低国家重大水利工程建设基金和大中型水库移民后期扶持基金征收标准的通知》(财税〔2017〕51 号)等文件大中型水库移民后期扶持基金的减免和征收标准调整的文件。

(3)《国家税务总局关于国家重大水利工程建设基金等政府非

税收入项目征管职责划转有关事项的公告》(税务总局公告2018年第63号)对划转后税务部门征收提出了具体要求。征收范围、对象、标准及收入分成等仍按现行规定执行。

3. 缴费主体。

缴费主体是省级电网企业,由省级电网企业在向电力用户收取电费时一并代征,按月上缴中央国库。拥有自备电厂企业、地方独立电网企业不属于缴费主体。

4. 计费依据与计征标准:

(1) 计费依据是对省级电网企业在本省(区、市)区域内的全部销售电量征收。但不包括农业生产用电、省级电网企业间销售电量(由买入方在最终销售环节向用户收取)、经国务院批准可以免征大中型水库移民后期扶持基金的其他电量。

(2) 计征标准:

依据《财政部关于印发〈大中型水库移民后期扶持基金征收使用管理暂行办法〉的通知》(财综〔2006〕29号)的规定,大中型水库移民后期扶持基金征收标准见表6-2。

**表6-2 大中型水库移民后期扶持基金征收标准(单位:厘/千瓦时)**

| 省(自治区、直辖市) | 基金征收标准 | 省(自治区、直辖市) | 基金征收标准 |
|---|---|---|---|
| 北京 | 8.3 | 河南 | 8.3 |
| 天津 | 8.3 | 湖北 | 8.3 |
| 上海 | 8.3 | 湖南 | 8.3 |
| 河北 | 8.3 | 广东 | 8.3 |
| 山西 | 3.5 | 广西 | 8.3 |
| 内蒙古 | 3.2 | 海南 | 8.3 |

（续表）

| 省（自治区、直辖市） | 基金征收标准 | 省（自治区、直辖市） | 基金征收标准 |
|---|---|---|---|
| 辽宁 | 3.1 | 重庆 | 8.3 |
| 吉林 | 8.3 | 四川 | 8.3 |
| 黑龙江 | 5.5 | 贵州 | 6.3 |
| 江苏 | 3.9 | 云南 | 5.0 |
| 浙江 | 8.3 | 陕西 | 8.3 |
| 安徽 | 8.3 | 甘肃 | 3.5 |
| 福建 | 8.3 | 青海 | 1.9 |
| 江西 | 8.3 | 宁夏 | 2.1 |
| 山东 | 8.3 | 新疆 | 2.8 |

依据《财政部关于降低国家重大水利工程建设基金和大中型水库移民后期扶持基金征收标准的通知》（财税〔2017〕51 号）的精神，大中型水库移民后期扶持基金的征收标准统一降低 25%。

总体上看，大中型水库移民后期扶持基金的优惠政策、缴纳计算方法、申报日期、汇算清缴、征收主体和滞纳金等费制要素，与国家重大水利工程建设基金一致。

**【考点提示 2】**

### 跨省（区、市）大中型水库库区基金

1. 概述。

跨省（区、市）大中型水库库区基金属于中央水库移民扶持基金的子项，类别上属于政府性基金，收入归属为中央。国家将原库区维护基金、原库区后期扶持基金及经营性大中型水库承担的移民后期扶持资金进行整合，设立大中型水库库区基金。大中型水库库区基金主要用于支持实施库区及移民安置区基础设施建设和经济发

展规划；支持库区防护工程和移民生产、生活设施维护；解决水库移民的其他遗留问题。大中型水库库区基金实行分省统筹，纳入财政预算，实行“收支两条线”管理。

大中型水库库区基金主要依据《财政部关于印发〈大中型水库库区基金征收使用管理暂行办法〉的通知》（财综〔2007〕26号）和《财政部关于征收跨省际大中型水库库区基金有关问题的通知》（财综〔2009〕59号）的规定，进行征收管理。

2. 缴费人。

有发电收入的大中型水库（大中型水库是指装机容量在2.5万千瓦及以上有发电收入的水库和水电站），具体由《财政部关于印发〈大中型水库库区基金征收使用管理暂行办法〉的通知》（财综〔2007〕26号）规定。

3. 计费依据。

根据大中型水库实际上网销售电量，按不高于8厘/千瓦时的标准征收。库区基金列入企业成本，按规定不征收企业所得税。

4. 征收管理。

省级辖内大中型水库的库区基金，由省级财政部门负责征收；跨省、自治区、直辖市的大中型水库库区基金，由财政部驻发电企业所在地财政监察专员办事处负责征收。

**【考点提示3】**

**三峡水库库区基金**

三峡水库库区基金（以下简称库区基金）是中央财政安排重庆市用于三峡水库库区和移民安置区（以下简称库区）基础设施建设和经济发展，支持库区防护工程和移民生产、生活设施维护，解决库区移民的其他遗留问题的政府性基金。根据《财政部关于印发〈大中型水库库区基金征收使用管理暂行办法〉的通知》(财综〔2007〕26号)第十四条的规定，三峡工程的库区基金政策，由财政部按照《长江三峡工程建设移民条例》(国务院令第 299 号)的有关规定另行制定。目前，相关文件未予公开。

## 考点六　三峡电站水资源费

三峡电站水资源费是依据《取水许可和水资源费征收管理条例》(国务院令第 460 号)和《财政部、国家发展改革委、水利部关于印发〈水资源费征收使用管理办法〉的通知》(财综〔2008〕79 号，以下简称《通知》)的规定，经国务院同意而征收的中央和地方分成的水资源费。三峡电站水资源费收入的 10%上缴中央国库，其余 90%按比例(湖北省 16.67%、重庆市 83.33%)在湖北省和重庆市之间进行分配，并分别上缴两省市国库。

**【考点提示 1】**

**征收标准与计缴依据**

自 2009 年 9 月 1 日起，中国长江电力股份有限公司按照三峡电站实际发电量和《国家发展改革委、财政部、水利部关于中央直属和跨省水利工程水资源费征收标准及有关问题的通知》(发改价格〔2009〕1779 号)规定的征收标准缴纳水资源费。2009 年 9 月 1 日以来中国长江电力股份有限公司尚未缴纳的水资源费予以补征。

2014 年，国家发展改革委发布《关于调整中央直属和跨省水力发电用水水资源费征收标准的通知》(发改价格〔2014〕1959 号)，对水资源费的征收标准进行了如下调整：

1. 中央直属和跨省水电站水力发电用水水资源费，现行征收标准低于每千瓦时 0.5 分钱的，自 2015 年 1 月 1 日起调整为每千瓦时

0.5分钱；现行征收标准高于每千瓦时0.5分钱的，维持现行征收标准不变，最高不超过每千瓦时0.8分钱。

2. 跨省界河水电站水力发电用水水资源费，自2015年1月1日起统一征收标准，征收标准不一致的，按较高一方标准征收。

3. 抽水蓄能发电用水暂免征收水资源费。因此，自2015年1月1日起，中国长江电力股份有限公司应按照实际发电量和新的水资源费征收标准缴纳三峡电站水资源费。

**【考点提示2】**

**征收管理**

1. 征收机关。

三峡电站水资源费由财政部驻湖北省财政监察专员办事处（以下简称湖北专员办）负责按月征收。2019年1月1日以后，划转为税务机关征收。依据《关于国家重大水利工程建设基金等政府非税收入项目征管职责划转有关事项的公告》（国家税务总局公告2018年第63号）的规定，三峡电站水资源费的中央分成和湖北省分成部分，由缴费人向湖北省税务部门申报缴纳；重庆市分成部分，由缴费人向重庆市税务部门申报缴纳。

2. 申报与缴纳。

因划转后，征收范围、对象、标准及收入分成等仍按现行规定执行。现依据《关于三峡电站水资源费征收使用管理有关问题的通知》（财综〔2011〕19号）的规定，对过去的缴纳方式介绍如下：

(1) 中国长江电力股份有限公司于每月10日前向湖北专员办申报上月实际发电量和应缴纳的水资源费。

(2) 湖北专员办于每月12日前完成对申报的审核，确定水资源费征收数额，对中央分成的10%部分，由湖北专员办向中国长江电力股份有限公司开具《非税收入一般缴款书》，缴入财政部中央财政专户；对湖北省分成的15.003%部分和重庆市分成的74.997%部分，由中国长江电力股份有限公司自行开具《一般缴款书》分别缴入国库。

(3) 中国长江电力股份有限公司于每月15日前按《非税收入一般缴款书》和两份《一般缴款书》规定的缴款额足额上缴资金，其中：中央分成收入，由中国长江电力股份有限公司缴入财政部为湖北专员办开设的中央财政专户；湖北省分成收入，由中国长江电力股份有限公司通过其开户银行就地缴入国家金库湖北省宜昌市中心支库；重庆市分成收入，由中国长江电力股份有限公司从其开户银行通过中国现代化支付系统汇划至国家金库重庆市分库。国家金库重庆市分库收到汇款和缴款凭证后，及时准确办理入库手续。收款国库与湖北专员办及同级财政部门之间要加强资金入库的对账工作，确保缴库资金准确和安全。

(4) 湖北专员办根据中国长江电力股份有限公司全年实际发电量，在次年3月底前完成对该公司全年应缴水资源费的清算和征缴。

## 考点七　核电站乏燃料处理处置基金

根据财政部　国家发展改革委工业和信息化部关于印发《核电站乏燃料处理处置基金征收使用管理暂行办法》(财综〔2010〕58号)的通知，核电站乏燃料处理处置基金(以下简称乏燃料处理处置基金)属于政府性基金，收入全额上缴中央国库，按照“收支两条线”原则纳入中央财政预算管理。

**【考点提示1】**

**缴费主体**

凡拥有已投入商业运行五年以上压水堆核电机组的核电厂(以

下简称核电厂），应当按照规定缴纳乏燃料处理处置基金。

【考点提示 2】

**计征方法**

乏燃料处理处置基金按照核电厂已投入商业运行五年以上压水堆核电机组的实际上网销售电量征收，征收标准为 0.026 元/千瓦时。今后，财政部会同国家发展改革委、工业和信息化部、国家能源局、国防科工局等部门根据核电发展规模及乏燃料处理处置资金需求的变化，适时调整征收标准。

乏燃料处理处置基金计入核电厂发电成本。

【考点提示 3】

**申报缴纳**

核电厂应按照规定及时足额上缴乏燃料处理处置基金，不得拖欠。凡无正当理由拖欠缴纳乏燃料处理处置基金的，应责令其尽快补缴，并从逾期之日起按日加收滞纳部分 1‰的滞纳金。滞纳金纳入乏燃料处理处置基金收入管理。

## 考点八　核事故应急准备专项收入

根据财政部 国防科工委关于印发《核电厂核事故应急准备专项收入管理规定》（财防〔2007〕181 号）的通知，核应急准备资金分为：核电企业开展场内核事故应急准备工作所需资金；国家和地方核应急机构开展场外核事故应急准备工作所需资金；国务院有关部门和军队在核电厂核事故应急支援准备工作中所需的资金。

【考点提示 1】

场内核应急准备资金由核电企业承担，并作为核电企业的成本开支项目。基建期在工程基建费中列支；运行期在企业的管理费中列支。

场外核应急准备资金由核电企业和地方省级人民政府共同承担。其中，核电企业承担的部分，按规定的比例，以财政专项收入的形式分别上缴中央和地方财政，并由中央和地方财政纳入预算内管理；地方承担的部分，由地方省级人民政府自行筹措使用。

核电企业承担上缴的场外核应急专项收入作为成本开支项目，基建期在工程基建费中列支，运行期在企业的管理费中列支。

国务院有关部门和军队所需的核应急准备资金，根据各自在核电厂核事故应急准备工作中的职责和任务，充分利用现有条件安排，不足部分按照各自的计划和资金渠道申请解决。

**【考点提示 2】**

**计征方法**

核电企业承担上缴的场外核应急专项收入，在基建期和运行期分别按以下标准缴纳：

1. 基建期按设计额定容量每千瓦 5 元人民币的标准缴纳。

2. 运行期按年度上网销售电量每千瓦时 0.2 厘人民币的标准缴纳。

核电企业按规定标准缴纳场外核应急专项收入后，任何单位、部门及地方各级人民政府不得以核应急准备或者与此相关名义向企业收取资金。

核电企业承担上缴的场外核应急专项收入，基建期应在核电工程浇灌第一罐混凝土的当年起 3 年内按规定承担数额的 30%、40% 和 30%分年度缴清；运行期应在商业运行后的次年开始，根据上一年的实际上网销售电量按规定标准缴纳。

**【考点提示 3】**

**申报缴纳**

同一省、自治区、直辖市内，核电企业缴纳的场外核应急专项收入按以下比例分别上缴中央和地方财政：

1. 首期建设的核电厂按15%和85%的比例上缴中央和地方财政；

2. 后续再建的核电厂按50%和50%的比例上缴中央和地方财政。

核电企业应于每年3月底前，将当年应缴纳中央和地方管理的场外核应急专项收入分别及时足额缴库。

## 考点九　免税商品特许经营费

根据《财政部关于印发〈免税商品特许经营费缴纳办法〉的通知》（财企〔2004〕241号）中的解释，为进一步加强免税商品经营管理，体现免税业特许经营政策，理顺企业与国家的利益分配关系，凡经营免税商品的企业按经营免税商品业务年销售收入（额）的1%，向国家上缴特许经营费。免税商品特许经营费属于十二类非税收入中的特许经营权收入。

**【考点提示1】**

**主要依据**

1. 根据《财政部关于印发〈免税商品特许经营费缴纳办法〉的通知》（财企〔2004〕241号）的规定，从2005年1月1日起开始征收免税商品特许经营费，文件还对缴费人、费率等内容进行了规范；该项收入属于中央级收入。

2. 依据《财政部关于印发〈免税商品特许经营费缴纳办法〉的补充通知》（财企〔2006〕70号）的规定，文件对征收范围、征收主体、预算科目等内容做了修改和补充。

3. 依据《国家税务总局关于国家重大水利工程建设基金等政府非税收入项目征管职责划转有关事项的公告》（税务总局公告2018年第63号）的规定，文件对划转后税务部门征收提出了具体要求。

征收范围、对象、标准及收入分成等仍按现行规定执行。

**【考点提示 2】**

**缴费主体**

免税商品特许经营费的缴费主体是经营免税商品的企业。免税商品是指免征关税、进口环节税的进口商品和实行退(免)税(增值税、消费税)进入免税店销售的国产商品。

**【考点提示 3】**

**征收范围**

免税商品特许经营费的范围是指免税商品经营业务。包括:中国免税品(集团)总公司的免税商品经营业务;以及设立在机场、港口、车站、陆路边境口岸和海关监管特定区域的免税商店;以及在出境飞机、火车、轮船上向出境的国际旅客、驻华外交官和国际海员等提供免税商品购物服务的特种销售业务。

当前,从事免税商品经营业务的企业主要有:中国免税品(集团)总公司、深圳市国有免税商品(集团)有限公司、珠海免税企业(集团)有限公司、中国中旅(集团)公司、中国出国人员服务总公司、上海浦东国际机场免税店以及其他经营免税商品或代理销售免税商品的企业。

**【考点提示 4】**

**计费依据和征收标准**

计费依据是经营免税商品业务年销售收入。征收标准是年销售收入(额)的 1%。

**【考点提示 5】**

**申报事项**

1. 申报要求。

按照非税收入通用申报表的要求进行申报。

2. 申报日期。

免税商品经营企业于年度终了的5个月内,依据注册会计师的审计报告,清算当年应交免税商品特许经营费并上缴中央金库。

3. 征收管理。

(1) 中国免税品(集团)总公司按其合并会计报表口径,由总公司集中缴纳。

(2) 中国免税品(集团)总公司供货的其他免税商品经营企业,在企业所在地就地解缴。

(3) 在国际交通工具上销售(或代理销售)免税商品的民航、交通、铁道等行业的企业,以及非全部经营免税商品的企业,在企业纳税所在地缴纳特许经营费。

## 考点十　石油特别收益金

石油特别收益金,是指国家对石油开采企业销售国产原油因价格超过一定水平所获得的超额收入按比例征收的收益金。开征石油特别收益金,是为了妥善处理各方面利益关系,推进石油价格形成机制改革,加强国家调控,促进国民经济持续健康协调发展,国务院决定对石油开采企业销售国产原油因油价上涨获得的超额收入征收石油特别收益金。石油特别收益金属中央财政非税收入,纳入中央财政预算管理。

**【考点提示1】**

**主要政策依据**

1. 依据《国务院关于开征石油特别收益金的决定》(国发〔2006〕13号)、《财政部关于印发〈石油特别收益金征收管理办法〉的通知》(财企〔2006〕72号)的规定,文件主要对缴费主体、征收标准、申报缴纳进行了明确。

2. 依据《财政部关于征收石油特别收益金有关问题的补充通知》(财企〔2006〕183 号)的规定,文件主要对征收范围、缴纳主体、部分计算缴纳方法进行了调整。

3. 依据《国家税务总局关于国家重大水利工程建设基金等政府非税收入项目征管职责划转有关事项的公告》(国家税务总局公告 2018 年第 63 号)的规定,文件对划转后税务部门征收提出了具体要求。征收范围、对象、标准及收入分成等仍按现行规定执行。

**【考点提示 2】**

**缴费主体**

凡在中华人民共和国陆地领域和所辖海域独立开采并销售原油的企业,以及在上述领域以合资、合作等方式开采并销售原油的其他企业,均应当按照本办法的规定缴纳石油特别收益金。

**【考点提示 3】**

**征收标准与计算**

依据《财政部关于印发〈石油特别收益金征收管理办法〉的通知》(财企〔2006〕72 号)的规定,石油特别收益金实行 5 级超额累进从价定率计征,按月计算、按季缴纳。

石油特别收益金征收比率按石油开采企业销售原油的月加权平均价格确定。为便于参照国际市场油价水平,原油价格按美元/桶计价,起征点为 40 美元/桶。依据《财政部关于提高石油特别收益金起征点的通知》(财税〔2014〕115 号)的精神,经国务院批准,财政部决定从 2015 年 1 月 1 日起,将石油特别收益金起征点提高至 65 美元/桶。起征点提高后,石油特别收益金征收仍实行 5 级超额累进从价定率计征。具体征收比率及速算扣除数见表 6-3。

**表 6-3 石油特别收益金征收比率及速算扣除数**

| 原油价格(美元/桶) | 征收比率 | 速算扣除数(美元/桶) |
|---|---|---|
| 65～70(含) | 20% | 0 |
| 70～75(含) | 25% | 0.25 |
| 75～80(含) | 30% | 0.75 |
| 80～85(含) | 35% | 1.5 |
| 85 以上 | 40% | 2.5 |

石油特别收益金=[(当月加权平均销售价格－起征点)×征收标准－速算扣除数]×销售数量×美元兑换人民币汇率

计算石油特别收益金时，原油价格计量单位不同，应按照原油吨桶比换算。原油吨桶比按石油开采企业实际执行或挂靠油种的吨桶比计算；美元兑换人民币汇率以中国人民银行当月每日公布的中间价按月平均计算。石油特别收益金以人民币缴纳。

**【考点提示 4】**

**免征政策**

1. 依据《财政部关于征收石油特别收益金有关问题的补充通知》(财企〔2006〕183 号)的规定，中外合作油田按规定缴纳的石油增值税、矿区使用费、国家留成油不征收石油特别收益金。

2. 依据《财政部关于原油天然气资源税改革后石油特别收益金征收有关问题的通知》(财企〔2014〕24 号)的规定，2011 年 11 月 1 日原油、天然气资源税改革后，新签订合同的中外合作油田按规定缴纳的资源税，不征收石油特别收益金。

**【考点提示 5】**

**申报缴纳**

依据《财政部关于调整石油特别收益金征收方式的通知》(财企

〔2012〕42 号）的规定，从申报 2012 年石油特别收益金开始，将征收方式由原“按月计算，按季缴纳”，调整为“按月计算、按季申报、按月缴纳”。

石油开采企业集团公司下属多家石油开采企业的，石油特别收益金以石油开采企业集团公司为单位汇总缴纳。

缴纳石油特别收益金的石油开采企业，应当如实填写石油特别收益金申报表，各集团公司汇总后，在每季度结束后的 10 个工作日内，向财政机关申报缴纳上季度各月石油特别收益金。

**【考点提示 6】**

**法律责任**

石油开采企业在规定的期限内未足额缴纳石油特别收益金的，由财政机关责令限期缴纳，并从滞纳之日起按日加收万分之五的滞纳金。财政机关不得擅自减征或免征石油开采企业应缴纳的石油特别收益金。石油特别收益金列入企业成本费用，准予在企业所得税税前扣除。石油开采企业未按照本办法规定缴纳石油特别收益金的，由财政机关按照《财政违法行为处罚处分条例》的规定予以处罚。

## 考点十一 油价调控风险准备金

征收油价调控风险准备金（以下简称风险准备金）是为进一步完善成品油价格机制，并进一步推进价格市场化，当国际市场原油价格低于 40 美元调控下限时，成品油价格未调金额全部纳入油价调控风险准备金，设立专项账户存储，经国家批准后使用，油价调控风险准备金主要用于节能减排、提升油品质量及保障石油供应安全等方面以及应对国际油价大幅波动，是实施保障措施的资金来源。油价调控风险准备金的收缴、预算、使用和监督管理，依据《油价调控风险准备金征收管理办法》（财税〔2016〕137号）实施。

**【考点提示1】**

**缴费主体**

油价调控风险准备金的缴纳义务人为中华人民共和国境内生产、委托加工和进口汽、柴油的成品油生产经营企业。

**【考点提示2】**

**计费依据和费额计算**

1. 当国际市场原油价格低于国家规定的成品油价格调控下限时，缴纳义务人应按照汽油、柴油的销售数量和规定的征收标准缴纳风险准备金。

2. 汽油、柴油销售数量是指缴纳义务人于相邻两个调价窗口期之间实际销售数量。

（1）直接生产销售汽油、柴油的（不包括销售未经生产加工的外购汽油、柴油），其销售数量以发票开具日期及数量为准。如无法提供发票的，以无法确定销售日期的全月销售量和窗口期占全月时间比合理确定。

（2）进口汽油、柴油的，其销售数量以报关日期及报关数量为准。

（3）委托加工汽油、柴油的，其销售数量按已委托加工合同签署日期及交货凭证确认。如没有交货凭证的，以月度总交货量和窗口期占全月时间比合理确定。

（4）来料加工贸易以及直接用于一般贸易出口的汽油、柴油，不纳入风险准备金征收范围。

3. 风险准备金征收标准按照成品油价格未调金额确定。成品油价格未调金额由国家发展改革委、财政部根据国际原油价格变动情况，按照现行成品油价格形成机制计算核定，于每季度前 10 个工作日内，将上季度每次调价窗口期的征收标准，书面告知征收机关。

征收标准的核定：按照《石油价格管理办法》第 6 条的规定，当国际市场原油价格低于每桶 40 美元（含）时，按原油价格每桶 40 美元、正常加工利润率计算成品油价格。

**【考点提示 3】**

### 征收管理

1. 征收机关。

依据《财政部　国家发展改革委关于印发〈油价调控风险准备金征收管理办法〉的通知》（财税〔2016〕137 号）的规定，中国石油天然气集团公司、中国石油化工集团公司、中国海洋石油总公司等中央企业应当缴纳的风险准备金，由财政部驻北京市专员办负责征收；地方企业应当缴纳的风险准备金，由所在省（区、市）征收机关负责征收。

依据《财政部关于将国家重大水利工程建设基金等政府非税收入项目划转税务部门征收的通知》（财税〔2018〕147 号），自 2019 年 1 月 1 日起，油价调控风险准备金划转至税务部门征收。

2. 缴纳地点。

风险准备金的缴纳地点为缴纳义务人注册登记地。

风险准备金由缴纳义务人申报缴纳。其中，缴纳义务人有两个及以上从事成品油生产经营企业的，可由征收机关指定集团公司或其他公司实行汇总缴纳。

3. 缴纳方式。

缴纳义务人可以选择按季度或者按年度缴纳风险准备金。具体缴纳方式由缴纳义务人报征收机关核准。缴纳方式一经确定，不得随意变更。

4. 申报方式。

缴纳义务人应当向所在地征收机关如实申报汽油、柴油销售数量和应缴纳的风险准备金。

按季度缴纳的，缴纳义务人应当于每季度前15个工作日内，如实填写《油价调控风险准备金申报表》，提交给征收机关审核。

按年度缴纳的，缴纳义务人应当于每年1月20日前，如实填写《油价调控风险准备金申报表》，提交给征收机关审核。

对于按季缴纳的，征收机关根据缴纳义务人实际销售的汽油、柴油数量，在次年3月底完成对缴纳义务人全年风险准备金的汇算清缴工作。

5. 科目列支。

会计科目：风险准备金计入"其他应付款"核算，不得计入企业当期收入。原因在于，风险准备金由成品油消费者在正常成品油价格之外支付形成的收入，与企业日常生产经营无关，是国家制度安排形成的政策性收入，属于政府收入。

预算科目：油价调控风险准备金全额上缴中央国库，纳入一般公共预算管理，列"其他专项收入"。

任何单位和个人不得违反本办法规定，擅自减免或缓征风险准备金，不得自行调整风险准备金征收对象、范围和标准。

## 考点十二　国家留成油收入

根据《财政部关于中国石油天然气集团公司和中国石油化工集团公司对外合作项目国家留成油收入（处理）政策的通知》（财企〔2008〕7号）的规定，国家留成油收入是指中国公司对外合作勘探开发生产海上石油，按规定缴纳增值税和矿区使用费后，在余额油分配时根据石油合同的约定比例留给国家的权益。国家留成油收入凭借的是资产所有权征收的收入。

“石油合同”是资源国或其国家石油公司与外国石油公司依东道国法律,为合作开采石油资源订立的,包括石油勘探、开发和生产等内容的协议的简称。

**【考点提示 1】**

**合作油田分成模式与计算**

中国公司对外合作勘探开发生产海上石油所取得的收入,首先应该向中国政府缴纳增值税、矿区费或资源税;其次用来弥补回收作业费(开发成本,包括双方的弃置费。勘探费、开发投资资金及成本)。剩余的部分称之为余额油。“余额油”分为“留成油”和“分成油”两部分。留成油成为国家收入,分成油作为开发企业投资收入。一般情况下,会按照合同约定阶梯分成率,进行分成。所谓阶梯分成率是指在不同的产量水平采用不同的分成比率。这样,就需要根据最后的产量水平,确定一个平均的分成比率($X$)。每个油田每个日历年的“分成油”应等于该日历年的“余额油”乘以分成率($X$),即分成油 = 余额油 * $X$;留成油 = 余额油 * $(1-X)$。详见表 6-4。

**表 6-4　合作油田分成模式**

<table>
<tr><td>增值税 5%</td><td colspan="3">向中国政府上缴产量税(VAT)</td></tr>
<tr><td rowspan="6">矿费和费用回收油约为 62.50%</td><td>0～12.5%</td><td colspan="2">向中国政府上缴矿区费(或资源税)</td></tr>
<tr><td rowspan="5">50%～62.5%</td><td colspan="2">回收作业费</td></tr>
<tr><td>回收中方弃置费</td><td>回收外方弃置费</td></tr>
<tr><td>回收中方勘探费</td><td>回收外方勘探费</td></tr>
<tr><td>回收中方开发投资及利息</td><td>回收外方开发投资及利息</td></tr>
<tr><td colspan="2"></td></tr>
<tr><td rowspan="2">余额油约为 32.50%</td><td>$X$ * 32.5%</td><td>中方分成油</td><td>外方分成油</td></tr>
<tr><td>$(1-X)$ * 32.5%</td><td colspan="2">上缴中国政府留成油</td></tr>
</table>

**【考点提示 2】**

**申报征收**

1. 征收机关。

自 2019 年 1 月 1 日起，国家留成油收入划转至税务部门征收。征收范围、对象、标准及收入分成等仍按现行规定执行。

2. 申报与缴纳。

国家留成油随其合作油田生产的原油一起销售，实现变现折价，每月结束后 30 日内申报，并作为专项收入上缴中央财政。滞纳之日起按日加收万分之五的滞纳金。

3. 变现折价中的销售费用处理。

（1）公司应缴纳的国家留成油变价款，应当按照国家留成油实际销售额扣除其本身所发生的销售费用进行核定。销售费用包括国家留成油销售过程中实际发生的商检费用及销售机构管理费。

（2）年度终了后的 3 个月内，将上年合作油田上缴国家留成油的实际销售费用情况报送相关部门审核。经审核后，可在缴纳以后期间国家留成油变价收入时扣除销售费用。

# 第二部分　随章练习

## 一、单项选择题

1. 属于 2019 年 1 月 1 日划转税务机关征收的非税收入项目是（　　）。

A. 教育费附加　　B. 农网还贷资金

C. 地方教育费附加　　D. 残疾人就业保障金

**【参考答案】** B

【答案解析】 教育费附加、地方教育费附加、残疾人就业保障金属于 2019 年前税务机关已征收的非税收入项目。

2. 2019 年 1 月 1 日起划转税务部门征收的 13 项中央非税收入，从（　　）起，正式启用《中央非税收入统一票据》。

A. 2019 年 12 月 25 日　　B. 2019 年 11 月 1 日

C. 2020 年 1 月 1 日　　D. 2019 年 12 月 1 日

【参考答案】 A

【答案解析】 根据《关于启用〈中央非税收入统一票据〉功能的通知》的规定，从 2019 年 12 月 25 日起，对 2019 年 1 月 1 日划转税务部门征收的 13 项中央非税收入，正式启用《中央非税收入统一票据》。

3. 国家重大水利建设基金的计费依据为各省、自治区、直辖市扣除国家扶贫开发工作重点县农业排灌用电后的全部销售电量。不包括（　　）。

A. 企业自备电厂自发自用电量

B. 省级电网企业扣除合理线损后的趸售电量

C. 省级电网企业销售给子公司的电量和对境外销售电量

D. 省级电网企业销售给地方独立电网企业的电量

【参考答案】 D

【答案解析】 国家重大水利建设基金的计费依据为各省、自治区、直辖市扣除国家扶贫开发工作重点县农业排灌用电后的全部销售电量。全部销售电量包括：省级电网企业销售给电力用户的电量；省级电网企业扣除合理线损后的趸售电量（即实际销售给转供单位的电量）；省级电网企业销售给子公司的电量和对境外销售电量；企业自备电厂自发自用电量；地方独立电网销售电量（不含省级电网企业销售给地方独立电网企业的电量);跨省(自治区、直辖市)电力交易,计入受电省份销售电量。

4. 电力用户应缴纳的可再生能源电价附加,由电网企业代征。下列说法不正确的是(　　)。

A. 大用户与发电企业直接交易电量的可再生能源电价附加,由代为输送电量的电网企业代征

B. 地方独立电网销售电量的可再生能源电价附加,由地方电网企业在向电力用户收取电费时一并代征

C. 企业自备电厂自发自用电量应缴纳的可再生能源电价附加,由所在地电网企业代征

D. 其他社会销售电量的可再生能源电价附加,由地方电网企业在向电力用户收取电费时一并代征

**【参考答案】** D

**【答案解析】** 电力用户应缴纳的可再生能源电价附加,按照下列方式由电网企业代征:大用户与发电企业直接交易电量的可再生能源电价附加,由代为输送电量的电网企业代征;地方独立电网销售电量的可再生能源电价附加,由地方电网企业在向电力用户收取电费时一并代征;企业自备电厂自发自用电量应缴纳的可再生能源电价附加,由所在地电网企业代征;其他社会销售电量的可再生能源电价附加,由省级电网企业在向电力用户收取电费时一并代征。

5. 大中型水库移民后期扶持基金缴费主体是(　　)。

A. 省级电网企业　　B. 拥有自备电厂企业

C. 地方独立电网企业　　D. 发电企业

**【参考答案】** A

**【答案解析】** 大中型水库移民后期扶持基金缴费主体是省级

电网企业，由省级电网企业在向电力用户收取电费时一并代征，按月上缴中央国库。拥有自备电厂企业、地方独立电网企业不属于缴费主体。

6. 大中型水库库区基金缴费人是指有发电收入的大中型水库，其中大中型水库是指装机容量在（　　）万千瓦及以上有发电收入的水库和水电站。

A. 2　　B. 2.5　　C. 3　　D. 5

**【参考答案】** B

**【答案解析】** 大中型水库库区基金缴费人是指有发电收入的大中型水库，其中大中型水库是指装机容量在 2.5 万千瓦及以上有发电收入的水库和水电站。

7. 核电站乏燃料处理处置基金的缴费主体是（　　）。

A. 拥有已投入商业运行 5 年以上压水堆核电机组的核电厂

B. 拥有已投入商业运行 5 年以上沸水堆核电机组的核电厂

C. 拥有已投入商业运行 3 年以上气冷堆核电机组的核电厂

D. 拥有已投入商业运行 3 年以上重水堆核电机组的核电厂

**【参考答案】** A

**【答案解析】** 核电站乏燃料处理处置基金的缴费主体是拥有已投入商业运行 5 年以上压水堆核电机组的核电厂。

8. 下列关于核事故应急准备专项收入的说法，不正确的是（　　）。

A. 基建期按设计额定容量每千瓦 5 元人民币的标准缴纳

B. 运行期按年度上网销售电量每千瓦时 0.2 厘人民币的标准缴纳

C. 基建期应在核电工程浇灌第一罐混凝土的当年起 3 年内按规定承担数额的 30%、30%和 40%分年度缴清

D. 运行期应在商业运行后的次年开始，根据上一年的实际上网销售电量按规定标准缴纳

【参考答案】 C

【答案解析】 核电企业承担上缴的场外核应急专项收入，基建期应在核电工程浇灌第一罐混凝土的当年起3年内按规定承担数额的30%、40%和30%分年度缴清，所以，选项C说法不正确。

9. 下列关于免税商品特许经营费的说法，不正确的是（　　）。

A. 征收标准是年销售收入的1%

B. 免税商品经营企业于年度终了的5个月内，依据注册会计师的审计报告，清算当年应交免税商品特许经营费并上缴中央金库

C. 中国免税品（集团）总公司按其合并会计报表口径，由总公司集中缴纳

D. 中国免税品（集团）总公司供货的其他免税商品经营企业，由总公司集中缴纳

【参考答案】 D

【答案解析】 中国免税品（集团）总公司供货的其他免税商品经营企业，在企业所在地就地解缴。所以，选项D不正确。

10. 油价调控风险准备金的缴纳义务人不包括中华人民共和国境内（　　）。

A. 生产汽、柴油的成品油生产经营企业

B. 委托加工汽、柴油的成品油生产经营企业

C. 汽、柴油的成品油经销企业

D. 进口汽、柴油的成品油生产经营企业

【参考答案】 C

**【答案解析】** 油价调控风险准备金的缴纳义务人为中华人民共和国境内生产、委托加工和进口汽、柴油的成品油生产经营企业。

11. 当国际市场原油价格低于国家规定的成品油价格调控下限时，缴纳义务人应按照汽油、柴油的销售数量和规定的征收标准缴纳风险准备金。下列关于销售数量的说法不正确的是（　　）。

A. 直接生产销售汽油、柴油的（不包括销售未经生产加工的外购汽油、柴油），其销售数量以发票开具日期及数量为准

B. 来料加工贸易以及直接用于一般贸易出口的汽油、柴油，以报关日期及报关数量为准

C. 进口汽油、柴油的，其销售数量以报关日期及报关数量为准

D. 委托加工汽油、柴油的，其销售数量按已委托加工合同签署日期及交货凭证确认

**【参考答案】** B

**【答案解析】** 当国际市场原油价格低于国家规定的成品油价格调控下限时，缴纳义务人应按照汽油、柴油的销售数量和规定的征收标准缴纳风险准备金。汽油、柴油销售数量是指缴纳义务人于相邻两个调价窗口期之间实际销售数量。

（1）直接生产销售汽油、柴油的（不包括销售未经生产加工的外购汽油、柴油），其销售数量以发票开具日期及数量为准。如无法提供发票的，以无法确定销售日期的全月销售量和窗口期占全月时间比合理确定。

（2）进口汽油、柴油的，其销售数量以报关日期及报关数量为准。

（3）委托加工汽油、柴油的，其销售数量按已委托加工合同签署日期及交货凭证确认。如没有交货凭证的，以月度总交货量和窗口

期占全月时间比合理确定。

(4) 来料加工贸易以及直接用于一般贸易出口的汽油、柴油，不纳入风险准备金征收范围。

12. 下列关于风险准备金的说法不正确的有(　　)。

A. 风险准备金的缴纳地点为缴纳义务人注册登记地

B. 按季度缴纳的，缴纳义务人应当于每季度终了后 15 个工作日内，如实填写《油价调控风险准备金申报表》，提交给征收机关审核

C. 风险准备金计入"其他应付款"核算，不得计入企业当期收入

D. 油价调控风险准备金全额上缴中央国库，纳入一般公共预算管理，列"其他专项收入"

**【参考答案】** B

**【答案解析】** 风险准备金按季度缴纳的，缴纳义务人应当于每季度前 15 个工作日内，如实填写《油价调控风险准备金申报表》，提交给征收机关审核。所以，选项 B 不正确。

## 二、多项选择题

1. 下列项目属于自 2019 年 1 月 1 日起划转至税务部门征收的非税收入项目有(　　)。

A. 农网还贷资金

B. 废弃电器电子产品处理基金

C. 国家重大水利工程建设基金

D. 残疾人保障金

**【参考答案】** AC

**【答案解析】** 根据《国家税务总局关于国家重大水利工程建设基金等政府非税收入项目征管职责划转有关事项的公告》(税务总

局公告 2018 年第 63 号）的规定，自 2019 年 1 月 1 日起，原由财政部驻地方财政监察专员办事处负责征收的国家重大水利工程建设基金、农网还贷资金、可再生能源发展基金、中央水库移民扶持基金（含大中型水库移民后期扶持基金、三峡水库库区基金、跨省际大中型水库库区基金）、三峡电站水资源费、核电站乏燃料处理处置基金、免税商品特许经营费、油价调控风险准备金、核事故应急准备专项收入，以及国家留成油收入、石油特别收益金，划转至税务部门征收。选项 AC 正确。

2. 下列属于国家重大水利工程建设基金的缴费主体的有（　　）。

A. 湖南某国家机关

B. 黑龙江某居民

C. 西藏某钢厂

D. 甘肃某国家扶贫开发工作重点县农业排灌用电

**【参考答案】** AB

**【答案解析】** 国家重大水利工程建设基金的缴费主体为用电的单位和个人，但下列两种情况除外：西藏自治区的用电单位和个人；国家扶贫开发工作重点县用于农业排灌的用电单位和个人。农业排灌用电不等于农业用电，农业用电还包括农业生产、农副产品加工等用电。

3. 下列（　　）省份的重大水利建设基金，自 2020 年起划转税务机关征收。

A. 北京　　B. 广东　　C. 宁夏　　D. 黑龙江

**【参考答案】** CD

**【答案解析】** 北京、天津、河北、河南、山东、江苏、上海、浙江、安徽、江西、湖北、湖南、广东、重庆等 14 个南水北调和三峡工程直接受益省份(以下简称14个省份)电网企业代征的重大水利基金,由财政部驻当地财政监察专员办事处(以下简称专员办)负责征收,并全额上缴中央国库。2019年1月1日起已划转税务机关征收。

山西、内蒙古、辽宁、吉林、黑龙江、福建、广西、海南、四川、贵州、云南、陕西、甘肃、青海、宁夏、新疆等16个南水北调和三峡工程非直接受益省份(以下简称16个省份)电网企业代征的重大水利基金,由当地省级财政部门负责征收,并全额上缴省级国库。自2020年起,地方政府及有关部门负责征收的国家重大水利工程建设基金,以及向企事业单位和个体经营者征收的水利建设基金,划转至税务部门征收。

4. 国家重大水利工程建设基金的征收对象包括(　　)。

A. 省级电网企业　　B. 地方独立电网企业

C. 发电企业　　D. 拥有自备电厂企业

**【参考答案】** ABD

**【答案解析】** 国家重大水利工程建设基金的征收对象包括省级电网企业、地方独立电网企业、拥有自备电厂企业(由省级电网企业代征)。

5. 下列情形符合农网还贷资金免征范围的有(　　)。

A. 农业排灌用电　　B. 抗灾救灾用电

C. 自备电厂自用电量　　D. 国有重点煤炭企业生产用电

**【参考答案】** ABC

**【答案解析】** 农网还贷资金减免范围包括:(1)农业排灌、抗灾救灾及氮肥、磷肥、钾肥和原化工部颁发生产许可证的复合肥生产用电免征农网还贷资金;(2)自备电厂自用电量免征农网还贷资金;(3)国有重点煤炭企业生产用电、核工业铀扩散厂和堆化工厂生产用电农网还贷资金暂按每千瓦时用电量三厘钱标准征收。选项D不正确。

6. 可再生能源发展基金是指国家为了促进可再生能源发展而设立的政府性基金。下列纳入可再生能源电价附加征收范围的销售电量包括(　　)。

A. 省级电网企业(含各级子公司)销售给电力用户的电量

B. 省级电网企业趸售给各级子公司的电量

C. 企业自备电厂自发自用电量

D. 省级电网企业对境外销售电量

**【参考答案】** ACD

**【答案解析】** 各省、自治区、直辖市纳入可再生能源电价附加征收范围的销售电量包括:省级电网企业(含各级子公司)销售给电力用户的电量;省级电网企业扣除合理线损后的趸售电量(即实际销售给转供单位的电量,不含趸售给各级子公司的电量);省级电网企业对境外销售电量;企业自备电厂自发自用电量;地方独立电网(含地方供电企业)销售电量(不含省级电网企业销售给地方独立电网的电量);大用户与发电企业直接交易的电量。选项B不正确。

7. 对分布式光伏发电自发自用电量免收(　　)。

A. 可再生能源电价附加

B. 国家重大水利工程建设基金

C. 大中型水库移民后期扶持基金

D. 农网还贷资金

**【参考答案】** ABCD

**【答案解析】** 对分布式光伏发电自发自用电量免收可再生能源电价附加、国家重大水利工程建设基金、大中型水库移民后期扶持基金、农网还贷资金等4项针对电量征收的政府性基金。

8. 中央水库移民扶持基金由（　　）合并而来。

A. 大中型水库移民后期扶持基金

B. 跨省（区、市）大中型水库库区基金

C. 三峡水库库区基金

D. 省级大中型水库库区基金

**【参考答案】** ABC

**【答案解析】** 中央水库移民扶持基金由大中型水库移民后期扶持基金、跨省（区、市）大中型水库库区基金、三峡水库库区基金合并而来。地方水库移民扶持基金由省级大中型水库库区基金和小型水库移民扶助基金组成。

9. 免税商品特许经营费的缴费主体是经营免税商品的企业。免税商品是指（　　）。

A. 免征关税、进口环节税的进口商品

B. 实行退（免）税（增值税、消费税）进入免税店销售的国产商品

C. 进口商品

D. 出口商品

**【参考答案】** AB

**【答案解析】** 免税商品特许经营费的缴费主体是经营免税商品的企业。免税商品是指免征关税、进口环节税的进口商品和实行退（免）税（增值税、消费税）进入免税店销售的国产商品。

10. 免税商品特许经营费的范围是指免税商品经营业务。具体包括（　　）。

A. 中国免税品（集团）总公司的免税商品经营业务

B. 设立在机场、港口、车站、陆路边境口岸和海关监管特定区域

的免税商店

C. 在出境飞机、火车、轮船上向出境的国际旅客、驻华外交官和国际海员等提供免税商品购物服务

D. 免税店经营的完税国产品

**【参考答案】** ABC

**【答案解析】** 免税商品特许经营费的范围是指免税商品经营业务。包括：中国免税品（集团）总公司的免税商品经营业务；以及设立在机场、港口、车站、陆路边境口岸和海关监管特定区域的免税商店；以及在出境飞机、火车、轮船上向出境的国际旅客、驻华外交官和国际海员等提供免税商品购物服务的特种销售业务。

11. 中外合作油田下列（　　）收入不征收石油特别收益金。

A. 石油增值税　　B. 矿区使用费

C. 国家留成油　　D. 资源税

**【参考答案】** ABCD

**【答案解析】** 根据《财政部关于征收石油特别收益金有关问题的补充通知》（财企〔2006〕183号）的规定，中外合作油田按规定缴纳的石油增值税、矿区使用费、国家留成油不征收石油特别收益金。依据《财政部关于原油天然气资源税改革后石油特别收益金征收有关问题的通知》（财企〔2014〕24号）的规定，2011年11月1日原油、天然气资源税改革后，新签订合同的中外合作油田按规定缴纳的资源税，不征收石油特别收益金。

12. 国家留成油是指在中华人民共和国陆地领域和所辖海域对外合作勘探开发生产石油的企业，按规定缴纳（　　）后，在余额油分配时根据石油合同的约定比例留给国家的权益，是以实物形态表现的财政资金。

A. 增值税　　　　　　　　　B. 消费税

C. 企业所得税　　　　　　　D. 矿区使用费

【参考答案】 AD

【答案解析】 国家留成油是指在中华人民共和国陆地领域和所辖海域对外合作勘探开发生产石油的企业，按规定缴纳增值税和矿区使用费后，在余额油分配时根据石油合同的约定比例留给国家的权益，是以实物形态表现的财政资金。

13. 下列关于油价调控风险准备金的说法正确的有（　　）。

A. 风险准备金的缴纳义务人为中华人民共和国境内生产、委托加工和进口汽、柴油的成品油生产经营企业

B. 当国际市场原油价格高于国家规定的成品油价格调控下限时，缴纳义务人应按照汽油、柴油的销售数量和规定的征收标准缴纳风险准备金

C. 风险准备金征收标准按照成品油价格未调金额确定

D. 缴纳义务人可以选择按季度或者按年度缴纳风险准备金。具体缴纳方式由缴纳义务人报征收机关核准。缴纳方式一经确定，不得随意变更

【参考答案】 ACD

【答案解析】 当国际市场原油价格低于国家规定的成品油价格调控下限时，缴纳义务人应按照汽油、柴油的销售数量和规定的征收标准缴纳风险准备金。选项 B 不正确。

## 三、判断题

1. 自发自用企业自备电厂应缴纳的重大水利基金，直接向税务部门申报。　　（　　）

【参考答案】 ×

**【答案解析】** 自发自用企业自备电厂应缴纳的基金，由省级电网企业代征。其中未与电网连接、独立成网的自备电厂企业，直接向税务部门申报。

2. 重大水利基金全部由省级电网企业在向电力用户收取电费时一并代征。（　　）

**【参考答案】** ×

**【答案解析】** 除企业自备电厂自发自用电量和地方独立电网销售电量外，重大水利基金由省级电网企业在向电力用户收取电费时一并代征。

3. 重大水利基金申报日期和按月申报的增值税纳税人一致，未按期申报缴纳的，从滞纳之日起按日加收滞纳部分万分之五的滞纳金。（　　）

**【参考答案】** ×

**【答案解析】** 从滞纳之日起按日加收滞纳部分 2‰的滞纳金。

4. 农网还贷资金按社会用电量每度电 2 分钱标准，不并入电价收取，专项用于农村电网改造贷款还本付息。（　　）

**【参考答案】** ×

**【答案解析】** 农网还贷资金由电网经营企业在向用户收取电费时一并收取，并在电费收款凭证中注明农网还贷资金的征收电量、征收标准和征收金额。

5. 国有重点煤炭企业生产用电免缴农网还贷资金。（　　）

**【参考答案】** ×

**【答案解析】** 农网还贷资金减免范围包括：农业排灌、抗灾救灾及氮肥、磷肥、钾肥和原化工部颁发生产许可证的复合肥生产用电免征农网还贷资金；自备电厂自用电量免征农网还贷资金；国有重点煤炭企业生产用电、核工业铀扩散厂和堆化工厂生产用电农网还贷资金暂按每千瓦时用电量三厘钱标准征收。

6. 省(自治区、直辖市)际间交易电量,计入输电省份的销售电量征收可再生能源电价附加。 ( )

【参考答案】 ×

【答案解析】 省(自治区、直辖市)际间交易电量,计入受电省份的销售电量征收可再生能源电价附加。

7. 大中型水库移民后期扶持基金计费依据是对省级电网企业在本省(区、市)区域内的全部销售电量征收,包括农业生产用电 、省级电网企业间销售电量。 ( )

【参考答案】 ×

【答案解析】 大中型水库移民后期扶持基金计费依据是对省级电网企业在本省(区、市)区域内的全部销售电量征收,但不包括农业生产用电 、省级电网企业间销售电量(由买入方在最终销售环节向用户收取)、经国务院批准可以免征大中型水库移民后期扶持基金的其他电量。

8. 三峡水库库区基金是中央财政安排四川省用于三峡水库库区和移民安置区基础设施建设和经济发展,支持库区防护工程和移民生产、生活设施维护,解决库区移民的其他遗留问题的政府性基金。 ( )

【参考答案】 ×

【答案解析】 三峡水库库区基金是中央财政安排重庆市用于三峡水库库区和移民安置区基础设施建设和经济发展,支持库区防护工程和移民生产、生活设施维护,解决库区移民的其他遗留问题的政府性基金。

9. 三峡电站水资源费收入的 10%上缴中央国库，其余 90%按比例(湖北省 16.67%、重庆市 83.33%)在湖北省和重庆市之间进行分配，并分别上缴两省市国库。（　　）

**【参考答案】** √

**【答案解析】** 略。

10. 三峡电站水资源费的中央分成部分由缴费人向国家税务总局申报缴纳；湖北省分成部分，由缴费人向湖北省税务部门申报缴纳；重庆市分成部分，由缴费人向重庆市税务部门申报缴纳。（　　）

**【参考答案】** ×

**【答案解析】** 三峡电站水资源费的中央分成和湖北省分成部分，由缴费人向湖北省税务部门申报缴纳；重庆市分成部分，由缴费人向重庆市税务部门申报缴纳。

11. 乏燃料处理处置基金属于政府性基金，凡拥有已投入商业运行 3 年以上压水堆核电机组的核电厂，应当按照规定缴纳乏燃料处理处置基金。（　　）

**【参考答案】** ×

**【答案解析】** 凡拥有已投入商业运行 5 年以上压水堆核电机组的核电厂，应当按照规定缴纳乏燃料处理处置基金。

12. 核电厂应按照规定及时足额上缴乏燃料处理处置基金，不得拖欠。凡无正当理由拖欠缴纳乏燃料处理处置基金的，应责令其尽快补缴，并从逾期之日起按日加收滞纳金额 2‰的滞纳金。（　　）

**【参考答案】** ×

**【答案解析】** 核电厂应按照规定及时足额上缴乏燃料处理处

置基金，不得拖欠。凡无正当理由拖欠缴纳乏燃料处理处置基金的，应责令其尽快补缴，并从逾期之日起按日加收滞纳金额 1‰的滞纳金。

13. 核电企业承担上缴的场外核应急专项收入作为成本开支项目，基建期在工程基建费中列支，运行期在企业的管理费中列支。（　　）

【参考答案】 √

【答案解析】 符合相关规定。

14. 核电企业应于每年 3 月底前，将当年应缴纳中央和地方管理的场外核应急专项收入分别及时足额缴库。（　　）

【参考答案】 √

【答案解析】 符合相关规定。

15. 海南离岛旅客免税购物商店，按经营免税商品业务年销售收入的 1%，向国家上缴免税商品特许经营费。（　　）

【参考答案】 ×

【答案解析】 海南离岛旅客免税购物商店，按经营免税商品业务年销售收入的 4%，向国家上缴免税商品特许经营费。

16. 石油特别收益金，是指国家对石油开采企业销售国产原油因价格超过一定水平所获得的超额收入按比例征收的收益金。石油特别收益金属中央财政非税收入，纳入中央财政预算管理。（　　）

【参考答案】 √

【答案解析】 略。

17. 石油特别收益金实行 7 级超额累进从价定率计征，按月计算、按季缴纳。（　　）

【参考答案】 ×

【答案解析】 石油特别收益金实行 5 级超额累进从价定率计征，按月计算、按季缴纳。

18. 从申报 2012 年征收石油特别收益金开始，将征收方式由原“按月计算，按月缴纳”，调整为“按月计算、按季申报、按季缴纳”。 (　　)

【参考答案】 ×

【答案解析】 从申报 2012 年征收石油特别收益金开始，将征收方式由原“按月计算，按季缴纳”，调整为“按月计算、按季申报、按月缴纳”。

19. 油价风险调控准备金的征收标准是：当国际市场原油价格低于每桶 50 美元(含)时，按原油价格每桶 50 美元、正常加工利润率计算成品油价格。 (　　)

【参考答案】 ×

【答案解析】 当国际市场原油价格低于每桶 40 美元(含)时，按原油价格每桶 40 美元、正常加工利润率计算成品油价格。

20. 国家留成油收入的征缴期限由石油企业报财政部核准。按照现行规定，中石油、中石化、中海油均按年申报缴纳。 (　　)

【参考答案】 ×

【答案解析】 国家留成油收入的征缴期限由石油企业报财政部核准。按照现行规定，中石油按月申报缴纳，中石化、中海油按年申报缴纳。

21. 国家留成油收入凭借的是政治权力征收的收入。 (　　)

【参考答案】 ×

【答案解析】 中国公司对外合作勘探开发生产海上石油，按规定交纳增值税和矿区使用费后，在余额油分配时根据石油合同的约定比例留给国家的权益。国家留成油收入凭借的是资产所有权征收的收入。

22. “余额油”分为“留成油”和“分成油”两部分。留成油成为国家收入，分成油作为开发企业投资收入。一般情况下，会按照合同约定阶梯分成率，进行分成。（　　）

**【参考答案】** √

**【答案解析】** 略。

23. 每个油田每个日历年的“分成油”应等于该日历年的“余额油”乘以分成率（$X$），即分成油 = 余额油 ×（1 − $X$）。（　　）

**【参考答案】** ×

**【答案解析】** 每个油田每个日历年的“分成油”应等于该日历年的“余额油”乘以分成率（$X$），即分成油 = 余额油 × $X$；留成油 = 余额油 ×（1 − $X$）。

24. 国家留成油随其合作油田生产的原油一起销售，实现变现折价，每月结束后15日内申报，并作为专项收入上缴中央财政。（　　）

**【参考答案】** ×

**【答案解析】** 国家留成油随其合作油田生产的原油一起销售，实现变现折价，每月结束后30日内申报，并作为专项收入上缴中央财政。

25. 公司应缴纳的国家留成油变价款，应当按照国家留成油实际销售额扣除其本身所发生的销售费用进行核定。销售费用包括国家留成油销售过程中实际发生的商检费用及销售机构管理费、增值税及附加。（　　）

【参考答案】 ×

【答案解析】 公司应缴纳的国家留成油变价款，应当按照国家留成油实际销售额扣除其本身所发生的销售费用进行核定。销售费用包括国家留成油销售过程中实际发生的商检费用及销售机构管理费。

26. 公司应在年度终了后的 3 个月内，将上年合作油田上缴国家留成油的实际销售费用情况报送相关部门审核。经审核后，可在缴纳以后期间国家留成油变价收入时扣除销售费用。（　　）

【参考答案】 √

【答案解析】 略。

**四、综合题**

（一）某企业 2018 年 5 月开采原油 10 000 桶，销售价格为 80.03 美元/桶，中国人民银行当月每日发布美元兑换人民币汇率中间价的月平均为 6.375 8，问该企业 2018 年 8 月应缴纳石油特别收益金人民币多少元？

【参考答案】 该企业 2018 年 8 月应缴纳石油特别收益金人民币 $=[(80.03-65)\times0.35-1.5]\times10\ 000\times6.375\ 8=239\ 761.96$（元）。

（二）某中外合作甲油田累计年产量 80 万吨，石油合同约定的阶梯分成率如下表，则甲油田的分成率为多少？

**合同约定的阶梯分成率**

| 累计年产量（万吨） | 阶梯分成率 |
|---|---|
| 等于或少于 50 | $X_1=95\%$ |
| 50 以上至 100 | $X_2=92\%$ |
| 100 以上至 200 | $X_3=86\%$ |

（续表）

| 累计年产量（万吨） | 阶梯分成率 |
|---|---|
| 200 以上至 300 | $X_4 = 82\%$ |

**【参考答案】** 分成率 $X = [50 \times 0.95 + (80 - 50) \times 0.92] \div 80 \times 100\% = 93.875\%$。

年度留成油 = 累计余额油 ×（1 − 93.875%）。

# 第七章

# 2021 年划转税务机关征收项目

## 第一部分 考点串讲

### 考点一 划转文件

根据党中央、国务院关于政府非税收入征管职责划转的有关要求，国家税务总局发布《关于水土保持补偿费等政府非税收入项目征管职责划转有关事项的公告》(国家税务总局公告 2020 年第 21 号)要求：自 2021 年 1 月 1 日起，水土保持补偿费、地方水库移民扶持基金、排污权出让收入、防空地下室易地建设费划转至税务部门征收。征收范围、征收对象、征收标准等政策仍按现行规定执行。

2021 年 3 月 26 日，财政部发布《关于土地闲置费、城镇垃圾处理费划转税务部门征收的通知》(财税〔2021〕8 号)要求：自 2021 年 7 月 1 日起，将自然资源部门负责征收的土地闲置费、住房城乡建设等部门负责征收的按行政事业性收费管理的城镇垃圾处理费划转至税务部门征收。

2021 年 6 月 4 日财政部、自然资源部、税务总局、人民银行公开了《关于将国有土地使用权出让收入、矿产资源专项收入、海域使用金、无居民海岛使用金四项政府非税收入划转税务部门征收有关问题的通知》(财综〔2021〕19 号)，决定将由自然资源部门负责征收的上述四项政府非税收入，全部划转给税务部门负责征收。其中河北、上海等七地自 2021 年 7 月 1 日开始试点，2022 年 1 月 1 日起在全国全面实施这项征管划转工作。

## 考点二　水土保持补偿费

水土保持补偿费是水行政主管部门对损坏水土保持设施和地貌植被、不能恢复原有水土保持功能的生产建设单位和个人征收并专项用于水土流失预防治理的资金。《中华人民共和国水土保持法》第三十二条第二款规定：在山区、丘陵区、风沙区以及水土保持规划确定的容易发生水土流失的其他区域开办生产建设项目或者从事其他生产建设活动，损坏水土保持设施、地貌植被，不能恢复原有水土保持功能的，应当缴纳水土保持补偿费，专项用于水土流失预防和治理。专项水土流失预防和治理由水行政主管部门负责组织实施。水土保持补偿费的收取使用管理办法由国务院财政部门、国务院价格主管部门会同国务院水行政主管部门制定。

主要依据：

《中华人民共和国水土保持法》

《水土保持补偿费征收使用管理办法》(财综〔2014〕8 号)

《国家发展改革委财政部　水利部关于水土保持补偿费收费标准(试行)的通知》(发改价格〔2014〕886 号)

《国家发展改革委　财政部关于降低电信网络号资源占用费等部分行政事业性收费标准的通知》(发改价格〔2017〕1186 号)

**【考点提示 1】**

**缴费义务人**

在山区、丘陵区、风沙区以及水土保持规划确定的容易发生水土流失的其他区域开办生产建设项目或者从事其他生产建设活动，损坏水土保持设施、地貌植被，不能恢复原有水土保持功能的单位和个人为水土保持补偿费的缴纳义务人。

前款所称其他生产建设活动包括：取土、挖砂、采石（不含河道采砂）；烧制砖、瓦、瓷、石灰；排放废弃土、石、渣。

**【考点提示 2】**

**缴费标准**

自 2017 年 7 月 1 日起，为进一步加大降费力度，切实减轻社会负担，促进实体经济发展，国家发展和改革委员会、财政部决定降低水利部门行政事业性收费标准（发改价格〔2017〕1186 号）。水土保持补偿费收费标准自 2017 年 7 月 1 日起按下列规定执行：

对一般性生产建设项目，按照征占用土地面积一次性计征，东部地区由每平方米不超过 2 元（不足 1 平方米的按 1 平方米计，下同）降为每平方米不超过 1.4 元，中部地区由每平方米不超过 2.2 元降为每平方米不超过 1.5 元，西部地区由每平方米不超过 2.5 元降为每平方米不超过 1.7 元。对水利水电工程建设项目，水库淹没区不在水土保持补偿费计征范围之内。

开采矿产资源的，建设期间，按照征占用土地面积一次性计征，具体收费标准按照上述规定执行。开采期间，石油、天然气以外的矿产资源按照开采量（采掘、采剥总量）计征。石油、天然气根据油、气生产井（不包括水井、勘探井）占地面积按年征收，每口油、气生产井占地面积按不超过 2 000 平方米计算；对丛式井每增加一口井，增加计征面积按不超过 400 平方米计算，每平方米每年收费由不超过 2 元降为不超过 1.4 元。各地在核定具体收费标准时，应充分评估损害程度，对生产技术先进、管理水平较高、生态环境治理投入较大的资源开采企业，在核定收费标准时应按照从低原则制定。

取土、挖砂（河道采砂除外）、采石以及烧制砖、瓦、瓷、石灰的，根据取土、挖砂、采石量，由按照每立方米 0.5～2 元计征（不足 1 立方米的按 1 立方米计，下同）降为按照每立方米 0.3～1.4 元计征。对缴纳义务人已按前两种方式计征水土保持补偿费的，不再重复计征。

排放废弃土、石、渣的，根据土、石、渣量，由按照每立方米 0.5～2 元计征降为按照每立方米 0.3～1.4 元计征。对缴纳义务人已按前三种方式计征水土保持补偿费的，不再重复计征。上述各类收费具体标准，由各省、自治区、直辖市价格主管部门、财政部门会同水行政主管部门根据本地实际情况制定。

## 考点三　地方水库移民扶持基金

地方水库移民扶持基金由省级大中型水库库区基金和小型水库移民扶助基金组成。

2006 年国务院发布《国务院关于完善大中型水库移民后期扶持政策的意见》（国发〔2006〕17 号），文件指出，后期扶持资金作为政府性基金纳入中央财政预算管理。通过电价加价筹措的后期扶持资金由各省级电网公司随电费征收，全额上缴中央财政；应拨付给各省、自治区、直辖市的后期扶持资金由财政部会同国务院移民管理机构，按照发展改革委、财政部、水利部等部门核定的各省、自治区、直辖市移民人数和规定的标准据实拨付。后期扶持基金征收使用管理办法由财政部会同发展改革委、水利部和国务院移民管理机构等部门另行制定。妥善解决小型水库移民的困难和现有后期扶持项目续建问题。各省、自治区、直辖市人民政府可通过提高本省（区、市）区域内全部销售电量（扣除农业生产用电）的电价筹集资金，统筹解决小型水库移民的困难，并保证对在建后期扶持项目的后续资金投入，确保项目按期建成并发挥作用。提价标准为每千瓦时不超过 0.5 厘，具体方案报发展改革委、财政部审批后实施。其后各地方案陆续出台。

依据《财政部关于取消、停征和整合部分政府性基金项目等有关问题的通知》(财税〔2016〕11 号)的规定，自 2016 年 2 月 1 日起，将省级大中型水库库区基金、小型水库移民扶助基金合并为地方水库移民扶持基金。具体征收政策、收入划分、使用范围等仍按现行规定执行，今后根据水库移民扶持工作需要适时完善分配使用政策。

1. 省级大中型水库库区基金。

库区基金属于政府性基金，实行分省统筹，纳入财政预算，实行"收支两条线"管理。其中，省级辖区内大中型水库的库区基金，由省级财政部门负责征收。

库区基金从有发电收入的大中型水库发电收入中筹集，根据水库实际上网销售电量，按不高于 8 厘/千瓦时的标准征收。

地方政府在安排库区基金时，应将其中的 75%用于支持实施库区及移民安置区基础设施建设和经济发展规划，以及解决水库移民的其他遗留问题，其余部分用于库区防护工程及移民生产、生活设施维护。库区基金列入企业成本，按规定不征收企业所得税。应缴纳库区基金的大中型水库应在每月终了后 7 日内，按规定上缴库区基金。

2. 小型水库移民扶助基金。

由于小型水库移民扶助基金的管理办法由各省自行制定，并没有全国统一规定，这里不再就具体规定加以赘述。

主要依据：

《国务院关于完善大中型水库移民后期扶持政策的意见》(国发〔2006〕17 号)

《财政部关于印发〈大中型水库库区基金征收使用管理暂行办法〉的通知》(财综〔2007〕26 号)

《财政部关于加强大中型水库库区基金征收管理有关问题的通

知》(财综〔2009〕51 号)

《财政部关于取消、停征和整合部分政府性基金项目等有关问题的通知》(财税〔2016〕11 号 )

《财政部关于抽水蓄能电站征收大中型水库库区基金有关问题的通知》(财税〔2016〕13 号 )

《财政部关于取消、调整部分政府性基金有关政策的通知》(财税〔2017〕18 号)

## 考点四 排污权出让收入

排污权出让收入,是指政府以有偿出让方式配置排污权取得的收入,包括采取定额出让方式出让排污权收取的排污权使用费和通过公开拍卖等方式出让排污权取得的收入。排污权出让收入属于政府非税收入,全额上缴地方国库,纳入地方财政预算管理。2007年以来,国务院有关部门组织天津、河北、内蒙古等 11 个省(区、市)开展排污权有偿使用和交易试点,取得了一定进展。为进一步推进试点工作,促进主要污染物排放总量持续有效减少,国务院办公厅下发《关于进一步推进排污权有偿使用和交易试点工作的指导意见》(国办发〔2014〕38 号)。为了规范排污权出让收入管理,建立健全环境资源有偿使用制度,发挥市场机制作用促进污染物减排,财政部、国家发展改革委、环境保护部下发《关于印发〈排污权出让收入管理暂行办法〉的通知》(财税〔2015〕61 号)。

主要依据:

《国务院办公厅关于进一步推进排污权有偿使用和交易试点工作的指导意见》(国办发〔2014〕38 号)

《财政部 国家发展改革委 环境保护部关于印发〈排污权出让收入管理暂行办法〉的通知》(财税〔2015〕61 号)

**【考点提示1】**

**缴纳义务人**

现有排污单位;新建项目排污权和改建、扩建项目新增排污权,排污单位为缴费主体。

现有排污单位,是指试点地区核定初始排污权以及排污权有效期满后重新核定排污权时,已建成投产并通过环保验收的排污单位。排污权,是指排污单位按照国家或者地方规定的污染物排放标准,以及污染物排放总量控制要求,经核定允许其在一定期限内排放污染物的种类和数量。排污权由试点地区县级以上地方环境保护主管部门(以下简称地方环境保护部门)按照污染源管理权限核定,并以排污许可证形式予以确认。污染物,是指国家作为约束性指标进行总量控制的污染物,以及试点地区选择对本地区环境质量有突出影响的其他污染物。

**【考点提示2】**

**征缴标准**

现有排污单位取得排污权,原则上采取定额出让方式,出让标准由试点地区价格、财政、环境保护部门根据当地污染治理成本、环境资源稀缺程度、经济发展水平等因素确定,在试点初期可暂免缴纳排污权使用费。新建项目排污权和改建、扩建项目新增排污权,原则上通过公开拍卖方式取得,拍卖底价可参照定额出让标准。

**【考点提示3】**

**申报缴费期限**

按次缴纳。缴纳排污权使用费金额较大、一次性缴纳确有困难的排污单位,可在排污权有效期内分次缴纳,首次缴款不得低于应缴总额的40%。排污单位通过市场公开出让方式购买政府出让排污权的,应当一次性缴清款项,或者按照排污权交易合同的约定缴款。

**【考点提示 4】**

**申报缴款方式**

排污单位应当自接到地方环境保护部门送达的排污权使用费缴纳通知单之后，自主填写《非税收入通用申报表》，向税务登记确认的主管税务机关申报缴纳排污权出让收入。

## 考点五　防空地下室易地建设费

根据《关于规范防空地下室易地建设收费的规定的通知》（计价格〔2000〕474 号），防空地下室易地建设费是指建设单位因地质、结构等原因无法同步配套修建防空地下室，必须依法交纳建设规定面积的防空地下室所需的工程费用，由人防主管部门统一易地建设。

主要依据：

《中华人民共和国防空法》

《关于规范防空地下室易地建设收费的规定的通知》（计价格〔2000〕474 号）

《关于颁发〈人民防空工程建设管理规定〉的通知》（国人防办字〔2003〕第 18 号

《国务院关于解决城市低收入家庭住房困难的若干意见》（国发〔2007〕24 号）

《财政部关于贯彻落实国务院关于解决城市低收入家庭住房困难若干意见的通知》（财综〔2007〕53 号）

《关于免收全国中小学校舍安全工程建设有关收费的通知》（财综〔2010〕57 号）

《财政部关于免征监狱布局调整建设项目有关行政事业性收费和政府性基金政策执行问题的通知》（财税函〔2014〕243 号）

《财政部　国家发展改革委关于减免养老和医疗机构行政事业

性收费有关问题的通知》(财综〔2014〕77 号)

《财政部　国家发展改革委关于免征易地扶贫搬迁有关政府性基金和行政事业性收费政策的通知》(财税〔2019〕53 号)

《财政部　税务总局　发展改革委　民政部　商务部　卫生健康委关于养老、托育、家政等社区家庭服务业税费优惠政策的公告》(财政部公告 2019 年第 76 号)

**【考点提示 1】**

**缴费义务人**

防空地下室易地建设费的缴费义务人为易地建设人防工程的建设单位。防空地下室，是指结合民用建筑修建的战时可用于防空的地下室。以江苏省为例，《江苏省人民防空工程建设使用规定》：城市和依法确定的人民防空重点镇规划区内新建民用建筑，应当按照不含应建防空地下室的总建筑面积 5%至 9%的比例建设防空地下室。

**【考点提示 2】**

**缴费内容及标准**

建设单位依规定提出易地建设申请，经有批准权限的人防主管部门批准后，应按应建防空地下室的建筑面积和规定的易地建设费标准交纳建设费用，由人防主管部门统一就地就近安排易地建设人防工程；防空地下室易地建设费的收费标准，由省、自治区、直辖市价格主管部门会同同级财政、人防主管部门按照当地防空地下室的造价制定，报国家计委、财政部、国家人防办备案。

**【考点提示 3】**

**减免规定**

对按规定需要配套建设防空地下室的，防空地下室建设要随民用建筑项目计划一同下达，坚持同步配套建设，不得收费。

对以下新建民用建筑项目应适当减免防空地下室易地建设费：

享受政府优惠政策建设的廉租房、经济适用房等居民住房，减半收取；新建幼儿园、学校教学楼、养老院及为残疾人修建的生活服务设施等民用建筑，减半收取；临时民用建筑和不增加面积的危房翻新改造商品住宅项目，予以免收；因遭受水灾、火灾或其他不可抗拒的灾害造成损坏后按原面积修复的民用建筑，予以免收。

防空地下室易地建设费，按照国家国防动员委员会、财政部和省、自治区、直辖市人民政府财政主管部门的规定，全额上缴同级财政预算外专户，实行“收支两条线”管理，专项用于人民防空建设，任何单位和个人不得平调、截留和挪用。

## 考点六　土地闲置费

主要依据：

《中华人民共和国土地管理法》

《中华人民共和国城市房地产管理法》

《闲置土地处置办法》(国土资源部令第 53 号，1999 年 4 月 26 日国土资源部第 6 次部长办公会议通过，2012 年 5 月 22 日国土资源部第 1 次部务会议修订)

《财政部　税务总局　发展改革委　民政部　商务部　卫生健康委关于养老、托育、家政等社区家庭服务业税费优惠政策的公告》(财政部公告 2019 年第 76 号)

**【考点提示 1】**

闲置土地，是指国有建设用地使用权人超过国有建设用地使用权有偿使用合同或者划拨决定书约定、规定的动工开发日期满 1 年未动工开发的国有建设用地。已动工开发但开发建设用地面积占应动工开发建设用地总面积不足三分之一或者已投资额占总投资额不足 25%，中止开发建设满 1 年的国有建设用地，也可以认定为闲置土地。

土地闲置费是指土地使用者依法取得土地使用权后，未经原批准用地的人民政府同意，超过规定的期限未动工开发建设造成土地荒芜、闲置时，由土地使用者向土地行政主管部门缴纳的费用缴纳闲置费。

**缴纳义务人**

具体可以分以下情况：

1. 以出让方式取得的土地使用权。根据《中华人民共和国城市房地产管理法》(2019年修正)第二十六条的规定，以出让方式取得土地使用权进行房地产开发的，必须按照土地使用权出让合同约定的土地用途、动工开发期限开发土地。超过出让合同约定的动工开发日期满1年未动工开发的，可以征收相当于土地使用权出让金20%以下的土地闲置费；满2年未动工开发的，可以无偿收回土地使用权；但是，因不可抗力或者政府、政府有关部门的行为或者动工开发必需的前期工作造成动工开发迟延的除外。

2. 根据《土地管理法》(2019年修正)第三十八条的规定，禁止任何单位和个人闲置、荒芜耕地。已经办理审批手续的非农业建设占用耕地，1年内不用而又可以耕种并收获的，应当由原耕种该幅耕地的集体或者个人恢复耕种，也可以由用地单位组织耕种；1年以上未动工建设的，应当按照省、自治区、直辖市的规定缴纳闲置费；连续2年未使用的，经原批准机关批准，由县级以上人民政府无偿收回用地单位的土地使用权；该幅土地原为农民集体所有的，应当交由原农村集体经济组织恢复耕种。

**【考点提示2】**

**征缴标准**

土地闲置费征收具体标准如下：

1. 已经签订国有土地使用权出让合同的闲置土地，每月的土地闲置费标准为：经营性房地产用地为合同出让金总额的1.2%；一般建设用地为合同出让金总额的0.8%；工业和基础设施用地为合同出让金总额的0.4%。各类用地累计征收土地闲置费总额不超过该宗用地土地使用权出让金合同总额的20%。

2. 未签订国有土地使用权出让合同或未办理划拨用地手续的闲置土地，土地闲置按各地规定的标准征收，计征时间累计不超过24个月。

**【考点提示3】**

**征缴规定**

未动工开发满1年的，由市、县国土资源主管部门报经本级人民政府批准后，向国有建设用地使用权人下达《征缴土地闲置费决定书》，按照土地出让或者划拨价款的20%征缴土地闲置费。土地闲置费不得列入生产成本。市、县国土资源主管部门在作出征缴土地闲置费、收回国有建设用地使用权决定前，应当书面告知国有建设用地使用权人有申请听证的权利。国有建设用地使用权人要求举行听证的，市、县国土资源主管部门应当依照《国土资源听证规定》依法组织听证。

## 考点七　城镇垃圾处理费

主要依据：

《关于实行城市生活垃圾处理收费制度促进垃圾处理产业化的通知》（计价格〔2002〕872号）

《城市生活垃圾管理办法》（建设部令第157号）

《国家发展改革委关于创新和完善促进绿色发展价格机制的意见》（发改价格规〔2018〕943号）

**【考点提示1】**

城镇是指设市城市、县城及建制镇。城镇垃圾是指在城镇日常生活中或者为日常生活提供服务产生的固体废物（不包括医疗废物、工业固体废物、危险废物、植物废物）。具体分为生活垃圾、生产经营垃圾、建筑装潢垃圾。

**缴纳义务人**

按照“谁产生、谁付费”的原则，城镇垃圾处理实行收费制度，用于补偿城镇垃圾无害化集中处理所产生的费用。城镇垃圾处理费属于行政事业性收费，专项用于城镇垃圾收集、运输和处置。

**【考点提示 2】**

**征收依据**

1.《固体废物污染环境防治法》(2020 年修正)第五十八条：县级以上地方人民政府应当按照产生者付费原则，建立生活垃圾处理收费制度。

县级以上地方人民政府制定生活垃圾处理收费标准，应当根据本地实际，结合生活垃圾分类情况，体现分类计价、计量收费等差别化管理，并充分征求公众意见。生活垃圾处理收费标准应当向社会公布。

生活垃圾处理费应当专项用于生活垃圾的收集、运输和处理等，不得挪作他用。

2.《城市市容和环境卫生管理条例》(2017 年修订)第二十九条第二款：凡委托环境卫生专业单位清扫、收集、运输和处理废弃物的，应当交纳服务费。具体办法由省、自治区、直辖市人民政府制定。

## 考点八　国有土地使用权出让收入

国有土地使用权出让收入(以下简称土地出让收入)是政府以出让等方式配置国有土地使用权取得的全部土地价款，包括受让人支付的征地和拆迁补偿费用、土地前期开发费用和土地出让收益等。土地出让收入是地方政府性基金预算收入的重要组成部分。

**【考点提示 1】**

**我国土地出让金制度的发展演变**

我国土地出让金制度的初步形成应该从 1988 年的《宪法》修正

案算起。1987 年 11 月，全国很多城市都开展了土地出让制度改革试点，先后制定和颁布了地方性的土地使用权出让有关条例或规定。但直到 1988 年《宪法》修正案规定“土地的使用权可以按照法律的规定转让”，这才为土地使用权的合法出让扫清了根本上的障碍。这一全国性法律的开始颁布实施，标志着土地使用权出让正式纳入制度化和法制化的轨道。

此后的《土地管理法》修改议案和《中华人民共和国城镇国有土地使用权出让和转让暂行条例》，都对土地使用权出让、转让、出租等问题进行了尝试性的规定，并要求相对成熟的城市先行开展城镇国有土地使用权的出让和转让试点。

1994 年，《中华人民共和国城市房地产管理法》对土地出让的方式作出了明确规定：土地使用权出让，可以采取拍卖、招标或者双方协议的方式；商业、旅游、娱乐和豪华住宅用地，有条件的，必须采取拍卖、招标方式；没有条件，不能采取拍卖、招标方式的，可以采取双方协议的方式。采取双方协议方式出让土地使用权的出让金不得低于按国家规定所确定的最低价。这些法律法规的修订和制定为土地出让制度提供了法律保障，健全了土地出让方面的法律法规体系。至 1994 年上半年，全国所有省、区、市已全部试行土地出让金制度。土地市场在双轨制的模式中运行，市场机制形成的地价比例在逐步上升，除土地出让外，还出现以补地价的形式改变原行政划拨性质及土地使用权抵押、作价入股等形式。但是，由于该法没有对拍卖、招标等方式进行严格规定，协议出让成为各级地方政府在土地使用权出让的实际操作中最为常见的方式。

经过数年的实践，按照协议方式出让土地使用权暴露出大量问题，寻租现象、“暗箱操作”、国有土地收益流失现象频繁。在 1999—2000 年开展的全国土地证书年检过程中，国土资源部查出非法占用、转让、出租、抵押和改变用途的用地 51 万多宗，并对其分别作了补办手续、限期拆除、罚款等处罚，共收到补交土地收益(含出让金)15 亿元，补交税款 1 亿多元。为此，2001 年 4 月 30 日国务院颁布的《关于加强国有土地资产管理的通知》(国发〔2001〕15 号)规定：商业性房地产开发用地和其他土地供应计划发布后，同一地块有两个以上意向用地者的，都必须由市、县人民政府土地行政管理部门依法以招标、拍卖方式提供；国有土地使用权招标拍卖必须公开进行，要严格限制协议用地范围；确实不能采取招标拍卖方式的，方可采用协议方式。采用协议方式供地的，必须做到在地价评估基础上，集体审核确定协议价格，协议结果向社会公开。

以两个重要政策出台的文件为界，我国土地出让金制度表现出了产生、初步发展和深入调整三个明显的阶段性特征：1990 年国务院颁布《中华人民共和国城镇国有土地使用权出让和转让暂行条例》(中华人民共和国国务院第 55 号令)，改变了过去单一的行政划拨供地制度，宣告了我国土地出让金制度的确立。但之后的十多年里，行政划拨仍是最主要的供地方式，2000 年之后土地出让的比例才开始攀升，但划拨仍是主要的供地方式之一，土地使用制度的二元化特征明显，在出让土地中，协议出让占据着主导地位。直到 2002 年国土资源部发布《招标拍卖挂牌出让国有土地使用权规定》(国土资源部令第 11 号)叫停沿用多年的协议出让经营性土地，这种情况才出现转机，之后招标拍卖挂牌出让方式日益扩展，成为近几年来影响最大的供地方式。

《招标拍卖挂牌出让国有土地使用权规定》要求全国范围内经营性土地出让全部实行招标、拍卖、挂牌制度(以下简称“招拍挂”制度)，其他土地的供应计划公布后，同一宗土地有两个或两个意向用地者的，也要采用“招拍挂”的方式出让土地。2003 年 6 月，国土资源部发布《协议出让国土使用权规定》(国土资源部令第 21 号),对协议出让的范围、程序和价格等全过程都做了非常严格具体的规定,以协议方式出让国有土地使用权的出让金不得低于按国家规定所确定的最低价。协议出让最低价不得低于新增建设用地的土地有偿使用费、征地(拆迁)补偿费用以及按照国家规定应当缴纳的有关税费之和;有基准地价的地区,协议出让最低价不得低于出让地块所在级别基准地价的 70%。2004 年 10 月发布的《国务院关于深化改革严格土地管理的决定》(国发〔2004〕28 号)再次强调"禁止非法压低地价招商",要求省级政府要依照基准地价制定并公布协议出让土地最低价标准;协议出让土地除必须严格执行规定程序外,出让价格不得低于最低价标准。

2007 年 10 月 9 日国土资源部发布了《招标拍卖挂牌出让国有建设用地使用权规定》,规定"受让人依照国有建设用地使用权出让合同的约定付清全部土地出让价款后,方可申请办理土地登记,领取国有建设用地使用权证书","未按出让合同约定缴清全部土地出让价款的,不得发放国有建设用地使用权证书,也不得按出让价款缴纳比例分割发放国有建设用地使用权证书。"这是物权法推出之后,国土资源部根据物权法制定的首个土地调控新政。

至此,国土资源部通过出台《划拨用地目录》《招标拍卖挂牌出让国有土地使用权规定》《协议出让国有土地使用权规定》《关于发布实施(全国工业用地出让最低价标准)的通知》和《招标拍卖挂牌出让国有建设用地使用权规定》这五个部门规章,完成了对城镇国有土地总体供给及出让方式的规范,也实现了土地出让金制度的深入调整。同时在很大程度上维护了社会公众利益,遏制了土地使用权出让过程中滋生的腐败现象。上述法律法规构成了我国土地使用权出让制度的法律框架,现阶段我国土地使用权的出让基本上是在这个比较完备的法律框架下进行的。

**【考点提示 2】**

**征收范围**

按照《国务院办公厅关于规范国有土地出让收支管理的通知》（国办发〔2006〕100 号）规定，国有土地使用权出让收入征收范围为：

1. 以招标拍卖挂牌和协议方式出让国有土地使用权所确定的总成交价款；

2. 转让划拨国有土地使用权或依法利用原划拨土地进行经营性建设应当补缴的土地价款；

3. 变现处置抵押划拨国有土地使用权应当补缴的土地价款；

4. 转让房改房、经济适用住房按照规定应当补缴的土地价款；

5. 改变出让国有土地使用权的土地用途、容积率等土地使用条件应当补缴的土地价款；

6. 国土资源管理部门依法出租国有土地向承租者收取的土地租金收入；

7. 出租划拨土地上的房屋应当上缴的土地收益；

8. 以划拨方式取得国有土地使用权，依法缴纳的土地补偿费、安置补助费、地上附着物和青苗补偿费、拆迁补偿费等（不含征地管理费）；

9. 其他和国有土地使用权出让或变更有关的收入。

**【考点提示 3】**

**缴纳主体**

国有土地使用权出让收入的缴纳主体为国有土地使用权受让人。

市、县国土资源管理部门与国有土地使用权受让人在签订土地出让合同时，应当明确约定该国有土地使用权受让人应当缴纳的土地出让收入具体数额、缴交地方国库的具体时限以及违约责任等内容。

**【考点提示 4】**

**征缴流程**（见附录 4）

**【考点提示 5】**

**违规处理**

任何地区、部门和单位都不得以“招商引资”“旧城改造”“国有企业改制”等各种名义减免土地出让收入，实行“零地价”，甚至“负地价”，或者以土地换项目、先征后返、补贴等形式变相减免土地出让收入；也不得违反规定通过签订协议等方式，将应缴地方国库的土地出让收入，由国有土地使用权受让人直接将征地和拆迁补偿费支付给村集体经济组织或农民等。

土地出让合同、征地协议等应约定对土地使用者不按时足额缴纳土地出让收入的，按日加收违约金额1‰的违约金。违约金随同土地出让收入一并缴入地方国库。对违反本通知规定，擅自减免、截留、挤占、挪用应缴国库的土地出让收入，不执行国家统一规定的会计、政府采购等制度的，要严格按照土地管理法、会计法、审计法、政府采购法、《财政违法行为处罚处分条例》（国务院令第 427 号）和《金融违法行为处罚办法》（国务院令第 260 号）等有关法律法规进行处理，并依法追究有关责任人的责任；触犯刑法的，依法追究有关人员的刑事责任。

## 考点九　矿产资源专项收入

矿产资源专项收入是指中央分成（收取）的矿产资源补偿费、探矿权采矿权使用费和探矿权采矿权价款收入。矿产资源专项收入纳入财政预算管理，专款专用，任何单位和个人不得截留、挤占和挪用。

2017 年国务院发布《关于印发矿产资源权益金制度改革方案的通知》（国发〔2017〕29 号），对矿产资源权益金制度进行改革。主要措施有：

1. 在矿业权出让环节，将探矿权采矿权价款调整为矿业权出让收益。将现行只对国家出资探明矿产地收取、反映国家投资收益的探矿权采矿权价款，调整为适用于所有国家出让矿业权、体现国家所有者权益的矿业权出让收益。以拍卖、挂牌方式出让的，竞得人报价金额为矿业权出让收益；以招标方式出让的，依据招标条件，综合择优确定竞得人，并将其报价金额确定为矿业权出让收益。以协议方式出让的，矿业权出让收益按照评估价值、类似条件的市场基准价就高确定。矿业权出让收益在出让时一次性确定，以货币资金方式支付，可以分期缴纳。具体征收办法由财政部会同国土资源部另行制定。同时，加快推进矿业权出让制度改革，实现与矿产资源权益金制度有机衔接。全面实现矿业权竞争性出让，严格限制协议出让行为，合理调整矿业权审批权限。

矿业权出让收益中央与地方分享比例确定为 4∶6，兼顾矿产资源国家所有与矿产地利益，保持现有中央和地方财力格局总体稳定，与我国矿产资源主要集中在中西部地区的国情相适应，同时有效抑制私挖乱采、贱卖资源行为。

2. 在矿业权占有环节，将探矿权采矿权使用费整合为矿业权占用费。将现行主要依据占地面积、单位面积按年定额征收的探矿权采矿权使用费，整合为根据矿产品价格变动情况和经济发展需要实行动态调整的矿业权占用费，有效防范矿业权市场中的“跑马圈地”“圈而不探”行为，提高矿产资源利用效率。

矿业权占用费中央与地方分享比例确定为 2∶8，不再实行探矿权采矿权使用费按照登记机关分级征收的办法。具体办法由财政部会同国土资源部制定。

3. 在矿产开采环节，组织实施资源税改革。贯彻落实党中央、国务院决策部署，做好资源税改革组织实施工作，对绝大部分矿产资源品目实行从价计征，使资源税与反映市场供求关系的资源价格挂钩，建立税收自动调节机制，增强税收弹性。同时，按照清费立税原则，将矿产资源补偿费并入资源税，取缔违规设立的各项收费基金，改变税费重复、功能交叉状况，规范税费关系。

4. 在矿山环境治理恢复环节，将矿山环境治理恢复保证金调整为矿山环境治理恢复基金。按照“放管服”改革的要求，将现行管理方式不一、审批动用程序复杂的矿山环境治理恢复保证金，调整为管理规范、责权统一、使用便利的矿山环境治理恢复基金，由矿山企业单设会计科目，按照销售收入的一定比例计提，计入企业成本，由企业统筹用于开展矿山环境保护和综合治理。有关部门根据各自职责，加强事中事后监管，建立动态监管机制，督促企业落实矿山环境治理恢复责任。

**【考点提示 1】**

**矿业权出让收益**

根据《国务院关于印发矿产资源权益金制度改革方案的通知》（国发〔2017〕29 号）的规定，财政部、国土资源部制定了《矿业权出让收益征收管理暂行办法》（财综〔2017〕35 号）。

1. 矿业权出让收益是国家基于自然资源所有权，将探矿权、采矿权（以下简称矿业权）出让给探矿权人、采矿权人（以下简称矿业权人）而依法收取的国有资源有偿使用收入。矿业权出让收益包括探矿权出让收益和采矿权出让收益。

矿业权出让收益为中央和地方共享收入，由中央和地方按照 4∶6 的比例分成，纳入一般公共预算管理，地质调查及矿山生态环境修复等相关支出，由同级财政予以保障。地方分成的矿业权出让收益在省（自治区、直辖市）、市、县级之间的分配比例，由省级人民政府确定。

2. 在中华人民共和国领域及管辖海域勘查、开采矿产资源的矿业权人，应依照本办法缴纳矿业权出让收益。

探矿权人转让探矿权，未缴纳的探矿权出让收益由受让人承担缴纳义务。矿业权人转让矿业权并分期缴纳出让收益，矿业权人需缴清已到期的部分，剩余矿业权出让收益由受让人继续缴纳。探矿权转为矿业权的，不再另行缴纳矿业权出让收益。探矿权未转为矿业权的，剩余探矿权出让收益不再缴纳。

3. 通过招标、拍卖、挂牌等竞争方式出让矿业权的，矿业权出让收益按招标、拍卖、挂牌的结果确定。通过协议方式出让矿业权的，矿业权出让收益按照评估价值、市场基准价就高确定。市场基准价由地方矿产资源主管部门参照类似市场条件定期制定，经省级人民政府同意后公布执行。

探矿权增列矿种以及采矿权增列矿种、增加资源储量的，增列、增加的部分比照协议出让方式，在采矿权阶段征收采矿权出让收益。对国家鼓励实行综合开发利用的矿产资源，国家另有规定的，从其规定。

4. 矿业权出让收益原则上通过出让金额的形式征收。竞争出让矿业权，以出让金额为标的的，矿业权出让收益底价不得低于矿业权市场基准价。对属于资源储量较大、矿山服务年限较长、市场风险较高等情形的矿业权，可探索通过矿业权出让收益率的形式征收。出让收益率，是指矿业权出让收益占矿产品销售收入的比率。以出让收益率为标的的，出让收益底价由矿业权出让收益基准率确定。矿业权出让收益基准率，由省级矿产资源主管部门、财政部门确定，并根据矿产品价格变化和经济发展需要，进行适时调整，报经省级人民政府同意后公布执行。具体征收形式由矿业权出让机关依据资源禀赋、勘查开发条件和宏观调控要求等因素进行选择。

5. 征收标准。

以出让金额形式征收的矿业权出让收益，低于规定额度的，可一次性征收；高于规定额度的，可按以下原则分期缴纳：

(1) 探矿权人在取得勘查许可证前，首次缴纳比例不得低于探矿权出让收益的20%；剩余部分在转为采矿权后，在采矿权有效期内按年度缴纳。

(2) 采矿权人在取得采矿许可证前，首次缴纳比例不得低于采矿权出让收益的20%；剩余部分在采矿权有效期内分年度缴纳。

一次性缴纳标准、首次缴纳比例和分期缴纳年限，由省级财政部门、矿产资源主管部门制定。

以出让收益率确定的矿业权出让收益，在矿山开采时按年度征收，计算公式为：

年度矿业权出让收益＝矿业权出让收益率×矿产品年度销售收入

对于国土资源部登记的油气等重点矿种，国土资源部可对矿业权出让收益市场基准价、出让收益基准率、分期缴纳等制定统一标准。

采矿权人开采完毕注销采矿许可证前，应当缴清采矿权出让收益。因国家政策调整、重大自然灾害和破产清算等原因注销采矿许可证的，采矿权出让收益按照采矿权实际动用的资源储量进行核定，实行多退少补。

6. 征缴流程(见附录4)。

**【考点提示2】**

**矿业权占用费**

1.《矿产资源开采登记管理办法》第九条规定，国家实行采矿权有偿取得的制度。采矿权使用费，按照矿区范围的面积逐年缴纳，标准为每平方公里每年1 000元。第十条规定，申请国家出资勘查并已经探明矿产地的采矿权的，采矿权申请人除依照本办法第九条的规定缴纳采矿权使用费外，还应当缴纳经评估确认的国家出资勘查形成的采矿权价款。

2.《财政部　国土资源部关于印发探矿权采矿权使用费和价款管理办法的通知》(财综字〔1999〕74号)第二条规定，在中华人民共和国领域及管辖域勘查、开采矿产资源，均需按规定缴纳探矿权采矿权使用费、价款。第五条规定，采矿权使用费按矿区范围面积逐年缴纳，每平方公里每年 1 000 元。第七条规定，探矿权采矿权使用费和价款由探矿权采矿权登记管理机关负责收取。

3. 1998 年颁布《矿产资源勘查区块登记管理办法》（中华人民共和国国务院令第 240 号，2014 年 7 月 9 日国务院第 54 次常务会议对部分条款予以修改），并作出以下规定：

第八条　登记管理机关应当自收到申请之日起 40 日内，按照申请在先的原则作出准予登记或者不予登记的决定，并通知探矿权申请人。对申请勘查石油、天然气的，登记管理机关还应当在收到申请后及时予以公告或者提供查询。登记管理机关应当保证国家地质勘查计划一类项目的登记，具体办法由国务院地质矿产主管部门会同国务院计划主管部门制定。需要探矿权申请人修改或者补充本办法第六条规定的资料的，登记管理机关应当通知探矿权申请人限期修改或者补充。准予登记的，探矿权申请人应当自收到通知之日起 30 日内，依照本办法第十二条的规定缴纳探矿权使用费，并依照本办法第十三条的规定缴纳国家出资形成的探矿权价款，办理登记手续，领取勘查许可证，成为探矿权人。不予登记的，登记管理机关应当向探矿权申请人说明理由。

第十二条　国家实行探矿权有偿取得的制度。探矿权使用费以勘查年度计算，逐年缴纳。探矿权使用费标准：第一个勘查年度至第三个勘查年度，每平方公里每年缴纳 100 元；从第四个勘查年度起，每平方公里每年增加 100 元，但是最高不得超过每平方公里每年 500 元。

第十三条　申请国家出资勘查并已经探明矿产地的区块的探矿权的，探矿权申请人除依照本办法第十二条的规定缴纳探矿权使用费外，还应当缴纳国家出资勘查形成的探矿权价款；探矿权价款按照国家有关规定,可以一次缴纳,也可以分期缴纳。国家出资勘查形成的探矿权价款,由具有矿业权评估资质的评估机构进行评估;评估报告报登记管理机关备案。

第十四条　探矿权使用费和国家出资勘查形成的探矿权价款,由登记管理机关收取,全部纳入国家预算管理。具体管理、使用办法,由国务院地质矿产主管部门会同国务院财政部门、计划主管部门制定。

第十五条　有下列情形之一的,由探矿权人提出申请,经登记管理机关按照国务院地质矿产主管部门会同国务院财政部门制定的探矿权使用费和探矿权价款的减免办法审查批准,可以减缴、免缴探矿权使用费和探矿权价款:国家鼓励勘查的矿种;国家鼓励勘查的区域;国务院地质矿产主管部门会同国务院财政部门规定的其他情形。

4. 根据《国务院关于印发矿产资源权益金制度改革方案的通知》(国发〔2017〕29 号)的规定,在矿业权占有环节,将探矿权采矿权使用费整合为矿业权占用费。

5. 征缴流程(见附录 4)。

## 考点十　海域使用金

《中华人民共和国海域使用管理法》第三十三条规定,国家实行海域有偿使用制度。单位和个人使用海域,应当按照国务院的规定缴纳海域使用金。海域使用金应当按照国务院的规定上缴财政。对渔民使用海域从事养殖活动收取海域使用金的具体实施步骤和办法,由国务院另行规定。

**【考点提示 1】**

**征收方式及标准**

1. 根据不同的用海性质或者情形,海域使用金可以按照规定一次缴纳或者按年度逐年缴纳。

2. 海域使用金统一按照用海类型、海域等别以及相应的海域使用金征收标准计算征收。其中，对填海造地、非透水构筑物、跨海桥梁和海底隧道等项目用海实行一次性计征海域使用金，对其他项目用海按照使用年限逐年计征海域使用金。使用海域不超过6个月的，按年征收标准的50%一次性计征海域使用金；超过6个月不足1年的，按年征收标准一次性计征海域使用金。经营性临时用海按年征收标准的25%一次性计征海域使用金。对于一次性计征的海域使用金，用海单位和个人一次性缴纳确有困难的，经海洋行政主管部门批准后，可以采取分期缴纳方式，但最后一次缴纳海域使用金的期限不得超过项目用海的施工期限。

3. 财政部会同国家海洋局将根据海域、无居民海岛资源环境承载能力和国民经济社会发展情况，综合评估用海用岛需求、海域和无居民海岛使用权价值、生态环境损害成本、社会承受能力等因素的变化，建立价格监测评价机制，对海域、无居民海岛使用金征收标准进行动态调整。

4. 为提高海域资源配置效率，除国家重点建设项目用海、国防建设项目用海、传统赶海区、海洋保护区、有争议的海域、涉及公共利益的海域以及法律法规规定的其他用海情形以外，各地在同一海域具有两个以上意向用海单位或个人的，应依法采取招标、拍卖方式出让海域使用权。以招标、拍卖方式取得海域使用权的项目用海，海域使用金征收金额按照招标、拍卖的成交价款确定。海洋行政主管部门会同同级财政部门制定海域使用权招标、拍卖方案时，招标、拍卖的底价不得低于按照用海类型、海域等别、相应的海域使用金征收标准、海域使用面积以及使用年限计算的海域使用金金额。

5. 为贯彻落实《生态文明体制改革总体方案》以及《海域、无居民海岛有偿使用的意见》要求，充分发挥海域使用金征收标准经济杠杆的调控作用，提高用海生态门槛，引导海域开发利用布局优化和海洋产业结构调整，2018 年财政部印发《调整海域 无居民海岛使用金征收标准》的通知（财综〔2018〕15 号）。具体内容见附录 5。

**【考点提示 2】**

**减免规定**

下列用海，免缴海域使用金：军事用海；公务船舶专用码头用海；非经营性的航道、锚地等交通基础设施用海；教学、科研、防灾减灾、海难搜救打捞等非经营性公益事业用海。

下列用海，按照国务院财政部门和国务院海洋行政主管部门的规定，经有批准权的人民政府财政和海洋行政主管部门审查批准，可以减缴或者免缴海域使用金：公用设施用海；国家重大建设项目用海；养殖用海。

**【考点提示 3】**

**征缴流程**（见附录 4）。

## 考点十一　无居民海岛使用金

无居民海岛使用金，是指国家在一定年限内出让无居民海岛使用权，由无居民海岛使用者依法向国家缴纳的无居民海岛使用权价款，不包括无居民海岛使用者取得无居民海岛使用权应当依法缴纳的其他相关税费。

无居民海岛使用金实行中央地方分成。其中 20%缴入中央国库，80%缴入地方国库。地方分成的无居民海岛使用金在省（自治区、直辖市，以下简称省）、市、县级之间的分配比例，由沿海各省级人民政府财政部门确定，报省级人民政府批准后执行。

**【考点提示 1】**

**缴费主体**

根据财政部 国家海洋局关于印发《无居民海岛使用金征收使

用管理办法》(财综〔2010〕44号)的通知,单位和个人利用无居民海岛,应当经国务院或者沿海省、自治区、直辖市人民政府依法批准,并按照本办法规定缴纳无居民海岛使用金。未足额缴纳无居民海岛使用金的,海洋主管部门不得办理无居民海岛使用权证书。

无居民海岛使用权可以通过申请审批方式出让,也可以通过招标、拍卖、挂牌的方式出让。其中,旅游、娱乐、工业等经营性用岛有两个及两个以上意向者的,一律实行招标、拍卖、挂牌方式出让。未经批准,无居民海岛使用者不得转让、出租和抵押无居民海岛使用权,不得改变海岛用途和用岛性质。

**【考点提示2】**

**征收标准**

1. 无居民海岛使用权出让实行最低价限制制度。无居民海岛使用权出让最低价标准由国务院财政部门会同国务院海洋主管部门根据无居民海岛的等别、用岛类型和方式、离岸距离等因素,适当考虑生态补偿因素确定,并适时进行调整。

无居民海岛使用权出让价款不得低于无居民海岛使用权出让最低价。

无居民海岛使用权出让最低价的计算公式为:

$$\text{无居民海岛使用权出让最低价}=\text{无居民海岛使用权出让面积}\times\text{使用年限}\times\text{无居民海岛使用权出让最低价标准}$$

公式中无居民海岛使用权出让面积以无居民海岛使用批准文件确定的开发利用面积为准。

无居民海岛使用权出让前应当由具有资产评估资格的中介机构对出让价款进行预评估,评估结果作为政府决策的参考依据。有关评估管理规定由国务院财政部门会同国务院海洋主管部门制定。

2. 征收标准调整。

《生态文明体制改革总体方案》提出:“建立无居民海岛使用金

征收标准调整机制”,“建立健全无居民海岛使用权招拍挂出让制度”。由此对征收标准调整提出了明确的路线图和时间表。

《国务院关于全民所有自然资源资产有偿使用制度改革的指导意见》(国发〔2010〕82号)要求“建立完善无居民海岛使用权出让价格评估管理制度和技术标准,建立无居民海岛使用权出让最低标准动态调整机制”。

《海域、无居民海岛有偿使用的意见》进一步明确了要通过提高用岛生态门槛,完善市场化配置方式,加强有偿使用监管等措施,建立符合无居民海岛资源价值规律的有偿使用制度。

为贯彻落实《生态文明体制改革总体方案》以及《海域、无居民海岛有偿使用的意见》要求,充分发挥海域使用金征收标准经济杠杆的调控作用,提高用海生态门槛,引导海域开发利用布局优化和海洋产业结构调整,2018年财政部印发《调整海域 无居民海岛使用金征收标准》的通知(财综〔2018〕15号)。具体内容见附录6。

**【考点提示3】**

**征缴规定**

无居民海岛使用金按照批准的使用年限实行一次性计征。

应缴纳的无居民海岛使用金额度超过1亿元的,无居民海岛使用者可以提出申请,经批准用岛的海洋主管部门商同级财政部门同意后,可以在3年时间内分次缴纳。分次缴纳无居民海岛使用金的,首次缴纳额度不得低于总额度的50%。在首次缴纳无居民海岛使用金后,由国务院海洋主管部门或者省级海洋主管部门依法颁发无居民海岛使用临时证书;全部缴清无居民海岛使用金后,由国务院海洋主管部门或者省级海洋主管部门依法换发无居民海岛使用权证书。无居民海岛使用者申请分次缴纳无居民海岛使用金的申请和批准程序,按照本办法规定的免缴无居民海岛使用金的申请和核准程序执行。

征缴流程见附录 4。

**【考点提示 4】**

**减免规定**

1. 下列用岛免缴无居民海岛使用金：

（1）国防用岛；

（2）公务用岛，指各级国家行政机关或者其他承担公共事务管理任务的单位依法履行公共事务管理职责的用岛；

（3）教学用岛，指非经营性的教学和科研项目用岛；

（4）防灾减灾用岛；

（5）非经营性公用基础设施建设用岛，包括非经营性码头、桥梁、道路建设用岛，非经营性供水、供电设施建设用岛，不包括为上述非经营性基础设施提供配套服务的经营性用岛；

（6）基础测绘和气象观测用岛；

（7）国务院财政部门、海洋主管部门认定的其他公益事业用岛。

2. 免缴无居民海岛使用金的，应当依法申请并经核准。申请人应当在收到《无居民海岛使用金缴款通知书》之日起 30 日内，按照下列规定提出免缴无居民海岛使用金的书面申请，逾期不予受理：

（1）申请人申请免缴国务院审批项目用岛应缴的无居民海岛使用金，应当分别向国务院财政、海洋主管部门提出书面申请；

（2）申请人申请免缴省级人民政府审批项目用岛应缴的无居民海岛使用金，应当分别向项目所在地的省级财政、海洋主管部门提出书面申请。

3. 申请人申请免缴无居民海岛使用金，应当提交下列相关资料：

（1）免缴无居民海岛使用金的书面申请，包括免缴理由、免缴金额、免缴期限等内容；

(2) 能够证明项目用岛性质的相关证明材料；

(3) 省级以上财政、海洋主管部门认为应当提交的其他相关材料。

4. 国务院财政、海洋主管部门原则上应当在收到申请人的申请后 60 日内，由国务院海洋主管部门对免缴无居民海岛使用金的合法性提出初审意见，经同级财政部门审核同意后，由国务院财政部门会同同级海洋主管部门以书面形式批复申请人。

省级财政、海洋主管部门原则上应当在收到申请人的申请后 60 日内，由省级海洋主管部门对免缴无居民海岛使用金的合法性提出初审意见，经同级财政部门审核同意后，由省级财政部门会同同级海洋主管部门以书面形式批复申请人。

5. 经依法核准免缴无居民海岛使用金的用岛项目，申请转让无居民海岛使用权或者改变海岛用途和用岛性质的，应当按照有关规定重新履行无居民海岛使用金免缴申请和报批手续。

6. 省级以上财政、海洋主管部门应当严格按照规定权限核准免缴无居民海岛使用金。其他任何部门和单位均不得核准免缴无居民海岛使用金。

**【考点提示 5】**

**违规处理**

无居民海岛使用者未按规定及时足额缴纳无居民海岛使用金的，按日加收 1‰的滞纳金。滞纳金随同无居民海岛使用金按规定分成比例和科目一并缴入相应级次国库。

拒不缴纳无居民海岛使用金的，由依法颁发无居民海岛使用权证书的海洋主管部门无偿收回无居民海岛使用权。

# 第二部分　随章练习

## 一、单项选择题

1. 下列项目属于 2021 年 7 月 1 日全国全面划转税务机关征收的是（　　）。

A. 水土保持补偿费　　B. 土地闲置费

C. 国有土地使用权出让收入　　D. 排污权出让收入

**【参考答案】** B

**【答案解析】** 根据党中央、国务院关于政府非税收入（以下简称“非税收入”）征管职责划转的有关要求，国家税务总局发布《关于水土保持补偿费等政府非税收入项目征管职责划转有关事项的公告》（国家税务总局公告 2020 年第 21 号）要求，自 2021 年 1 月 1 日起，水土保持补偿费、地方水库移民扶持基金、排污权出让收入、防空地下室易地建设费划转至税务部门征收。征收范围、征收对象、征收标准等政策仍按现行规定执行。

2021 年 3 月 26 日，财政部发布《关于土地闲置费、城镇垃圾处理费划转税务部门征收的通知》（财税〔2021〕8 号）要求，自 2021 年 7 月 1 日起，将自然资源部门负责征收的土地闲置费、住房城乡建设等部门负责征收的按行政事业性收费管理的城镇垃圾处理费划转至税务部门征收。

2021 年 6 月 4 日财政部、自然资源部、税务总局、人民银行公开了《关于将国有土地使用权出让收入、矿产资源专项收入、海域使用金、无居民海岛使用金四项政府非税收入划转税务部门征收有关问题的通知》（财综〔2021〕19 号），决定将由自然资源部门征收的上述四项非税收入，全部划转给税务部门负责征收。其中河北、上海等七地自 2021 年 7 月 1 日开始试点,2022 年 1 月 1 日起在全国全面实施这项征管划转工作。所以,选项 B 正确。

2. 应缴纳库区基金的大中型水库应在每月终了后(　　)日内,按规定上缴库区基金。

A. 7　　B. 10　　C. 15　　D. 20

**【参考答案】** A

**【答案解析】** 应缴纳库区基金的大中型水库应在每月终了后 7 日内,按规定上缴库区基金。

3. 下列关于防空地下室易地建设费减免的说法不正确的是(　　)。

A. 享受政府优惠政策建设的廉租房、经济适用房等居民住房,减半收取

B. 新建幼儿园、学校教学楼、养老院及为残疾人修建的生活服务设施等民用建筑,予以免收

C. 临时民用建筑和不增加面积的危房翻新改造商品住宅项目,予以免收

D. 因遭受水灾、火灾或其他不可抗拒的灾害造成损坏后按原面积修复的民用建筑,予以免收

**【参考答案】** B

**【答案解析】** 新建幼儿园、学校教学楼、养老院及为残疾人修建的生活服务设施等民用建筑,减半收取。选项 B 说法不正确。

4. 下列关于矿业权出让收益的说法,不正确的是(　　)。

A. 探矿权人转让探矿权,未缴纳的探矿权出让收益由转让人承担缴纳义务

B. 探矿权未转为采矿权的,剩余探矿权出让收益不再缴纳

C. 通过协议方式出让矿业权的,矿业权出让收益按照评估价值、

市场基准价就高确定

D. 竞争出让矿业权，以出让金额为标的的，矿业权出让收益底价不得低于矿业权市场基准价

【参考答案】 A

【答案解析】 探矿权人转让探矿权，未缴纳的探矿权出让收益由受让人承担缴纳义务。

5. 下列关于无居民海岛使用金的说法错误的是（　　）。

A. 无居民海岛使用金按照批准的使用年限实行一次性计征

B. 应缴纳的无居民海岛使用金额度超过 1 亿元的，无居民海岛使用者可以提出申请，经批准用岛的海洋主管部门商同级财政部门同意后，可以在 3 年时间内分次缴纳

C. 分次缴纳无居民海岛使用金的，首次缴纳额度不得低于总额度的 50%

D. 无居民海岛使用者未按规定及时足额缴纳无居民海岛使用金的，按日加收 2‰的滞纳金

【参考答案】 D

【答案解析】 无居民海岛使用者未按规定及时足额缴纳无居民海岛使用金的，按日加收 1‰的滞纳金。

**二、多项选择题**

1. 自 2021 年 1 月 1 日起，下列（　　）项目划转至税务部门征收。

A. 水土保持补偿费　　B. 中央水库移民扶持基金

C. 排污权出让收入　　D. 防空地下室易地建设费

【参考答案】 ACD

【答案解析】 自 2021 年 1 月 1 日起，水土保持补偿费、地方水库移民扶持基金、排污权出让收入、防空地下室易地建设费划转至税务部门征收。选项 B 不正确。

2. 下列(　　)项目将于2022年1月1日全国全面划转税务机关征收。

A. 水土保持补偿费

B. 土地闲置费

C. 国有土地使用权出让收入

D. 海域使用金

**【参考答案】** CD

**【答案解析】** 2021年6月4日财政部、自然资源部、税务总局、人民银行公开了《关于将国有土地使用权出让收入、矿产资源专项收入、海域使用金、无居民海岛使用金四项政府非税收入划转税务部门征收有关问题的通知》(财综〔2021〕19号),决定将由自然资源部门征收的上述四项非税收入,全部划转给税务部门负责征收。其中河北、上海等七地自7月1日开始试点,2022年1月1日起在全国全面实施这项征管划转工作。所以,选项CD正确。

3. 下列为水土保持补偿费的缴纳义务人的有(　　)。

A. 在山区开办砖厂的单位

B. 在丘陵区采石的个人

C. 在风沙区烧制石灰的企业

D. 在平原排放废弃土的企业

**【参考答案】** ABC

**【答案解析】** 在山区、丘陵区、风沙区以及水土保持规划确定的容易发生水土流失的其他区域开办生产建设项目或者从事其他生产建设活动,损坏水土保持设施、地貌植被,不能恢复原有水土保持功能的单位和个人为水土保持补偿费的缴纳义务人。前款所称其他生产建设活动包括:取土、挖砂、采石(不含河道采砂);烧制砖、瓦、瓷、石灰;排放废弃土、石、渣。所以,选项D不正确。

4. 下列关于水土保持补偿费收费标准的说法正确的有(　　)。

A. 开采矿产资源的,建设期间,按照征占用土地面积一次性计征

B. 开采期间,石油、天然气按照开采量计征

C. 取土、挖砂(河道采砂除外)、采石以及烧制砖、瓦、瓷、石灰的,根据取土、挖砂、采石量计征

D. 对水利水电工程建设项目,水库淹没区不在水土保持补偿费计征范围之内

【参考答案】 ACD

【答案解析】 开采期间,石油、天然气以外的矿产资源按照开采量(采掘、采剥总量)计征。石油、天然气根据油、气生产井(不包括水井、勘探井)占地面积按年征收,每口油、气生产井占地面积按不超过 2 000 平方米计算;对丛式井每增加一口井,增加计征面积按不超过 400 平方米计算,每平方米每年收费由不超过 2 元降为不超过 1.4 元。所以,选项 B 不正确。

5. 排污权出让收入的缴费主体包括(　　)。

A. 现有排污单位

B. 新建项目排污权

C. 改建、扩建项目新增排污权

D. 排放污染物的个人

【参考答案】 ABC

【答案解析】 排污权出让收入的缴费主体包括:现有排污单位;新建项目排污权和改建、扩建项目新增排污权。D 选项排污单位为缴费主体。

6. 下列关于排污权出让收入的说法正确的有(　　)。

A. 现有排污单位取得排污权,原则上采取公开拍卖方式

B. 新建项目排污权和改建、扩建项目新增排污权,原则上通过定

额出让方式取得

C. 排污权出让收入按次缴纳。缴纳排污权使用费金额较大、一次性缴纳确有困难的排污单位，可在排污权有效期内分次缴纳，首次缴款不得低于应缴总额的 40%

D. 排污单位应当自接到地方环境保护部门送达的排污权使用费缴纳通知单之后，自主填写《非税收入通用申报表》，向税务登记确认的主管税务机关申报缴纳排污权出让收入

【参考答案】 CD

【答案解析】 现有排污单位取得排污权，原则上采取定额出让方式，出让标准由试点地区价格、财政、环境保护部门根据当地污染治理成本、环境资源稀缺程度、经济发展水平等因素确定，在试点初期可暂免缴纳排污权使用费。新建项目排污权和改建、扩建项目新增排污权，原则上通过公开拍卖方式取得，拍卖底价可参照定额出让标准。所以选项 AB 不正确。

7. 下列(　　)土地可认定为闲置土地。

A. 国有建设用地使用权人超过国有建设用地使用权合同约定的动工开发日期满 1 年未动工开发的国有建设用地

B. 已动工开发但开发建设用地面积占应动工开发建设用地总面积不足三分之一，中止开发建设满 1 年的国有建设用地

C. 已动工开发但已投资额占总投资额不足 25%，中止开发建设满 1 年的国有建设用地

D. 已投资 50%，但由于资金问题中止开发建设满 2 年的国有建设用地

【参考答案】 ABC

【答案解析】 闲置土地，是指国有建设用地使用权人超过国有建设用地使用权有偿使用合同或者划拨决定书约定、规定的动工开

发日期满 1 年未动工开发的国有建设用地。已动工开发但开发建设用地面积占应动工开发建设用地总面积不足三分之一或者已投资额占总投资额不足 25%，中止开发建设满 1 年的国有建设用地，也可以认定为闲置土地。故 ABC 符合。

8. 下列关于土地闲置费征缴标准的说法，正确的有(　　)。

A. 以出让方式取得的土地使用权进行房地产开发的，满 2 年未动工开发的，可以征收相当于土地使用权出让金 20%以下的土地闲置费

B. 已经签订国有土地使用权出让合同的经营性房地产用地，每月的土地闲置费标准为合同出让金总额的 1%

C. 未签订国有土地使用权出让合同或未办理划拨用地手续的闲置土地，土地闲置按各地规定的标准征收，计征时间累计不超过 24 个月

D. 土地闲置费不得列入生产成本

**【参考答案】** CD

**【答案解析】** 以出让方式取得的土地使用权。根据《中华人民共和国城市房地产管理法》(2019 年修正)第二十六条的规定，以出让方式取得土地使用权进行房地产开发的，必须按照土地使用权出让合同约定的土地用途、动工开发期限开发土地。超过出让合同约定的动工开发日期满 1 年未动工开发的，可以征收相当于土地使用权出让金 20%以下的土地闲置费；满 2 年未动工开发的，可以无偿收回土地使用权；但是，因不可抗力或者政府、政府有关部门的行为或者动工开发必需的前期工作造成动工开发迟延的除外。

土地闲置费征收具体标准如下：(1)已经签订国有土地使用权出让合同的闲置土地，每月的土地闲置费标准为：经营性房地产用地为合同出让金总额的 1.2%；一般建设用地为合同出让金总额的

0.8%；工业和基础设施用地为合同出让金总额的0.4%。各类用地累计征收土地闲置费总额不超过该宗用地土地使用权出让金合同总额的20%。(2)未签订国有土地使用权出让合同或未办理划拨用地手续的闲置土地，土地闲置按各地规定的标准征收，计征时间累计不超过24个月。所以，选项AB不正确。

9. 城镇垃圾处理实行收费制度，城镇垃圾是指在城镇日常生活中或者为日常生活提供服务产生的固体废物。具体包括(　　)。

A. 生活垃圾

B. 医疗废物

C. 生产经营垃圾

D. 建筑装潢垃圾

**【参考答案】** ACD

**【答案解析】** 城镇垃圾是指在城镇日常生活中或者为日常生活提供服务产生的固体废物(不包括医疗废物、工业固体废物、危险废物、植物废物)。具体分为生活垃圾、生产经营垃圾、建筑装潢垃圾。按照“谁产生、谁付费”的原则，城镇垃圾处理实行收费制度，用于补偿城镇垃圾无害化集中处理所产生的费用。

10. 国有土地使用权出让收入征收范围包括(　　)。

A. 以招标拍卖挂牌和协议方式出让国有土地使用权所确定的总成交价款

B. 出租划拨国有土地上的房屋应当上缴的土地收益

C. 以划拨方式取得国有土地使用权，依法缴纳的土地补偿费、安置补助费、地上附着物和青苗补偿费、拆迁费补偿费等(含征地管理费)

D. 改变出让国有土地使用权用途、容积率等土地使用条件应当

补缴的土地价款

【参考答案】 ABD

【答案解析】 根据《国务院办公厅关于规范国有土地使用权出让收支管理的通知》(国办发〔2006〕100号)的规定，国有土地使用权出让收入征收范围：以招标拍卖挂牌和协议方式出让国有土地使用权所确定的总成交价款；转让划拨国有土地使用权或依法利用原划拨土地进行经营性建设应当补缴的土地价款变现；处置抵押划拨国有土地使用权应当补缴的土地价款；转让房改房、经济适用住房按照规定应当补缴的土地价款；改变出让国有土地使用权的土地用途、容积率等土地使用条件应当补缴的土地价款；国土资源管理部门依法出租国有土地向承租者收取的土地租金收入；出租划拨土地上的房屋应当上缴的土地收益；土地使用者以划拨方式取得国有土地使用权，依法缴纳的土地补偿费、安置补助费、地上附着物和青苗补偿费、拆迁补偿费等(不含征地管理费)；其他和国有土地使用权出让或变更有关的收入。

11. 下列用海，可以免缴海域使用金的有(　　)。

A. 军事用海

B. 公务船舶专用码头用海

C. 非经营性的航道、锚地等交通基础设施用海

D. 教学、科研、防灾减灾、海难搜救打捞等非经营性公益事业用海

【参考答案】 ABCD

【答案解析】 下列用海，免缴海域使用金：军事用海；公务船舶专用码头用海；非经营性的航道、锚地等交通基础设施用海；教学、科研、防灾减灾、海难搜救打捞等非经营性公益事业用海。

12. 下列用海，按照国务院财政部门和国务院海洋行政主管部门的规定，经有批准权的人民政府财政和海洋行政主管部门审查批准，可以减缴或者免缴海域使用金的有（　　）。

A. 公用设施用海

B. 国家重大建设项目用海

C. 养殖用海

D. 经营性用海

**【参考答案】** ABC

**【答案解析】** 下列用海，按照国务院财政部门和国务院海洋行政主管部门的规定，经有批准权的人民政府财政和海洋行政主管部门审查批准，可以减缴或者免缴海域使用金：公用设施用海；国家重大建设项目用海；养殖用海。

**三、判断题**

1. 自2021年7月1日起，选择在湖南、河北、内蒙古、上海、浙江、安徽、青岛等七地以省（区、市）为单位开展国有土地使用权出让收入、矿产资源专项收入、海域使用金、无居民海岛使用金四项政府非税收入征管职责划转试点，探索完善征缴流程、职责分工等，为全面推开划转工作积累经验。（　　）

**【参考答案】** ×

**【答案解析】** 自2021年7月1日起，选择在河北、内蒙古、上海、浙江、安徽、青岛、云南省（自治区、直辖市、计划单列市）以省（区、市）为单位开展国有土地使用权出让收入、矿产资源专项收入、海域使用金、无居民海岛使用金四项政府非税收入征管职责划转试点，探索完善征缴流程、职责分工等，为全面推开划转工作积累经验。

2. 地方水库移民扶持基金由省级大中型水库库区基金和小型水库移民扶助基金组成。 ( )

【参考答案】 √

【答案解析】 略。

3. 排污权出让收入属于政府非税收入,全额上缴中央国库,纳入中央财政预算管理。 ( )

【参考答案】 ×

【答案解析】 排污权出让收入属于政府非税收入,全额上缴地方国库,纳入地方财政预算管理。

4. 城市和依法确定的人民防空重点镇规划区内新建民用建筑,应当按照不含应建防空地下室的总建筑面积 5% 至 10% 的比例建设防空地下室。 ( )

【参考答案】 ×

【答案解析】 城市和依法确定的人民防空重点镇规划区内新建民用建筑,应当按照不含应建防空地下室的总建筑面积 5% 至 9% 的比例建设防空地下室。

5. 防空地下室易地建设费的收费标准,由省、自治区、直辖市价格主管部门会同同级财政、人防主管部门按照当地防空地下室的造价制定,报国家计委、财政部、国家人防办备案。 ( )

【参考答案】 √

【答案解析】 略。

6. 新建幼儿园、学校教学楼、养老院及为残疾人修建的生活服务设施等民用建筑免收防空地下室易地建设费。 ( )

【参考答案】 ×

【答案解析】 对以下新建民用建筑项目应适当减免防空地下

室易地建设费：享受政府优惠政策建设的廉租房、经济适用房等居民住房，减半收取；新建幼儿园、学校教学楼、养老院及为残疾人修建的生活服务设施等民用建筑，减半收取；临时民用建筑和不增加面积的危房翻新改造商品住宅项目，予以免收；因遭受水灾、火灾或其他不可抗拒的灾害造成损坏后按原面积修复的民用建筑，予以免收。

7. 城镇垃圾处理费属于政府性基金，专项用于城镇垃圾收集、运输和处置。（　　）

【参考答案】 ×

【答案解析】 城镇垃圾处理费属于行政事业性收费，专项用于城镇垃圾收集、运输和处置。

8. 国有土地使用权出让收入的缴纳主体为国有土地使用权出让方。（　　）

【参考答案】 ×

【答案解析】 国有土地使用权出让收入的缴纳主体为国有土地使用权受让人。

9. 土地出让合同、征地协议等应约定对土地使用者不按时足额缴纳土地出让收入的，按日加收违约金额2‰的违约金。（　　）

【参考答案】 ×

【答案解析】 土地出让合同、征地协议等应约定对土地使用者不按时足额缴纳土地出让收入的，按日加收违约金额1‰的违约金。

10. 矿业权出让收益中央与地方分享比例为5∶5。（　　）

【参考答案】 ×

【答案解析】 矿业权出让收益中央与地方分享比例为4∶6。

11. 探矿权人在取得勘查许可证前，首次缴纳比例不得低于探矿权

出让收益的 20%；剩余部分在转为采矿权后，在采矿权有效期内按年度缴纳。（　　）

【参考答案】 √

【答案解析】 略。

12. 以出让收益率确定的矿业权出让收益，在矿山开采时按季度征收，计算公式为：

季度矿业权出让收益 = 矿业权出让收益率 × 矿产品季度销售收入。（　　）

【参考答案】 ×

【答案解析】 以出让收益率确定的矿业权出让收益，在矿山开采时按年度征收，计算公式为：

年度矿业权出让收益 = 矿业权出让收益率 × 矿产品年度销售收入。

13. 根据《国务院关于印发矿产资源权益金制度改革方案的通知》（国发〔2017〕29号）规定：在矿业权占有环节，将矿业权占用费整合为探矿权采矿权使用费。（　　）

【参考答案】 ×

【答案解析】 根据《国务院关于印发矿产资源权益金制度改革方案的通知》（国发〔2017〕29号）的规定，在矿业权占有环节，将探矿权采矿权使用费整合为矿业权占用费。

14. 单位使用海域，应当按照国务院的规定缴纳海域使用金，个人使用海域不需要缴纳海域使用金。（　　）

【参考答案】 ×

【答案解析】 单位和个人使用海域，应当按照国务院的规定缴纳海域使用金。

15. 无居民海岛使用金实行中央地方分成。其中 80%缴入中央国库,20%缴入地方国库。 (　　)

【参考答案】 ×

【答案解析】 无居民海岛使用金实行中央地方分成。其中 20%缴入中央国库,80%缴入地方国库。

16. 无居民海岛使用权可以通过申请审批方式出让,也可以通过招标、拍卖、挂牌的方式出让。 (　　)

【参考答案】 √

【答案解析】 略。

17. 无居民海岛使用权出让最低价的计算公式为:

无居民海岛使用权出让最低价 = 无居民海岛使用权出让面积×使用年限×无居民海岛使用权出让最低价标准 (　　)

【参考答案】 √

【答案解析】 略。

# 第八章

# 税务机关征收的其他项目

## 第一部分　考点串讲

### 考点一　概述

按照《中华人民共和国工会法》的规定，工会是职工自愿结合的工人阶级的群众组织。工会经费（筹备金）是指工会依法取得并开展正常活动所需的费用，是工会组织参与社会管理、发挥推动社会经济高质量发展作用的保障。

**【考点提示 1】**

**工会经费的来源**

1. 工会会员缴纳的会费。

2. 建立工会组织的企业、事业单位、机关按每月全部职工工资总额的 2% 向工会拨缴的经费。

3. 工会所属的企业、事业单位上缴的收入。

4. 人民政府的补助。

5. 其他收入。

未建立工会组织的企业、事业单位、机关的其他组织应当按规定向上级拨缴工会筹备金。工会经费主要用于为职工服务和工会活动。

**【考点提示 2】**

**工会经费分成、使用的一般规定**

1. 基层工会所收会费全部自行留用。

2. 行政拨缴工会经费分成规定：基层工会分成不少于 60%；省、县(市)两级工会不超过 35%。各留多少由省(直辖市、自治区)总工会决定；上交全国总工会 5%。

3. 中央或省、市、自治区直属大型工矿联合企业的总厂、公司、矿区，有二级工会组织的，其经费分成一般不少于 70%，或者对其总厂、公司、矿区一级工会组织的经费按预算拨款或经费领报办法解决。

4. 跨越数省、按系统核算、多层次的大型企业的工会，如内河航运、流域规划、石油管道等的工会组织，要求按系统管理经费的，经该企业工会组织所在地的省、市、自治区总工会报全国总工会批准后，可按企业系统管理经费，基层工会一般按 80%分成。其余经费，由基层工会上交所在地的县、市总工会。

可以看出，由于工会经费具备税前扣除和拨缴返还的特征，且主要用于为职工服务和开展工会活动，工会经费不属于财政资金的范畴。

## 考点二　征缴范围

建立工会组织的企业、事业单位、机关按规定征收工会经费。

上级工会派员帮助和指导尚未组建工会组织的企业、事业单位、机关和其他组织，按规定征收工会经费(筹备金)。

**【考点提示 1】**

**缴费主体**

建立工会或尚未组建工会的企业、事业单位、机关和其他组织

(以下简称缴费单位)。

1. 企业,是指从事生产、流通、服务等经济活动,以营利为目的,实行自主经营、独立核算,并具备一定法律资格的组织形式,是社会经济生活中的基本经济单位。主要包括国有企业、集体企业、私营企业、联营企业、股份制企业、外商投资企业、外国企业、个人独资企业、合伙企业。

2. 事业单位,是指为了社会公益目的,由国家机关举办或者其他组织利用国有资产举办的,从事教育、科技、文化、卫生等活动的社会服务组织。

3. 机关,是指进行国家行政管理、组织经济建设和文化建设、维护社会公共秩序的单位,主要包括国家权力机关、行政机关、司法机关、检察机关以及实行预算管理的其他机关、政党组织等。

4. 其他组织,是指除了上述企业、事业单位、机关之外的,尚未建立工会的组织。

## 考点三　费额计算

缴费单位按全部职工工资总额的2%向本单位工会拨缴工会经费(筹备金)。

应缴工会经费＝全部职工工资总额×2%

**【考点提示1】**

**全部职工**

依据《关于工资总额组成的规定》(国家统计局1990年第1号令),全部职工是指在企业、事业单位工作,取得工资或其他形式劳动报酬的全部人员(含外籍人员和港澳台人员),包括临时性、季节性用工以及离开本单位但保留劳动关系并领取生活费的职工和内部退养职工等。

【考点提示 2】

**工资总额的范围**

工资总额是指各单位在一定时期内直接支付给本单位全部职工的劳动报酬总额，包括计时工资、计件工资、奖金、津贴和补贴、加班加点工资、特殊情况下支付的工资。

计时工资是指按计时工资标准（包括地区生活费补贴）和工作时间支付给个人的劳动报酬。

计件工资是指对已做工作按计件单价支付的劳动报酬。

奖金是指支付给职工的超额劳动报酬和增收节支的劳动报酬。

津贴和补贴是指为了补偿职工特殊或额外的劳动消耗和因其他特殊原因支付给职工的津贴，以及为了保证职工工资水平不受物价影响支付给职工的物价补贴。

加班加点工资是指按规定支付的加班工资和加点工资。

特殊情况下支付的工资是指根据国家法律、法规和政策规定，因病、工伤、产假、计划生育假、婚丧假、定期休假、停工学习、执行国家或社会义务等原因按计时工资标准或计时工资标准的一定比例支付的工资；以及附加工资、保留工资。

【考点提示 3】

**工资总额中不包括的项目**

有关劳动保险和职工福利方面的费用。具体有：职工死亡丧葬费及医疗卫生费或公费医疗费用、职工生活困难补助费、集体福利事业补贴、工会文教费、集体福利费、探亲路费、冬季取暖补贴、上下班交通补贴以及洗理费等。

劳动保护的各种支出。具体有：工作服、手套等劳保用品，解毒剂、清凉饮料，以及按照1963年7月19日劳动部等七单位规定的对接触有毒物质、矽尘作业、放射性作业和潜水、沉箱作业、高温作业等五类工种所享受的由劳动保护费开支的保健食品待遇。

离休、退休、退职人员待遇的各项支出。

实行租赁经营单位承租人的风险性补偿收入。

对购买本企业股票和债券的职工所支付的股息（包括股金分红）和利息。

稿费、讲课费以及专门工作报酬。

劳动合同制职工解除劳动合同时由企业支付的医疗补助费、生活补助费，即解雇金。

**【考点提示4】**

**减免政策**

工会经费（筹备金）不得减免。

## 考点四　征收管理

依据《中华人民共和国工会法》的规定，工会经费由基层工会负责征收。为进一步加强工会经费管理，一些地区由政府协调或工会直接委托，将工会经费交由税务机关代收。截至目前，除上海、西藏等省份（直辖市、自治区）税务机关没有参与工会经费征收工作外，其他省（直辖市、自治区）税务机关受当地政府和工会委托，征收了全部或部分工会经费。

**【考点提示1】**

**缴纳期限**

工会经费的缴纳期限一般按季或按年缴纳。按季缴纳的，按照上季度职工工资总额缴纳；按年缴纳的，按照上年职工工资总额缴纳。

采用简并征期申报纳税方式的单位，拨缴工会经费的期限按当地税务部门核准的纳税期限办理。

**【考点提示 2】**

**缴费地点**

工会经费收缴实行属地管理。

**【考点提示 3】**

**征收凭证**

税务机关代收工会经费统一使用税收票证，地方总工会不再开具《工会经费收入专用收据》。缴费单位所缴工会经费按规定在企业所得税税前扣除。

依据《国家税务总局关于工会经费企业所得税税前扣除凭据问题的公告》（国家税务总局公告 2010 年第 24 号）的规定，自 2010 年 7 月 1 日起，企业拨缴的职工工会经费，不超过工资薪金总额 2%的部分，凭工会组织开具的《工会经费收入专用收据》在企业所得税税前扣除。依据《国家税务总局关于税务机关代收工会经费企业所得税税前扣除凭据问题的公告》（国家税务总局公告 2011 年第 30 号）的规定，自 2010 年 1 月 1 日起，在委托税务机关代收工会经费的地区，企业拨缴的工会经费，也可凭合法、有效的工会经费代收凭据依法在税前扣除。对代收工会经费的征缴凭证统一按税收票证管理规定执行，除税务机关开具的税收票证外，银行出具的《电子缴税付款凭证》也可以作为征缴凭证。

## 考点五　部门职责

地方总工会、税务机关应当建立联席会议制度，共同研究解决工会经费收缴管理过程中存在的问题。

**【考点提示1】**

**工会部门主要职责**

负责工会经费日常上缴、下拨和退付管理；负责工会经费法律、法规和政策宣传、解释；负责与税务机关对账，建立和登记工会经费管理台账；负责督促缴费单位按时足额拨缴工会经费，并协助税务机关开展工会经费的催报、催缴；负责工会经费的退费审批；负责向人民法院申请对欠费单位的支付令、提起诉讼和申请强制执行。

**【考点提示2】**

**税务部门主要职责**

负责工会经费代收及缴费信息传递；负责对欠缴工会经费单位开展催报催缴；协同工会部门开展工会经费法律、法规和政策宣传、解释。

## 考点六　法律责任

缴费单位无正当理由拖延或者拒不拨缴工会经费的，地方总工会可依据《中华人民共和国工会法》向所在地人民法院申请支付令；拒不执行支付令的，地方总工会可依法申请人民法院强制执行。

## 考点七　会计处理

单位缴纳的工会经费，企业（公司）从“管理费用”中列支，事业单位直接冲减收入。企业拨缴的职工工会经费，不超过工资薪金总额2%的部分，凭工会组织开具的《工会经费收入专用收据》或税收凭证在企业所得税税前扣除。

另外，需要注意的是，劳务派遣工应首先选择参加劳务派遣单位工会，劳务派遣单位没有建立工会组织的，劳务派遣工直接参加用工单位工会。劳务派遣工的工会经费应由用工单位按劳务派遣工工资总额的2%提取并拨付劳务派遣单位工会，属于应上缴上级工会的经费，由劳务派遣单位工会按规定比例上缴。用工单位工会接受委托管理劳务派遣工会员的，工会经费留用部分由用工单位工会使用或由劳务派遣单位工会和用工单位工会协商确定。

## 第二部分　随章练习

### 一、单项选择题

1. 职工工会经费的计提比例是不超过工资薪金总额的（　　）。

A. 2%　　B. 4%　　C. 1%　　D. 3%

**【参考答案】** A

**【答案解析】** 缴费单位按全部职工工资总额的2%向本单位工会拨缴工会经费（筹备金）。

2. 下列关于工会经费的说法不正确的是（　　）。

A. 工会经费收缴实行属地管理

B. 缴费单位有困难的，可以向地方工会申请减免工会经费

C. 工会经费不属于财政资金的范畴

D. 基层工会所收会费全部自行留用

**【参考答案】** B

**【答案解析】** 工会经费（筹备金）不得减免。

### 二、多项选择题

1. 下列选项中属于工会经费来源的有（　　）。

A. 会员缴纳的会费

B. 会员的劳动收入

C. 工会所属的企业、事业单位上缴的收入

D. 政府补助

**【参考答案】** ACD

**【答案解析】** 工会经费来源包括：工会会员缴纳的会费；建立工会组织的企业、事业单位、机关按每月全部职工工资总额的2%向工会拨缴的经费；工会所属的企业、事业单位上缴的收入；人民政府的补助；其他收入。

2. 下列属于工会经费缴费主体的有（　　）。

A. 外国企业

B. 事业单位

C. 尚未建立工会的个人独资企业

D. 国家机关

**【参考答案】** ABCD

**【答案解析】** 建立工会组织的企业、事业单位、机关按规定征收工会经费。上级工会派员帮助和指导尚未组建工会组织的企业、事业单位、机关和其他组织，按规定征收工会经费（筹备金）。

3. 工会经费的计提基数不包括（　　）。

A. 职工生活困难补助费

B. 劳保支出

C. 加班工资

D. 冬季取暖补贴

**【参考答案】** ABD

**【答案解析】** 工资总额中不包括的项目有：有关劳动保险和职工福利方面的费用。具体有：职工死亡丧葬费及医疗卫生费或公费

医疗费用、职工生活困难补助费、集体福利事业补贴、工会文教费、集体福利费、探亲路费、冬季取暖补贴、上下班交通补贴以及洗理费等;劳动保护的各种支出;离休、退休、退职人员待遇的各项支出;实行租赁经营单位承租人的风险性补偿收入;对购买本企业股票和债券的职工所支付的股息(包括股金分红)和利息;稿费、讲课费及专门工作报酬;劳动合同制职工解除劳动合同时由企业支付的医疗补助费、生活补助费,即解雇金。所以选项 C 不正确。

## 三、判断题

1. 未建立工会组织的企业、事业单位、机关的其他组织不需缴纳工会经费。 ( )

**【参考答案】** ×

**【答案解析】** 未建立工会组织的企业、事业单位、机关的其他组织应当按规定向上级拨缴工会筹备金。

2. 按照《中华人民共和国工会法》的规定,工会是职工自愿结合的工人阶级的群众组织。 ( )

**【参考答案】** √

**【答案解析】** 略。

3. 自 2010 年 7 月 1 日起,企业拨缴的职工工会经费,不超过工资薪金总额 4%的部分,凭工会组织开具的《工会经费收入专用收据》在企业所得税税前扣除。 ( )

**【参考答案】** ×

**【答案解析】** 自 2010 年 7 月 1 日起,企业拨缴的职工工会经费,不超过工资薪金总额 2%的部分,凭工会组织开具的《工会经费收入专用收据》在企业所得税税前扣除。

4. 缴费单位无正当理由拖延或者拒不拨缴工会经费的,税务机关可依据《中华人民共和国工会法》向所在地人民法院申请支付令;拒不执行支付令的,税务机关可依法申请人民法院强制执行。
（ ）

**【参考答案】** ×

**【答案解析】** 缴费单位无正当理由拖延或者拒不拨缴工会经费的,地方总工会可依据《中华人民共和国工会法》向所在地人民法院申请支付令;拒不执行支付令的,地方总工会可依法申请人民法院强制执行。

# 第九章

## 计算综合实务题

1. 个体户小张开设了一间台球厅，2019 年 7 月取得含税价款为 20 万元，请问：

（1）个体户小张是否应该缴纳文化事业建设费？

（2）若小张应缴纳文化事业建设费，该所属期内小张应缴纳的文化事业建设费为多少（已知当地执行归属地方收入的文化事业建设费，按照缴纳义务人应缴费额的 50%减征，自 2019 年 7 月 1 日至 2024 年 12 月 31 日施行的政策）？

**【答案解析】**

（1）娱乐服务是指《财政部　国家税务总局关于全面推开营业税改征增值税试点的通知》（财税〔2016〕36 号）的《销售服务、无形资产、不动产注释》中“娱乐服务”范围内的服务。具体是：指为娱乐活动同时提供场所和服务的业务。包括歌厅、舞厅、夜总会、酒吧、台球、高尔夫球、保龄球、游艺（包括射击、狩猎、跑马、游戏机、蹦极、卡丁车、热气球、动力伞、射箭、飞镖）。

《财政部　国家税务总局关于营业税改征增值税试点有关文化事业建设费政策及征收管理问题的补充通知》（财税〔2016〕60 号）规定，娱乐服务业文化事业建设费的缴纳义务人为在中华人民共和国境内提供娱乐服务的单位和个人。即娱乐服务业文化事业建设费对单位和个人征收。

所以，小张开设台球厅属于提供娱乐业服务，且个人提供娱乐服务也需要缴纳文化事业建设费。

(2) 20×3%×50% = 0.3(万元)。

2. 赵某是增值税小规模纳税人,2019 年 3 月到某税务局代开增值税普通发票,项目为提供娱乐服务,含税价款为 30 万元。当地执行《财政部关于调整部分政府性基金有关政策的通知》(财税〔2019〕46 号)规定,地方收入部分减征 50%。请问:

(1) 赵某应缴纳的非税收入项目有哪些?

(2) 分别计算赵某应缴纳的非税收入费款。

**【答案解析】**

(1) 按规定,增值税小规模纳税人代开普通发票,金额超过 10 万元,应缴纳教育费附加和地方教育附加,但应按《财政部 税务总局关于实施小微企业普惠性税收减免政策的通知》(财税〔2019〕13 号)规定减半征收两附加。同时,赵某是提供娱乐服务,还需要缴纳文化事业建设费,但可按《财政部关于调整部分政府性基金有关政策的通知》(财税〔2019〕46 号)规定,按照缴纳义务人应缴费额的 50%减征。

所以赵某应缴纳的非税收入项目有:教育费附加、地方教育附加、文化事业建设费三个项目。

(2) 应缴增值税:30÷(1+3%)×3% = 0.87(万元);

应缴教育费附加:0.87×3%×50% = 131(元);

应缴地方教育附加:0.87×2%×50% = 87(元);

应缴文化事业建设费:30×3%×50% = 0.45(万元)。

3. 某电影院 2020 年应缴纳的国家电影事业发展专项资金为每月 1 万元,请问:该电影院 2020 年需要缴纳的国家电影事业发展专项资金是多少?

**【答案解析】** 依据《关于暂免征收国家电影事业发展专项资金政策的公告》(财政部 国家电影局公告2020年第26号)的规定,自2020年1月1日至2020年8月31日免征国家电影事业发展专项资金,缴费人在26号公告发布前已缴费的,可以抵减缴费人以后月份应缴纳的国家电影事业发展专项资金或者予以退还。

所以,该电影院需要缴纳的国家电影事业发展专项资金为 $4\times1=4$(万元)。

4. 某县环保局出售××基地相关资产给××县城乡建设投资集团有限公司,2019年3月向当地主管税务机关缴纳国有资产处置(含税)收入2 000万元(销售资产征收率、税率均为3%)。请问:

(1) 该单位缴费事项有无问题?

(2) 如有问题,请问税务部门应如何处理?

(3) 该单位应缴纳的教育费附加、地方教育附加是多少?

**【答案解析】**

(1) 行政事业单位国有资产处置收入时,应按规定收增值税、城建税、印花税、教育费附加、地方教育附加等相关税费。所以,该单位应先缴纳税款,再将税款扣除后缴纳国有资产处置收入。

(2) 税务部门通知该单位先缴纳增值税、城建税、印花税、教育费附加、地方教育附加,然后扣除税款后的余款作为国有资产处置收入缴纳。

(3) $2\,000\div(1+3\%)=1\,941.75$(万元);$1\,941.75\times3\%=58.25$(万元)。

教育费附加:$58.25\times3\%=1.75$(万元);

地方教育附加:$58.25\times2\%=1.17$(万元)。

5. 某旅游公司在城郊山区建设一个主题公园,征占用土地面积为 200 亩。请问：该企业要缴纳的水土保持补偿费为多少？

【答案解析】《财政部　国家发展改革委　水利部　中国人民银行关于印发〈水土保持补偿费征收使用管理办法〉的通知》（财综〔2014〕8 号）规定，对一般性生产建设项目，按照征占用土地面积每平方米 0.7 元一次性计征（不足 1 平方米的按 1 平方米计）。

200×666.67 = 133 334（平方米）；133 334×0.7 = 93 333.8（元）。

6. 甲企业 2020 年在职职工平均数为 100 人，职工平均工资为 6 万元，等于当地社会平均工资 2 倍，2020 年安排了 1 个残疾人就业，当地规定安排残疾人就业比例为 1.5%。请问：

（1）甲企业是否可以享受残疾人就业优惠政策。

（2）若甲企业能享受残疾人就业优惠政策，计算甲企业应缴纳的残疾人就业保障金。

【答案解析】

（1）根据《财政部关于调整残疾人就业保障金征收政策的公告》（财政部公告 2019 年第 98 号）第三条的规定，自 2020 年 1 月 1 日起至 2022 年 12 月 31 日，对残疾人就业保障金实行分档减缴政策。其中：用人单位安排残疾人就业比例达到 1%（含）以上，但未达到所在地省、自治区、直辖市人民政府规定比例的，按规定应缴费额的 50%缴纳残疾人就业保障金；用人单位安排残疾人就业比例在 1%以下的，按规定应缴费额的 90%缴纳残疾人就业保障金。

甲企业安排了 1 个残疾人就业，占在职职工的 1%，但未达到当地规定比例 1.5%，可以享受减半征收的优惠政策。

（2）（100×1.5% − 1）×6×50% = 1.5（万元）。

7. 某市一免税店 2020 年经营免税商品业务全年销售收入为 300 万

元，请计算该免税店2020年应缴纳的免税商品特许经营费。

**【答案解析】** 300×1%＝3（万元）。

8. 某增值税小规模纳税人2019年2月销售额为200万元，该纳税人所在地按50%减征教育费附加、地方教育附加，该纳税人增值税适用3%的税率，请计算该纳税人2月可以减免的教育费附加、地方教育附加。

**【答案解析】**

2月应缴增值税：200×3%＝6（万元）。

减征教育费附加：6×3%×50%＝0.09（万元）。

减征地方教育附加：6×2%×50%＝0.06（万元）。

9. 小王是自主就业退役士兵，2019年2月办理了个体工商户登记，税务部门认定为小规模纳税人，2019年小王应缴增值税10 000元，城市维护建设税700元，教育费附加300元，地方教育附加200元，已知小王所在省未上浮自主就业退役士兵减免限额，对小规模纳税人减半征收六税两费，请问：

（1）小王2019年可以抵免的限额为多少？

（2）小王享受优惠政策应缴纳的教育费附加、地方教育附加为多少？

**【答案解析】**

（1）12 000[①]÷12×11＝11 000（元）。

（2）教育费附加：11 000－10 000（增值税）－700（城建税）－300（教育费附加）＝0；

---

① 根据《财政部 税务总局 退役军人部关于进一步扶持自主就业退役士兵创业就业有关税收政策的通知》（财税〔2019〕21号）的规定，自主就业退役士兵从事个体经营的，自办理个体工商户登记当月起，在3年（36个月，下同）内按每户每年12 000元为限额依次扣减其当年实际应缴纳的增值税、城市维护建设税、教育费附加、地方教育附加和个人所得税。

纳税人认定为小规模纳税人，同时享受减半征收教育费附加和地方教育附加的优惠。

最后应缴纳地方教育附加：200×50%=100(元)。

10. 甲公司为增值税一般纳税人，2019 年 4 月实际缴纳增值税 20 万元。请问：该纳税人 4 月应缴纳教育费附加、地方教育附加各为多少(该纳税人不享受任何优惠政策)？

**【答案解析】**

教育费附加：20×3%=0.6(万元)。

地方教育附加：20×2%=0.4(万元)。

11. 张某是小规模纳税人，2021 年 4 月销售货物 10 万元，5 月提供建筑服务取得收入 12 万元，6 月份提供劳务取得收入 15 万元。且 4～6 月都未开具增值税专用发票。请问：4～6 月小张应缴纳教育费附加、地方教育附加各为多少？

**【答案解析】**

根据《财政部　税务总局关于明确增值税小规模纳税人免征增值税政策的公告》(财政部　税务总局公告 2021 年第 11 号)的规定，自 2021 年 4 月 1 日至 2022 年 12 月 31 日，对月销售额 15 万元以下(含本数)的增值税小规模纳税人，免征增值税。10+12+15＜15×3=45，所以 4～6 月该纳税人免征增值税。

4～6 月应缴纳教育费附加、地方教育附加均为 0。

12. 某企业是国家批准的出口生产企业，税务部门认定为增值税一般纳税人，2018 年 8 月免抵退税额为 20 万元，当期应退税额为 5 万元。请问：该企业 8 月份教育费附加、地方教育附加各为多少？

**【答案解析】**

当期免抵税额：20－5=15(万元)。

教育费附加：15×3% = 0.45（万元）。

地方教育附加：15×2% = 0.3（万元）。

13. 某广告公司 2019 年 12 月承接一项广告项目取得含税价款为 20 万元，不考虑价外费用，另外支付了广告发布费 1 万元。请问：

（1）该广告公司应缴纳的文化事业建设费是多少？

（2）如果该公司此项业务发生在 2020 年 2 月，则该广告公司应缴纳的文化事业建设费是多少？

**【答案解析】**

（1）（20－1）×3% = 0.57（万元）。

（2）依据《关于电影等行业税费支持政策的公告》（财政部　国家税务总局公告 2020 年第 25 号）的规定，自 2020 年 1 月 1 日至 2020 年 12 月 31 日，缴纳文化事业建设费的广告业和娱乐业的缴费人，免征文化事业建设费。所以，该广告公司可以免征文化事业建设费。

14. 针对小规模纳税人，2021 年 4 月开始免征增值税销售额已经调整至按月申报 15 万元（按季申报 45 万元），请问：财税〔2016〕12 号文件中教育费附加、地方教育附加、水利建设基金的减免政策是否也随之调整到月销售额 15 万元（季销售额 45 万元）？

**【答案解析】** 依据《财政部　税务总局关于扩大有关政府性基金免征范围的通知》（财税〔2016〕12 号）的规定，教育费附加、地方教育附加、水利建设基金的免征销售额仍然是“按月纳税的销售额或营业额不超过 10 万元（按季纳税的销售额或营业额不超过 30 万元）”。

免征增值税销售额调整至按月 15 万元（按季 45 万元）后，对于未开具增值税专用发票的情形，在免征增值税的同时，相应的教育费附加、地方教育附加也随之免除；对于开具了增值税专用发票的情形，当月代开发票的销售额小于等于10万(季度30万)的，代开发票时免征教育费附加、地方教育费附加。

15. 某企业2019年未安排残疾人就业，用人单位在职职工年平均工资为3万元，在职职工年平均人数为50人。请问：

(1) 该企业2020年应缴纳残疾人就业保障金吗(不考虑各项优惠政策)?

(2) 该企业应缴纳的残疾人就业保障金是多少(假设当地规定安排残疾人就业比例为不低于本单位在职职工总数1.5%)?

**【答案解析】**

(1) 按照《财政部　国家税务总局　中国残疾人联合会关于印发〈残疾人就业保障金征收使用管理办法〉的通知》(财税〔2015〕72号)的规定：残疾人就业保障金是为保障残疾人权益，由未按规定安排残疾人就业的机关、团体、企业、事业单位和民办非企业单位缴纳的资金。所以该企业2020年应该缴纳残疾人就业保障金。

(2) (50×1.5%－0)×3×90%＝2.025(万元)。

《财政部关于调整残疾人就业保障金征收政策的公告》(财政部公告2019年第98号)自2020年1月1日起至2022年12月31日，对残疾人就业保障金实行分档减缴政策。其中：用人单位安排残疾人就业比例达到1%(含)以上，但未达到所在地省、自治区、直辖市人民政府规定比例的，按规定应缴费额的50%缴纳残疾人就业保障金；用人单位安排残疾人就业比例在1%以下的，按规定应缴费额的90%缴纳残疾人就业保障金。所以此题应该再乘以90%＝2.025万元。

16. 某事业单位在2019年接受审计署审计时，审计署提出该单位2018年未安排残疾人就业，应缴纳残疾人就业保障金。该单位提出未缴理由：单位性质为财政全额拨款，在2018年财政并未安排此项预算支出，所以未缴纳残疾人就业保障金。请问：

（1）该单位的理由是否合理，是否应该缴纳残疾人就业保障金。

（2）如果该单位应缴纳残疾人就业保障金，已知该单位2018年职工平均人数为40人，且该单位在职职工平均工资为12万元，当地社会平均工资为4万元，当地规定安排残疾人就业比例为不低于本单位在职职工总数1.5%，请计算该单位2018年应缴纳的残疾人就业保障金。

**【答案解析】**

（1）依据《财政部　国家税务总局　中国残疾人联合会关于印发〈残疾人就业保障金征收使用管理办法〉的通知》（财税〔2015〕72号）的规定，残疾人就业保障金是为保障残疾人权益，由未按规定安排残疾人就业的机关、团体、企业、事业单位和民办非企业单位缴纳的资金。所以该单位应该缴纳残疾人就业保障金。

（2）依据《财政部关于降低部分政府基金征收标准的通知》（财税〔2018〕39号）的规定，用人单位在职职工平均工资超过当地社会平均工资2倍的，按当地社会平均工资2倍计征残疾人就业保障金。12万元÷4万元＝3（倍），则按4×2＝8（万元）计征残疾人就业保障金。即（40×1.5%－0）×8＝4.8（万元）。

17. 某地电影院2020年7～9月的电影票房收入分别为10万元、10万元、20万元。请计算其7～9月应缴纳的电影事业发展专项资金。

**【答案解析】** 依据《关于暂免征收国家电影事业发展专项资金政策的公告》（财政部　国家电影局公告2020年第26号）的规定，自2020年1月1日至2020年8月31日免征国家电影事业发展专项资金。电影专项资金按月征收，则7、8月免征，9月：20×5%=1（万元）。所以该电影院7～9月应缴纳的电影专项资金为1万元。

18. 某家电企业2021年销售电视机100万台，请计算该企业应缴纳多少废弃电器电子产品处理基金。

**【答案解析】** 100×13=1 300（万元）。

19. 某地电子产品生产厂2020年三季度销售电冰箱10 000台，其中直接出口2 000台，请计算该企业应缴纳多少废弃电器电子产品处理基金。

**【答案解析】** 12×（10 000－2 000）=96 000（元）。

20. 甲地A企业2020年在职职工人数100人，所在地规定的安置残疾人就业比例为1.5%，2020年实际安排残疾人就业0人，在职职工年平均工资为5万元，当地社会平均工资为4万元/年。请问：A企业应缴纳多少残疾人就业保障金？

**【答案解析】** （100×1.5%－0）×50 000×90%=67 500（元）=6.75（万元）。

21. S省某企业自备电厂2021年2月自发自用电量为200万千瓦时，请问：该企业2月应缴纳多少国家重大水利工程建设基金（S省的征收标准为4.03厘/千瓦时）？

**【答案解析】** 200×4.03=806（元）。

22. 某地一电厂属于分布式光伏发电企业，其2021年5月自发自用电量为400万千瓦时，请问：该企业5月的自发自用电量应缴纳多少国家重大水利工程建设基金（当地的征收标准为1.125厘/千瓦时）？

**【答案解析】** 根据《财政部关于对分布式光伏发电自发自用电

量免征政府基金有关问题的通知》（财综〔2013〕103 号）的规定，分布式光伏发电自发自用电量免收国家重大水利工程建设基金。所以，该企业 5 月的自发自用电量应缴纳的国家重大水利工程建设基金为 0。

23. 某省级电网企业 2020 年 8 月（含各级子公司）销售电量为 250 万千瓦时，请计算该企业应缴纳多少可再生能源发展基金。

**【答案解析】** 根据《财政部 国家发展改革委关于提高可再生能源发展基金征收标准等有关问题的通知》（财税〔2016〕4 号）的规定，自 2016 年 1 月 1 日起，将各省（自治区、直辖市，不含新疆维吾尔自治区、西藏自治区）居民生活和农业生产以外全部销售电量的基金征收标准，由每千瓦时 1.5 分提高到每千瓦时 1.9 分。该企业应缴可再生能源发展基金为：2 500 000×0.019＝47 500（元）。

24. 甲电网企业 2021 年 5 月销售的电量为 300 万千瓦时，当地大中型水库移民后期扶持基金的征收标准为 8.3 厘/千瓦时，请计算该企业 5 月应缴纳多少大中型水库移民后期扶持基金。

**【答案解析】** 300×8.3＝2 490（元）。

25. 某跨省际大中型水库 2021 年 5 月实际上网销售的电量为 200 万千瓦时，如果当地的跨省际大中型水库库区基金的征收标准为 8 厘/千瓦时，请计算该企业 5 月应缴纳多少跨省际大中型水库库区基金。

**【答案解析】** 200×8＝1 600（元）。

# 附录 1

# 非税收入减免政策解析与运用

## 一、非税收入管理解析

政策依据：

《政府非税收入管理办法》(财税〔2016〕33 号)；
《财政部关于税务部门罚没收入等政府非税收入管理有关事项的通知》(财税〔2018〕161 号)。

### (一) 非税收入及设立(财税〔2016〕33 号)

第三条　非税收入，是指除税收以外，由各级国家机关、事业单位、代行政府职能的社会团体及其他组织依法利用国家权力、政府信誉、国有资源(资产)所有者权益等取得的各项收入。具体包括：

(一) 行政事业性收费收入；

(二) 政府性基金收入；

(三) 罚没收入；

(四) 国有资源(资产)有偿使用收入；

(五) 国有资本收益；

(六) 彩票公益金收入；

(七) 特许经营收入；

(八) 中央银行收入；

(九) 以政府名义接受的捐赠收入；

第九条　设立和征收非税收入，应当依据法律、法规的规定或者按下列管理权限予以批准：

(一) 行政事业性收费按照国务院和省、自治区、直辖市(以下简称省级)人民政府及其财政、价格主管部门的规定设立和征收。

(二) 政府性基金按照国务院和财政部的规定设立和征收。

(三) 国有资源有偿使用收入、特许经营收入按照国务院和省级人民政府及其财政部门的规定设立和征收。

(四) 国有资产有偿使用收入、国有资本收益由拥有国有资产(资本)产权的人民政府及其财政部门按照国有资产(资本)收益管理规定征收。

(五) 彩票公益金按照国务院和财政部的规定筹集。

（续表）

| | |
|---|---|
| （十）主管部门集中收入；<br>（十一）政府收入的利息收入；<br>（十二）其他非税收入。<br>非税收入不包括社会保险费、住房公积金（指计入缴存人个人账户部分）。 | （六）中央银行收入按照相关法律法规征收。<br>（七）罚没收入按照法律、法规和规章的规定征收。<br>（八）主管部门集中收入、以政府名义接受的捐赠收入、政府收入的利息收入及其他非税收入按照同级人民政府及其财政部门的管理规定征收或者收取。<br>任何部门和单位不得违反规定设立非税收入项目或者设定非税收入的征收对象、范围、标准和期限。<br>第十条　取消、停征、减征、免征或者缓征非税收入，以及调整非税收入的征收对象、范围、标准和期限，应当按照设立和征收非税收入的管理权限予以批准，不许越权批准。<br>取消法律、法规法定的非税收入项目，应当按照法定程序办理。<br>第十一条　非税收入可以由财政部门直接征收，也可以由财政部门委托的部门和单位（以下简称执收单位）征收。<br>未经财政部门批准，不得改变非税收入执收单位。<br>法律、法规对非税收入执收单位已有规定的，从其规定。 |

税务部门在税收征缴过程中收取或产生的相关罚没收入、利息收入和违约金收入，全额上缴中央国库。相关罚没收入，是指税务部门收取的各项罚没收入，不包括随各税种税款加收的滞纳金和罚款；利息收入，是指税务代保管资金账户中资金产生的利息收入；违约金收入，是指因税务部门委托代征人未履行代征义务，税务部门按《委托代征协议书》约定向代征人收取的违约金。（财税〔2018〕161号）

## (二) 票据管理(财税〔2016〕33 号)

第二十条　非税收入票据是征收非税收入的法定凭证和会计核算的原始凭证,是财政、审计等部门进行监督检查的重要依据。

第二十一条　非税收入票据种类包括非税收入通用票据、非税收入专用票据和非税收入一般缴款书。具体适用下列范围:

(一) 非税收入通用票据,是指执收单位征收非税收入时开具的通用凭证。

(二) 非税收入专用票据,是指特定执收单位征收特定的非税收入时开具的专用凭证,主要包括行政事业性收费票据、政府性基金票据、国有资源(资产)收入票据、罚没票据等。

(三) 非税收入一般缴款书,是指实施非税收入收缴管理制度改革的执收单位收缴非税收入时开具的通用凭证。

第二十三条　非税收入票据实行凭证领取、分次限量、核旧领新制度。

执收单位使用非税收入票据,一般按照财务隶属关系向同级财政部门申领。

第二十四条　除财政部另有规定以外,执收单位征收非税收入,应当向缴纳义务人开具财政部或者省级财政部门统一监(印)制的非税收入票据。

对附加在价格上征收或者需要依法纳税的有关非税收入,执收单位应当按规定向缴纳义务人开具税务发票。

不开具前款规定票据的,缴纳义务人有权拒付款项。

第二十五条　非税收入票据使用单位不得转让、出借、代开、买卖、擅自销毁、涂改非税收入票据;不得串用非税收入票据,不得将非税收入票据与其他票据互相替代。

第二十六条　非税收入票据使用完毕,使用单位应当按顺序清理票据存根、装订成册、妥善保管。

非税收入票据存根的保存期限一般为 5 年。保存期满需要销毁的,报经原核发票据的财政部门查验后销毁。

## 二、行政事业性收费减费政策解析与应用

政策依据：

《行政事业性收费项目审批管理暂行办法》(财综〔2004〕100 号)；

《行政事业性收费标准管理办法》(发改价格规〔2018〕988 号)；

《国家发展改革委 财政部关于降低部分行政事业性收费标准的通知》(发改价格〔2019〕914 号)；

《财政部 国家发展改革委关于继续免征相关防疫药品和医疗器械注册费的公告》(财政部 国家发展改革委公告 2021 年第 9 号)。

### (一) 行政事业性收费项目审批管理(财综〔2004〕100 号)

1. 行政事业性收费及审批制度

第三条 行政事业性收费(以下简称收费)是指国家机关、事业单位、代行政府职能的社会团体及其他组织根据法律、行政法规、地方性法规等有关规定，依照国务院规定程序批准，在向公民、法人提供特定服务的过程中，按照成本补偿和非盈利原则向特定服务对象收取的费用。

第四条 收费项目实行中央和省两级审批制度。国务院和省、自治区、直辖市人民政府(以下简称省级政府)及其财政、价格主管部门按照国家规定权限审批管理收费项目。

除国务院和省级政府及其财政、价格主管部门外，其他国家机关、事业单位、社会团体，以及省级以下(包括计划单列市和副省级城市)人民政府，均无权审批收费项目。

2. 收费项目的审批管理权限

第八条 除法律、行政法规和国务院另有规定外，中央国家机关、事业单位、代行政府职能的社会团体及其他组织(包括中央驻地方单位，以下简称中央单位)申请设立收费项目，应当向财政部、国家发展改革委提出书面申请，由财政部、国家发展改革委审批。

中央单位申请设立下列收费项目，属于重要收费项目，应当向财政部、国家发展改革委提出书面申请，由财政部、国家发展改革委审核后报国务院批准：

(一) 在全国范围内实施的资源类收费；

（续表）

（二）在全国范围内实施的公共事业类收费；

（三）对国民经济和社会发展具有较大影响的其他收费。

第九条　省级国家机关、事业单位、代行政府职能的社会团体及其他组织（以下简称省级单位），省以下国家机关、事业单位、代行政府职能的社会团体及其他组织（以下简称省以下单位），申请设立一般收费项目，应当向省、自治区、直辖市财政、价格主管部门（以下简称省级财政、价格主管部门）提出书面申请，由省级财政、价格主管部门审批。

省级单位、省以下单位申请设立重要收费项目，应当向省级财政、价格主管部门提出书面申请，由省级财政、价格主管部门审核后报省级政府批准。地方重要收费项目的范围由省级财政、价格主管部门确定。

省级单位、省以下单位申请设立专门面向企业的收费项目，应当向省级财政、价格主管部门提出书面申请，经省级财政、价格主管部门审核后报省级政府审批，省级政府在审批之前应当按照中发〔1997〕14号文件的规定征得财政部和国家发展改革委同意。

省级政府及其财政、价格主管部门批准设立的收费项目，应当于批准之日起30日内报财政部和国家发展改革委备案。

第十条　除法律、行政法规另有规定外，省级单位、省以下单位申请设立的收费项目，属于下列情况的，应当通过本系统或行业的中央主管部门统一向财政部、国家发展改革委提出书面申请，由财政部、国家发展改革委审批。

（一）在全国范围内实施的考试收费；

（二）在全国范围内实施的证照收费；

（三）在全国范围内实施的注册、登记等管理性收费；

（四）在全国范围内实施的检验、检测收费；

（五）在全国范围内实施的其他收费。

省级政府及其财政、价格主管部门无权审批在全国范围内实施的收费以及中央单位的收费项目。

第十一条　法律、行政法规、地方性法规中规定设立的收费项目，已明确具体收费对象、收费范围和收费标准的，依照其规定执行。

法律、行政法规中规定设立的收费项目，未明确具体收费对象、收费范围和收费标准的，其征收管理办法由财政部、国家发展改革委负责制定；地方性法规中规定设立的收费项目，未明确具体收费对象、收费范围和收费标准的，其征收管理办法由省级财政、价格主管部门负责制定。

## (二) 全国性及中央部门和单位涉企行政事业性收费目录清单(部分)

| 序号 | 部门 | 项目序号 | 项目名称 | 资金管理方式 | 政策依据 |
|---|---|---|---|---|---|
| 一 | 公安部门 | 1 | 证照费 | | |
| | | | (1) 机动车号牌工本费 | 缴入地方国库 | 《道路交通安全法》,发改价格〔2004〕2831 号,计价格〔1994〕783 号,价费字〔1992〕240 号,行业标准 GA36—2014 |
| | | | ① 号牌(含临时) | | |
| | | | ② 号牌专用固封装置 | | |
| | | | ③ 号牌架 | | |
| | | | (2) 机动车行驶证、登记证、驾驶证工本费 | 缴入地方国库 | 《道路交通安全法》,发改价格〔2004〕2831 号,财综〔2001〕67 号,计价格〔2001〕1979 号,计价格〔1994〕783 号,价费字〔1992〕240 号,发改价格〔2017〕1186 号 |
| | | | (3) 临时入境机动车号牌和行驶证、临时机动车驾驶许可工本费 | 缴入地方国库 | 《道路交通安全法》,财综〔2008〕36 号,发改价格〔2008〕1575 号,发改价格〔2017〕1186 号 |
| 二 | 自然资源部门 | 2 | 土地复垦费 | 缴入地方国库 | 《土地管理法》,《土地复垦条例》,财税〔2014〕77 号 |
| | | 3 | 土地闲置费 | 缴入地方国库 | 《土地管理法》,《城市房地产管理法》,国发〔2008〕3 号,财税〔2014〕77 号 |
| | | 4 | 不动产登记费 | 缴入中央和地方国库 | 《物权法》,财税〔2016〕79 号,发改价格规〔2016〕2559 号 |
| | | 5 | 耕地开垦费 | 缴入地方国库 | 《土地管理法》,《土地管理法实施条例》,财税〔2014〕77 号 |

**（续表）**

| 序号 | 部门 | 项目序号 | 项目名称 | 资金管理方式 | 政策依据 |
|---|---|---|---|---|---|
| 三 | 生态环境部门 | 6 | 海洋废弃物倾倒费 | 缴入中央国库 | 《海洋环境保护法》，发改价格〔2008〕1927 号 |
| 四 | 住房城乡建设部门 | 7 | 污水处理费 | 缴入地方国库 | 《水污染防治法》，《城镇排水和污水处理条例》，财税〔2014〕151 号，发改价格〔2015〕119 号 |
| | | 8 | 城市道路占用、挖掘修复费 | 缴入地方国库 | 《城市道路管理条例》，建城〔1993〕410 号，财税〔2015〕68 号 |
| 五 | 交通运输部门 | 9 | 车辆通行费（限于政府还贷） | 缴入地方国库 | 《公路法》，《收费公路条例》，交公路发〔1994〕686 号 |
| | | 10 | 长江干线船舶引航收费 | 缴入中央国库 | 发改价格〔2013〕1494 号，发改价格〔2011〕1536 号，财综〔2007〕60 号，财税〔2014〕101 号，财办税〔2015〕14 号 |
| 六 | 工业和信息化部门 | 11 | 无线电频率占用费 | 缴入中央和地方国库 | 《无线电管理条例》，计价格〔2000〕1015 号，发改价格〔2013〕2396 号，发改价格〔2011〕749 号，发改价格〔2005〕2812 号，发改价格〔2003〕2300 号，计价费〔1998〕218 号，发改价格〔2017〕1186 号，发改价格〔2018〕601 号 |
| | | 12 | 电信网码号资源占用费 | 缴入中央国库 | 《电信条例》，信部联清〔2004〕517 号，信部联清〔2005〕401 号，发改价格〔2017〕1186 号 |
| 七 | 水利部门 | 13 | 水资源费 | 缴入中央和地方国库 | 《水法》，《取水许可和水资源费征收管理条例》，财税〔2016〕2 号，发改价格〔2014〕1959 号，发改价格〔2013〕29 号，财综〔2011〕19 号，发改价格〔2009〕1779 号，财综〔2008〕79 号，财综〔2003〕89 号，价费字〔1992〕181 号 |

（续表）

| 序号 | 部门 | 项目序号 | 项目名称 | 资金管理方式 | 政策依据 |
|---|---|---|---|---|---|
| 七 | 水利部门 | 14 | 水土保持补偿费 | 缴入中央和地方国库 | 《水土保持法》，财综〔2014〕8号，发改价格〔2014〕886号，发改价格〔2017〕1186号 |
| 八 | 农业农村部门 | 15 | 农药实验费<br>（1）田间试验费<br>（2）残留试验费<br>（3）药效试验费 | 缴入中央和地方国库 | 《农药管理条例》，价费字〔1992〕452号，发改价格〔2015〕2136号，发改价格〔2017〕1186号 |
| | | 16 | 渔业资源增殖保护费 | 缴入中央和地方国库 | 《渔业法》，财税〔2014〕101号，财综〔2012〕97号，计价格〔1994〕400号，价费字〔1992〕452号 |
| 九 | 林业和草原部门 | 17 | 草原植被恢复费 | 缴入地方国库 | 《草原法》，财综〔2010〕29号，发改价格〔2010〕1235号 |
| 十 | 人防部门 | 18 | 防空地下室易地建设费 | 缴入中央和地方国库 | 中发〔2001〕9号，计价格〔2000〕474号，财税〔2014〕77号 |
| 十一 | 法院 | 19 | 诉讼费 | 缴入中央和地方国库 | 《民事诉讼法》，《行政诉讼法》，《诉讼费用交纳办法》（国务院令481号），财行〔2003〕275号 |
| 十二 | 市场监管部门 | 20 | 特种设备检验检测费 | 缴入地方国库 | 《特种设备安全法》，《特种设备安全监察条例》，发改价格〔2015〕1299号，财综〔2011〕16号，财综〔2001〕10号 |
| 十三 | 民航部门 | 21 | 航空业务权补偿费 | 缴入中央国库 | 发改价格〔2011〕3214号，财综〔2002〕54号 |
| | | 22 | 适航审查费 | 缴入中央国库 | 发改价格〔2011〕3214号，财综〔2002〕54号 |
| 十四 | 药品监管部门 | 23 | 药品注册费<br>（1）新药注册费<br>（2）仿制药注册费<br>（3）补充申请注册费<br>（4）再注册费<br>（5）加急费 | 缴入中央和地方国库 | 《药品管理法实施条例》，财税〔2015〕2号，发改价格〔2015〕1006号，食药监公告2015第53号 |

**（续表）**

| 序号 | 部门 | 项目序号 | 项目名称 | 资金管理方式 | 政策依据 |
|---|---|---|---|---|---|
| 十四 | 药品监管部门 | 24 | 医疗器械产品注册费<br>（1）首次注册费<br>（2）变更注册费<br>（3）延续注册费<br>（4）临床试验申请费<br>（5）加急费 | 缴入中央和地方国库 | 《医疗器械监督管理条例》，财税〔2015〕2 号，发改价格〔2015〕1006 号，食药监公告 2015 第 53 号 |
| 十五 | 知识产权部门 | 25 | 商标注册收费<br>（1）受理商标注册费<br>（2）补发商标注册证费（含刊登遗失声明费用）<br>（3）受理转让注册商标费<br>（4）受理商标续展注册费<br>（5）受理商标注册延迟费<br>（6）受理商标评审费<br>（7）变更费<br>（8）出具商标证明费<br>（9）受理集体商标注册费<br>（10）受理证明商标注册费<br>（11）商标异议费<br>（12）撤销商标费<br>（13）商标使用许可合同备案费 | 缴入中央国库 | 《商标法》，《商标法实施条例》，发改价格〔2015〕2136 号，财税〔2017〕20 号，发改价格〔2013〕1494 号，发改价格〔2008〕2579 号，财综〔2004〕11 号，计价费〔1998〕1077 号，财综字〔1995〕88 号，计价格〔1995〕2404 号，价费字〔1992〕414 号，发改价格〔2015〕2136 号，财税〔2017〕20 号 |

**(续表)**

| 序号 | 部门 | 项目序号 | 项目名称 | 资金管理方式 | 政策依据 |
|---|---|---|---|---|---|
| 十五 | 知识产权部门 | 26 | 专利收费<br>(1)专利收费(国内部分)<br>①申请费、申请附加费、公布印刷费、优先权要求费<br>②发明专利申请实质审查费、复审费<br>③专利登记费、公告印刷费、年费、年费滞纳金<br>④恢复权利请求费、延长期限请求费<br>⑤著录事项变更费、专利权评价报告请求费、无效宣告请求费<br>⑥专利文件副本证明费 | 缴入中央国库 | 《专利法》,《专利法实施细则》,财税〔2017〕8号,发改价格〔2017〕270号,财税〔2016〕78号,财税〔2018〕37号 |
| | | 27 | (2)PCT专利申请收费<br>①申请国际阶段收取的国际申请费和手续费,传送费、检索费、优先权文件费、初步审查费、单一性异议费、副本复制费、后提交费、恢复权利 | | 《专利法》,《专利法实施细则》,财税〔2017〕8号,发改价格〔2017〕270号,财税〔2018〕37号 |

（续表）

| 序号 | 部门 | 项目序号 | 项目名称 | 资金管理方式 | 政策依据 |
|---|---|---|---|---|---|
| 十五 | 知识产权部门 | 27 | 请求费、滞纳金<br>② 申请进入中国国家阶段收取的宽限费、译文改正费、单一性恢复费、优先权恢复费 | | |
| | | | （3）为其他国家和地区提供检索和审查服务收费 | | 《专利法》,《专利法实施细则》,财税〔2017〕8 号，发改价格〔2017〕270 号 |
| | | | 集成电路布图设计保护收费<br>（1）布图设计登记费<br>（2）布图设计登记复审请求费<br>（3）著录事项变更手续费<br>（4）延长期限请求费<br>（5）恢复布图设计登记权利请求费<br>（6）非自愿许可使用布图设计请求费<br>（7）报酬裁决费 | 缴入中央国库 | 《集成电路布图设计保护条例》,财税〔2017〕8 号，发改价格〔2017〕270 号，发改价格〔2017〕1186 号 |
| 十六 | 银保监会 | 28 | 银行业监管费 | 缴入中央国库 | 财税〔2015〕21 号，财税〔2017〕52 号 |
| | | 29 | 保险业监管费 | 缴入中央国库 | 财税〔2015〕22 号，财税〔2017〕52 号 |

**(续表)**

| 序号 | 部门 | 项目序号 | 项目名称 | 资金管理方式 | 政策依据 |
|---|---|---|---|---|---|
| 十七 | 证监会 | 30 | 证券、期货业监管费 | 缴入中央国库 | 财税〔2015〕20 号，发改价格〔2016〕14 号，财税〔2018〕37 号，发改价格规〔2018〕917 号 |
| 十八 | 仲裁部门 | 31 | 仲裁收费 | 缴入地方国库 | 《仲裁法》，财综〔2010〕19 号，国办发〔1995〕44 号 |

## (三) 行政事业性收费标准管理办法(发改价格规〔2018〕988 号)

| | |
|---|---|
| 第三条　本办法所称行政事业性收费(以下简称“收费”)，是指国家机关、事业单位、代行政府职能的社会团体及其他组织根据法律法规等有关规定，依照国务院规定程序批准，在实施社会公共管理，以及在向公民、法人和其他组织提供特定公共服务过程中，向特定对象收取的费用。 | 第四条　收费标准实行中央和省两级审批制度。国务院和省、自治区、直辖市人民政府(以下简称“省级政府”)的价格财政部门按照定权限审批收费标准。未列入行政事业性收费目录清单的收费项目，一律不得审批收费标准。<br>中央有关部门和单位(包括中央驻地方单位，下同)，以及全国或者区域(跨省、自治区、直辖市)范围内实施收费的收费标准，由国务院价格、财政部门审批。其中，重要收费项目的收费标准应当由国务院价格、财政部门审核后报请国务院批准。<br>除上款规定的其他收费标准，由省级政府价格、财政部门审批。其中，重要收费项目的收费标准应当由省级政府价格、财政部门审核后报请省级政府批准。 |

## （四）降低部分行政事业性收费标准(发改价格〔2019〕914 号)

一、自 2019 年 7 月 1 日起，降低无线电频率占用费、出入境证照类收费、商标注册收费等部分行政事业性收费标准。

二、对 2019 年 7 月 1 日前应交未交的上述行政事业性收费，补缴时应按原标准征收。

三、各地区、各有关部门要严格执行本通知规定，对降低的行政事业性收费标准，不得以任何理由拖延或者拒绝执行。

### 降低的行政事业性收费标准

一、工业和信息化部门

（一）223～235 MHz 频段无线数据传输系统收费标准。

降低 223～235 MHz 频段电力等行业采用载波聚合的基站频率占用费标准，由按每频点(25 kHz)每基站征收改为按每 MHz 每基站征收，即由现行 800 元/频点/基站调整为 1 000 元/MHz/基站。

原窄带无线数据传输系统(每频点信道带宽 25 kHz)的收费标准仍按现行规定执行，即 800 元/频点/基站。

（二）5 905～5 925 MHz 频段车联网直连通信系统收费标准。

1. 在省(自治区、直辖市)范围使用的，按照 15 万元/MHz/年收取；在市(地、州)范围使用的，按照 1.5 万元/MHz/年。使用范围在 10 个省(自治区、直辖市)及以上的，按照 150 万元/MHz/年收取；使用范围在 10 个市(地、州)及以上的，按照 15 万元/MHz/年收取。

二、移民和出入境管理部门

（一）因私普通护照收费标准，由 160 元/本降为 120 元/本。

（二）往来港澳通行证收费标准，由 80 元/张降为 60 元/张。

（三）其他收费项目，按现行标准执行。

三、知识产权部门

（一）受理商标续展注册费收费标准，由 1 000 元降为 500 元。

（二）变更费收费标准，由 250 元降为 150 元。

(续表)

| | |
|---|---|
| 2. 为鼓励新技术新业务的发展，对5 905～5 925 MHz 频段车联网直连通信系统频率占用费标准实行“头三年免收”的优惠政策，即自频率使用许可证发放之日起，第一至第三年(按财务年度计算，下同)免收无线电频率占用费；第四年及以后按照国家规定的收费标准收取频率占用费。<br>(三) 卫星通信系统频率占用费收费标准。<br>1. 调整网络化运营的对地静止轨道 Ku 频段(12.2～12.75 GHz/14～14.5 GHz)高通量卫星系统业务频率的频率占用费收费方式。根据其技术和运营特点，由原按照空间电台 500 元/MHz/年(发射)、地球站 250 元/MHz/年(发射)分别向卫星运营商和网内终端用户收取，改为根据卫星系统业务频率实际占用带宽，只向卫星运营商按照 500 元/MHz/年标准收取，此频段内不再对网内终端用户收取频率占用费。<br>2. 免收卫星业余业务频率占用费。<br>(四) 其他收费项目，按现行标准执行。 | (三) 对提交网上申请并接受电子发文的商标业务，免收变更费，其他收费项目，包括受理商标注册费、补发商标注册证费、受理转让注册商标费、受理商标续展注册费、受理续展注册迟延费、受理商标评审费、出据商标证明费、受理集体商标注册费、受理证明商标注册费、商标异议费、撤销商标费、商标使用许可合同备案费，按现行标准的90%收费。 |

**(五) 继续免征相关防疫药品和医疗器械注册费(财政部　国家发展改革委公告 2021 年第 9 号)**

自 2021 年 1 月 1 日起至 2021 年 12 月 31 日，对进入医疗器械应急审批程序并与新型冠状病毒(2019-nCoV)相关的防控产品，免征医疗器械产品注册费；对进入药品特别审批程序、治疗和预防新型冠状病毒肺炎(COVID-19)的药品,免征药品注册费。

## 三、政府性基金减费政策解析与应用

政策依据:

《政府性基金管理暂行办法》(财综〔2010〕80 号)

### (一) 政府性基金管理暂行办法(财综〔2010〕80 号)

第二条　本办法所称政府性基金,是指各级人民政府及其所属部门根据法律、行政法规和中共中央、国务院文件规定,为支持特定公共基础设施建设和公共事业发展,向公民、法人和其他组织无偿征收的具有专项用途的财政资金。

第三条　政府性基金实行中央一级审批制度,遵循统一领导、分级管理的原则。

第四条　政府性基金属于政府非税收入,全额纳入财政预算,实行"收支两条线"管理。

第五条　各级人民政府财政部门(以下简称各级财政部门)以及政府性基金征收、使用部门和单位按照本办法规定权限,分别负责政府性基金的征收、使用、管理和监督。

### (二) 全国政府性基金目录清单

全国政府性基金目录清单

| 序号 | 项目名称 | 资金管理方式 | 政策依据 |
|---|---|---|---|
| 1 | 铁路建设基金 | 缴入中央国库 | 国发〔1992〕37 号,财工字〔1996〕371 号,财工〔1997〕543 号,财综〔2007〕3 号 |
| 2 | 港口建设费 | 缴入中央和地方国库 | 国发〔1985〕124 号,财综〔2011〕29 号,财综〔2011〕100 号,财综〔2012〕40 号,财税〔2015〕131 号 |
| 3 | 民航发展基金 | 缴入中央国库 | 国发〔2012〕24 号,财综〔2012〕17 号,财税〔2015〕135 号 |

（续表）

| 序号 | 项目名称 | 资金管理方式 | 政策依据 |
|---|---|---|---|
| 4 | 高等级公路车辆通行附加费(海南) | 缴入地方国库 | 财综〔2008〕84号,《海南经济特区机动车辆通行附加费征收管理条例》(海南省人民代表大会常务委员会公告第54号) |
| 5 | 国家重大水利工程建设基金 | 缴入中央和地方国库 | 财综〔2009〕90号,财综〔2010〕97号,财税〔2010〕44号,财综〔2013〕103号,财税〔2015〕80号,财办税〔2015〕4号,财税〔2017〕51号,财办税〔2017〕60号,财税〔2018〕39号 |
| 6 | 水利建设基金 | 缴入中央和地方国库 | 财综字〔1998〕125号,财综〔2011〕2号,财综函〔2011〕33号,财办综〔2011〕111号,财税函〔2016〕291号,财税〔2016〕12号,财税〔2017〕18号 |
| 7 | 城市基础设施配套费 | 缴入地方国库 | 国发〔1998〕34号,财综函〔2002〕3号 |
| 8 | 农网还贷资金 | 缴入中央和地方国库 | 财企〔2001〕820号,财企〔2002〕266号,财企〔2006〕347号,财综〔2007〕3号,财综〔2012〕7号,财综〔2013〕103号,财税〔2015〕59号 |
| 9 | 教育费附加 | 缴入中央和地方国库 | 《教育法》,国发〔1986〕50号(国务院令第60号修改发布),国发明电〔1994〕2号、23号,国发〔2010〕35号,财税〔2010〕103号,财税〔2016〕12号,财税〔2019〕13号,财税〔2019〕21号,财税〔2019〕22号 |

（续表）

| 序号 | 项目名称 | 资金管理方式 | 政策依据 |
|---|---|---|---|
| 10 | 地方教育附加 | 缴入地方国库 | 《教育法》，财综〔2001〕58 号，财综函〔2003〕2 号、9 号、10 号、12 号、13 号、14 号、15 号、16 号、18 号，财综〔2004〕73 号，财综函〔2005〕33 号，财综〔2006〕2 号、61 号，财综函〔2006〕9 号，财综函〔2007〕45 号，财综函〔2008〕7 号，财综函〔2010〕2 号、3 号、7 号、8 号、11 号、71 号、72 号、73 号、75 号、76 号、78 号、79 号、80 号，财综〔2010〕98 号，财综函〔2011〕1 号、2 号、3 号、4 号、5 号、6 号、7 号、8 号、9 号、10 号、11 号、12 号、13 号、15 号、16 号、17 号、57 号，财税〔2016〕12 号，财税〔2019〕13 号，财税〔2019〕21 号，财税〔2019〕22 号 |
| 11 | 文化事业建设费 | 缴入中央和地方国库 | 国发〔1996〕37 号，国办发〔2006〕43 号，财综〔2013〕102 号，财文字〔1997〕243 号，财预字〔1996〕469 号，财税〔2016〕25 号，财税〔2016〕60 号 |
| 12 | 国家电影事业发展专项资金 | 缴入中央和地方国库 | 《电影管理条例》，国办发〔2006〕43 号，财税〔2015〕91 号，财教〔2016〕4 号 |
| 13 | 旅游发展基金 | 缴入中央国库 | 旅办发〔1991〕124 号，财行〔2001〕24 号，财综〔2007〕3 号，财综〔2010〕123 号，财税〔2015〕135 号 |

（续表）

<table>
<tr><th>序号</th><th colspan="2">项目名称</th><th>资金管理方式</th><th>政策依据</th></tr>
<tr><td rowspan="3">14</td><td rowspan="3">中央水库移民扶持基金</td><td>大中型水库移民后期扶持基金</td><td rowspan="3">缴入中央国库</td><td rowspan="3">《大中型水利水电工程建设征地补偿和移民安置条例》,《长江三峡工程建设移民条例》,国发〔2006〕17 号,财综〔2006〕29 号,财监〔2006〕95 号,监察部、人事部、财政部令第 13 号,财综〔2007〕26 号,财综〔2007〕69 号,财综〔2008〕17 号,财综〔2008〕29 号、30 号、31 号、32 号、33 号、35 号、64 号、65 号、66 号、67 号、68 号、85 号、86 号、87 号、88 号、89 号、90 号,财综〔2009〕51 号、59 号,财综〔2010〕15 号、16 号、43 号、113 号,财综函〔2010〕10 号、39 号,财综〔2013〕103 号,财税〔2015〕80 号,财税〔2016〕11 号,财税〔2016〕13 号,财税〔2017〕51 号,财办税〔2017〕60 号,财农〔2017〕128 号</td></tr>
<tr><td>跨省大中型水库库区基金</td></tr>
<tr><td>三峡水库库区基金</td></tr>
<tr><td rowspan="2">15</td><td rowspan="2">地方水库移民扶持基金</td><td>省级大中型水库库区基金</td><td rowspan="2">缴入地方国库</td><td rowspan="2">国发〔2006〕17 号,财综〔2007〕26 号,财综〔2008〕17 号,财综〔2008〕29 号、30 号、31 号、32 号、33 号、35 号、64 号、65 号、66 号、67 号、68 号、85 号、86 号、87 号、88 号、89 号、90 号,财综〔2009〕51 号、59 号,财综〔2010〕15 号、16 号、43 号、113 号,财综函〔2010〕10 号、39 号,财税〔2016〕11 号,财税〔2016〕13 号,财税〔2017〕18 号</td></tr>
<tr><td>小型水库移民扶助基金</td></tr>
<tr><td>16</td><td colspan="2">残疾人就业保障金</td><td>缴入地方国库</td><td>《残疾人就业条例》,财税〔2015〕72 号,财综〔2001〕16 号,财税〔2017〕18 号,财税〔2018〕39 号</td></tr>
</table>

（续表）

| 序号 | 项目名称 | 资金管理方式 | 政策依据 |
| --- | --- | --- | --- |
| 17 | 森林植被恢复费 | 缴入中央和地方国库 | 《森林法》,《森林法实施条例》,财综〔2002〕73 号,财税〔2015〕122 号,财税〔2016〕2 号 |
| 18 | 可再生能源发展基金 | 缴入中央国库 | 《可再生能源法》,财综〔2011〕115 号,财建〔2012〕102 号,财综〔2013〕89 号,财综〔2013〕103 号,财税〔2016〕4 号,财办税〔2015〕4 号 |
| 19 | 船舶油污损害赔偿基金 | 缴入中央国库 | 《环境保护法》,《防治船舶污染海洋环境管理条例》,财综〔2012〕33 号,交财审发〔2014〕96 号 |
| 20 | 核电站乏燃料处理处置基金 | 缴入中央国库 | 财综〔2010〕58 号 |
| 21 | 废弃电器电子产品处理基金 | 缴入中央国库 | 《废弃电器电子产品回收处理管理条例》,财综〔2012〕34 号,财综〔2012〕48 号,财综〔2012〕80 号,财综〔2013〕32 号,财综〔2013〕109 号,财综〔2013〕110 号,财综〔2014〕45 号、财税〔2015〕81 号,财政部公告 2014 年第 29 号,财政部公告 2015 年第 91 号,国家税务总局公告 2012 年第 41 号,海关总署公告 2012 年第 33 号 |

## 四、工会经费减费政策解析与应用

政策依据：

《中华人民共和国工会法》(以及下简称《工会法》)(主席令第 57 号)；

《基层工会经费收支管理办法》(总工办发〔2017〕32 号,以下简称《办法》)；

《关于支持民营企业加快改革发展与转型升级的实施意见》(发改体改〔2020〕1566 号)。

## (一) 工会经费收入范围

| 《工会法》 | 《办法》第四条 |
|---|---|
| 第四十二条　工会经费的来源：<br>(一) 工会会员缴纳的会费；<br>(二) 建立工会组织的企业、事业单位、机关按每月全部职工工资总额的百分之二向工会拨缴的经费；<br>(三) 工会所属的企业、事业单位上缴的收入；<br>(四) 人民政府的补助；<br>(五) 其他收入。<br>前款第二项规定的企业、事业单位拨缴的经费在税前列支。<br>工会经费主要用于为职工服务和工会活动。经费使用的具体办法由中华全国总工会制定。 | 第四条　基层工会经费收入范围包括：<br>(一) 会费收入。会费收入是指工会会员依照全国总工会规定按本人工资收入的5‰向所在基层工会缴纳的会费。<br>(二) 拨缴经费收入。拨缴经费收入是指建立工会组织的单位按全部职工工资总额2%依法向工会拨缴的经费中的留成部分。<br>(三) 上级工会补助收入。上级工会补助收入是指基层工会收到的上级工会拨付的各类补助款项。<br>(四) 行政补助收入。行政补助收入是指基层工会所在单位依法对工会组织给予的各项经费补助。<br>(五) 事业收入。事业收入是指基层工会独立核算的所属事业单位上缴的收入和非独立核算的附属事业单位的各项事业收入。<br>(六) 投资收益。投资收益是指基层工会依据相关规定对外投资取得的收益。<br>(七) 其他收入。其他收入是指基层工会取得的资产盘盈、固定资产处置净收入、接受捐赠收入和利息收入等。 |

1.“每月全部职工工资总额”是指每月全部职工的应发工资，不扣除五险一金和个税。计提工会经费的基数应该是应发工资总额，而不是实发工资总额。

2.“全部职工”包括在公司的正式职工和非正式职工，但不包括退休返聘人员、兼职人员。劳务派遣人员如果直接跟公司签订合同，视为本公司员工纳入员工基数，如果是跟劳务派遣公司签订合同，则不需要计入员工基数。

### （二）工会经费的拨缴方式

| 先缴再返 | 分级拨缴 |
| --- | --- |
| 先按每月全部职工工资薪金总额的 2% 计算出工会经费全额向工会组织拨缴，取得《工会经费收入专用收据》；或者向受委托代收工会经费的税务机关缴纳，取得工会经费代收凭据，上级工会组再按规定比例（一般为 60%）转拨给缴费企业基层工会。 | 按每月全部职工工资薪金总额的 2% 计算出工会经费后，按当地规定比例（一般为 40%）向受委托代收工会经费的税务机关缴纳，取得工会经费代收凭据；留成部分（一般为 60%）由企业同时拨付给其所在的基层工会，取得本单位基层工会开具的《工会经费收入专用收据》。 |

### （三）工会经费支出范围（总工办发〔2017〕32 号）

第六条　基层工会经费主要用于为职工服务和开展工会活动。

第七条　基层工会经费支出范围包括：职工活动支出、维权支出、业务支出、资本性支出、事业支出和其他支出。

| | |
| --- | --- |
| 第八条　职工活动支出是指基层工会组织开展职工教育、文体、宣传等活动所发生的支出和工会组织的职工集体福利支出。包括：<br>（一）职工教育支出。用于基层工会举办政治、法律、科技、业务等专题培训和职工技能培训所需的教材资料、教学用品、场地租金等方面的支出，用于支付职工教育活动聘请授课人员的酬金，用于基层工会组织的职工素质提升补助和职工教育培训优秀学员的奖励。对优秀学员的奖励应以精神鼓励为主、物质激励为辅。授课人员酬金标准参照国家有关规定执行。 | 第九条　维权支出是指基层工会用于维护职工权益的支出。包括：劳动关系协调费、劳动保护费、法律援助费、困难职工帮扶费、送温暖费和其他维权支出。<br>（一）劳动关系协调费。用于推进创建劳动关系和谐企业活动、加强劳动争议调解和队伍建设、开展劳动合同咨询活动、集体合同示范文本印制与推广等方面的支出。<br>（二）劳动保护费。用于基层工会开展群众性安全生产和职业病防治活动、加强群监员队伍建设、开展职工心理健康维护等促进安全健康生产、保护职工生命安全为宗旨开展职工劳动保护发生的支出等。 |

（续表）

| | |
|---|---|
| （二）文体活动支出。用于基层工会开展或参加上级工会组织的职工业余文体活动所需器材、服装、用品等购置、租赁与维修方面的支出以及活动场地、交通工具的租金支出等，用于文体活动优胜者的奖励支出，用于文体活动中必要的伙食补助费。<br>文体活动奖励应以精神鼓励为主、物质激励为辅。奖励范围不得超过参与人数的三分之二；不设置奖项的，可为参加人员发放少量纪念品。<br>文体活动中开支的伙食补助费，不得超过当地差旅费中的伙食补助标准。<br>基层工会可以用会员会费组织会员观看电影、文艺演出和体育比赛等，开展春游秋游，为会员购买当地公园年票。会费不足部分可以用工会经费弥补，弥补部分不超过基层工会当年会费收入的三倍。<br>基层工会组织会员春游秋游应当日往返，不得到有关部门明令禁止的风景名胜区开展春游秋游活动。 | （三）法律援助费。用于基层工会向职工群众开展法治宣传、提供法律咨询、法律服务等发生的支出。<br>（四）困难职工帮扶费。用于基层工会对困难职工提供资金和物质帮助等发生的支出。<br>工会会员本人及家庭因大病、意外事故、子女就学等原因致困时，基层工会可给予一定金额的慰问。<br>（五）送温暖费。用于基层工会开展春送岗位、夏送清凉、金秋助学和冬送温暖等活动发生的支出。<br>（六）其他维权支出。用于基层工会补助职工和会员参加互助互济保障活动等其他方面的维权支出。<br>第十条　业务支出是指基层工会培训工会干部、加强自身建设以及开展业务工作发生的各项支出。包括：<br>（一）培训费。用于基层工会开展工会干部和积极分子培训发生的支出。开支范围和标准以有关部门制定的培训费管理办法为准。<br>（二）会议费。用于基层工会会员大会或会员代表大会、委员会、常委会、经费审查委员会以及其他专业工作会议的各项支出。开支范围和标准以有关部门制定的会议费管理办法为准。 |

（续表）

| | |
|---|---|
| （三）宣传活动支出。用于基层工会开展重点工作、重大主题和重大节日宣传活动所需的材料消耗、场地租金、购买服务等方面的支出，用于培育和践行社会主义核心价值观，弘扬劳模精神和工匠精神等经常性宣传活动方面的支出，用于基层工会开展或参加上级工会举办的知识竞赛、宣讲、演讲比赛、展览等宣传活动支出。<br>（四）职工集体福利支出。用于基层工会逢年过节和会员生日、婚丧嫁娶、退休离岗的慰问支出等。<br>基层工会逢年过节可以向全体会员发放节日慰问品。逢年过节的年节是指国家规定的法定节日（即：新年、春节、清明节、劳动节、端午节、中秋节和国庆节）和经自治区以上人民政府批准设立的少数民族节日。节日慰问品原则上为符合中国传统节日习惯的用品和职工群众必需的生活用品等，基层工会可结合实际采取便捷灵活的发放方式。<br>工会会员生日慰问可以发放生日蛋糕等实物慰问品，也可以发放指定蛋糕店的蛋糕券。 | （三）专项业务费。用于基层工会开展基层工会组织建设、建家活动、劳模和工匠人才创新工作室、职工创新工作室等创建活动发生的支出，用于基层工会开办的图书馆、阅览室和职工书屋等职工文体活动阵地所发生的支出，用于基层工会开展专题调研所发生的支出，用于基层工会开展女职工工作性支出，用于基层工会开展外事活动方面的支出，用于基层工会组织开展合理化建议、技术革新、发明创造、岗位练兵、技术比武、技术培训等劳动和技能竞赛活动支出及其奖励支出。<br>（四）其他业务支出。用于基层工会发放兼职工会干部和专职社会化工会工作者补贴，用于经上级批准评选表彰的优秀工会干部和积极分子的奖励支出，用于基层工会必要的办公费、差旅费，用于基层工会支付代理记账、中介机构审计等购买服务方面的支出。<br>基层工会兼职工会干部和专职社会化工会工作者发放补贴的管理办法由省级工会制定。<br>第十一条　资本性支出是指基层工会从事工会建设工程、设备工具购置、大型修缮和信息网络购建而发生的支出。 |

（续表）

| | |
|---|---|
| 工会会员结婚生育时，可以给予一定金额的慰问品。工会会员生病住院、工会会员或其直系亲属去世时，可以给予一定金额的慰问金。<br>工会会员退休离岗，可以发放一定金额的纪念品。<br>（五）其他活动支出。用于工会组织开展的劳动模范和先进职工疗休养补贴等其他活动支出。 | 第十二条　事业支出是指基层工会对独立核算的附属事业单位的补助和非独立核算的附属事业单位的各项支出。<br>第十三条　其他支出是指基层工会除上述支出以外的其他各项支出。包括：资产盘亏、固定资产处置净损失、捐赠、赞助等。<br>第十四条　根据《工会法》的有关规定，基层工会专职工作人员的工资、奖励、补贴由所在单位承担，基层工会办公和开展活动必要的设施和活动场所等物质条件由所在单位提供。所在单位保障不足且基层工会经费预算足以保证的前提下，可以用工会经费适当弥补。 |

## （四）工会经费代征

| 代收范围 | 代收比例 | 申报缴纳期限和方式 |
|---|---|---|
| 除工会经费纳入财政集中划拨的机关事业单位外，其他企事业单位工会经费（含未建立工会组织单位缴纳的筹备金）可以由各级工会委托税务部门代收。 | 对纳入代收范围的单位，原则上按其全部职工工资总额的 2% 计提的工会经费（筹备金）全额代收。 | 工会经费可按月或按季缴纳。缴费单位于每月或季度终了后 15 日内向其主管税务机关申报，并在规定期限内缴纳工会经费。<br>缴纳单位采用上门缴纳或网上缴纳方式缴纳工会经费（建会筹备金）。采取上门缴纳方式的，缴费单位到主管税务机关办税服务厅填报《通用申报表（税基金规费）》，进行申报缴纳；采用网上申报方式的，缴费单位通过税务机关网上申报系统申报缴纳工会经费（建会筹备金）。 |

**(五) 小微企业全额返工会经费(发改体改〔2020〕1566 号)**

对小微企业 2020 年 1 月 1 日至 2021 年 12 月 31 日的工会经费,实行全额返还支持政策。

**五、残疾人就业保障金减费政策解析与应用**

政策依据:

---

《中华人民共和国残疾人保障法》(主席令第 36 号);

《残疾人就业条例》(国务院令第 488 号);

《残疾人就业保障金征收使用管理办法》(财税〔2015〕72 号);

《关于取消、调整部分政府性基金有关政策的通知》(财税〔2017〕18 号);

《关于降低部分政府性基金征收标准的通知》(财税〔2018〕39 号);

《关于完善残疾人就业保障金制度　更好促进残疾人就业的总体方案》(发改价格规〔2019〕2015 号);

《财政部关于调整残疾人就业保障金征收政策的公告》(财政部公告 2019 年第 98 号)。

---

| | |
|---|---|
| 根据《残疾人保障法》,国家实行按比例安排残疾人就业制度。国家机关、社会团体、企业事业单位、民办非企业单位应当按照规定的比例安排残疾人就业,并为其选择适当的工种和岗位。达不到规定比例的,按照国家有关规定履行保障残疾人就业义务。国家鼓励用人单位超过规定比例安排残疾人就业。 | 残疾人就业保障金(以下简称残保金)是指为保障残疾人权益,由未按规定安排残疾人就业的机关、团体、企业、事业单位和民办非企业单位缴纳的资金。残保金由用人单位所在地的税务机关负责征收。有关省、自治区、直辖市对保障金征收机关另有规定的,按其规定执行。 |

## (一) 政策规定(财税〔2015〕72 号)

| 缴纳单位 | 申报缴纳 | 处罚 |
|---|---|---|
| 第四条　本办法所称残疾人,是指持有《中华人民共和国残疾人证》上注明属于视力残疾、听力残疾、言语残疾、肢体残疾、智力残疾、精神残疾和多重残疾的人员,或者持有《残疾军人证》(1至8级)的人员。<br>第六条　用人单位安排残疾人就业的比例不得低于本单位在职职工总数的1.5%。具体比例由各省、自治区、直辖市人民政府根据本地区的实际情况规定。用人单位安排残疾人就业达不到其所在地省、自治区、直辖市人民政府规定比例的,应当缴纳保障金。<br>第七条　用人单位将残疾人录用为在编人员或依法与就业年龄段内的残疾人签订1年以上(含1年)劳动合同(服务协议),且实际支付的工资不低于当地最低工资标准,并足额缴纳社会保险费的,方可计入用人单位所安排的残疾人就业人数。 | 第八条　保障金按上年用人单位安排残疾人就业未达到规定比例的差额人数和本单位在职职工年平均工资之积计算缴纳。计算公式如下:<br>保障金年缴纳额=(上年用人单位在职职工人数×所在地省、自治区、直辖市人民政府规定的安排残疾人就业比例-上年用人单位实际安排的残疾人就业人数)×上年用人单位在职职工年平均工资。<br>用人单位在职职工,是指用人单位在编人员或依法与用人单位签订1年以上(含1年)劳动合同(服务协议)的人员。季节性用工应当折算为年平均用工人数。以劳务派遣用工的,计入派遣单位在职职工人数。<br>用人单位安排残疾人就业未达到规定比例的差额人数,以公式计算结果为准,可以不是整数。<br>上年用人单位在职职工年平均工资,按用人单位上年在职职工工资总额除以用人单位在职职工人数计算。<br>第十七条　用人单位遇不可抗力自然灾害或其他突发事件遭受重大直接经济损失,可以申请减免或者缓缴保障金。用人单位申请减免保障金的最高限额不得超过1年的保障金应缴额,申请缓缴保障金的最长期限不得超过6个月。 | 第二十六条　用人单位未按规定缴纳保障金的,按照《残疾人就业条例》的规定,由保障金征收机关提交财政部门,由财政部门予以警告,责令限期缴纳;逾期仍不缴纳的,除补缴欠缴数额外,还应当自欠缴之日起,按日加收5‰的滞纳金。 |

**（二）完善残疾人就业保障金制度更好促进残疾人就业总体方案（发改价格规〔2019〕2015 号第二条）**

| 方案规定 | 方案解读 |
| --- | --- |
| 自 2020 年 1 月 1 日起：<br>（三）实行分档征收。<br>将残保金由单一标准征收调整为分档征收，用人单位安排残疾人就业比例 1%（含）以上但低于本省（区、市）规定比例的，三年内按应缴费额 50% 征收；1% 以下的，三年内按应缴费额 90% 征收。<br>（四）暂免征收小微企业残保金。对在职职工总数 30 人（含）以下的企业，暂免征收残保金。<br>（五）明确社会平均工资口径。残保金征收标准上限仍按当地社会平均工资的 2 倍执行，社会平均工资的口径为城镇私营单位和非私营单位就业人员加权平均工资。 | （一）实行分档征收政策<br>自 2020 年 1 月 1 日起，企业残疾人就业比例≥1%，减缴 50%，即按照应缴费金额的 50% 缴纳残保金；企业残疾人就业比例＜1%，减缴 10%，即按照应缴费金额的 90% 缴纳残保金。<br>（1）残疾人就业比例＝用人单位就业残疾人/在职职工总数。<br>（2）原来的规定是，残疾人就业比例不得低于 1.5%，且不低于各地规定的比例，否则用人单位就需要缴纳残保金。按照最新政策，就业比例在 1%～1.5% 之间，减缴 50%；就业比例＜1%，减缴 10%。<br>（二）小微企业暂免征收政策<br>自 2020 年 1 月 1 日起，在职职工人数在 30 人（含）以下的企业，暂免征收残疾人就业保障金。只要企业在职职工人数≤30 人，在 2020 年—2022 年期间，均免缴残保金。注意，不再要求必须注册 3 年内。<br>（三）明确征收标准上限口径<br>残保金征收标准上限，按照当地社会平均工资的 2 倍执行。当地社会平均工资按照所在地城镇非私营单位就业人员平均工资和城镇私营单位就业人员平均工资加权计算。 |

（续表）

| 方案规定 | 方案解读 |
| --- | --- |
| （六）合理认定按比例安排就业形式。探索残疾人按比例就业多种实现形式，为用人单位更好履行法定义务提供更多选择。用工单位依法以劳务派遣方式接受残疾人在本单位就业的，残疾人联合会（以下简称残联）在审核残疾人就业人数时相应计入并加强动态监控。 | （四）合理认定按比例安排残疾人就业形式用人单位依法以劳务派遣方式接受残疾人在本单位就业的，各级残联所属的残疾人就业服务机构在审核时要相应计入并加强动态监控。派遣单位和接受单位在审核前要协商一致，将残疾人数计入其中一方的实际安排残疾人就业人数和在职职工人数，不得重复计算。2020 年 5 月底之前（以后每年为 1 月底之前），劳务派遣单位要到税务登记地的残疾人就业服务机构，申报本单位上年度派遣残疾职工情况。 |

**（三）调整残疾人就业保障金征收政策（财政部 国家税务总局公告 2019 第 98 号）**

| 政策规定 | 政策解读 |
| --- | --- |
| 一、残疾人就业保障金征收标准上限，按照当地社会平均工资 2 倍执行。当地社会平均工资按照所在地城镇非私营单位就业人员平均工资和城镇私营单位就业人员平均工资加权计算。<br>二、用人单位依法以劳务派遣方式接受残疾人在本单位就业的，由派遣单位和接受单位通过签订协议的方式协商一致后，将残疾人数计入其中一方的实际安排残疾人就业人数和在职职工人数，不得重复计算。 | 1. 缴费封顶基数是当地社平工资的 2 倍<br>残疾人就业保障金征收标准上限，按照当地社会平均工资 2 倍执行。当地社会平均工资按照所在地城镇非私营单位就业人员平均工资和城镇私营单位就业人员平均工资加权计算。<br>2. 劳务派遣人员可以选择在用人单位或派遣单位计算 |

（续表）

| 政策规定 | 政策解读 |
| --- | --- |
| 三、自2020年1月1日起至2022年12月31日，对残疾人就业保障金实行分档减缴政策。其中：用人单位安排残疾人就业比例达到1%（含）以上，但未达到所在地省、自治区、直辖市人民政府规定比例的，按规定应缴费额的50%缴纳残疾人就业保障金；用人单位安排残疾人就业比例在1%以下的，按规定应缴费额的90%缴纳残疾人就业保障金。<br>四、自2020年1月1日起至2022年12月31日，在职职工人数在30人（含）以下的企业，暂免征收残疾人就业保障金。<br>五、本公告自2020年1月1日起执行。 | 用人单位依法以劳务派遣方式接受残疾人在本单位就业的，由派遣单位和接受单位通过签订协议的方式协商一致后，将残疾人数计入其中一方的实际安排残疾人就业人数和在职职工人数，不得重复计算。<br>原来的政策是，劳务派遣人员计入派遣单位在职职工人数。这样的话，比较有利于派遣单位，不利于用人单位。最新政策允许派遣单位和用人单位协商，可以由其中任何一方计算，对于用人单位来说无疑是有利的。 |

**【例1】** 上海A企业上年度在职职工总数80人，在职职工年平均工资10万元，雇佣了1个残疾人，请问该企业应缴多少残保金？上海规定就业比例不得低于1.5%。

残保金年缴纳额的计算公式：

（上年用人单位在职职工人数×所在省规定的残疾人就业比例－上年用人单位实际安排的残疾人就业人数）×上年用人单位在职职工年平均工资

本例中，如果没有本次减缴政策，A企业应缴纳残保金＝（80×1.5%－1）×10万＝2（万元）。

根据最新政策，A企业的残疾人就业比例＝1/80＝1.25%＞1%，因此可减缴50%，即按照2万×50%＝1（万元）缴纳残保金即可。

本例中，假设 A 企业上年度在职职工平均工资 30 万元，上海市上年度社会平均工资是 12 万元，则计算 A 企业应缴纳的残保金时，公式是(80×1.5% - 1)×24 万，即不用 A 企业自己的平均工资 30 万元，而使用上海市平均工资的 2 倍这个数值，这个是缴费基数上限。

**（四）残疾人就业保障金计算方法**

残疾人就业保障金按上年用人单位安排残疾人就业未达到规定比例的差额人数和本单位在职职工年平均工资之积计算缴纳。

2020 年缴纳 2019 年度的残疾人就业保障金，2021 年缴纳 2020 年度的残疾人就业保障金，计算公式如下：

2020 年残疾人就业保障金年缴纳额(雇用残疾人比例不低于 1%) = (2019 年用人单位在职职工人数×1.5% - 2019 年用人单位实际安排残疾人就业人数)×2019 年用人单位在职职工年平均工资×50%(在职职工年平均工资超过当地社会平均工资 2 倍以上，按当地社会平均工资 2 倍标准计算残保金。)

2020 年残疾人就业保障金年缴纳额(雇用残疾人比例低于 1%) = (2019 年用人单位在职职工人数×1.5% - 2019 年用人单位实际安排残疾人就业人数)×2019 年用人单位在职职工年平均工资×90%(在职职工年平均工资超过当地社会平均工资 2 倍以上，按当地社会平均工资 2 倍标准计算残保金。)

2021 年残疾人就业保障金年缴纳额(雇用残疾人比例不低于 1%) = (2020 年用人单位在职职工人数×1.5% - 2020 年用人单位实际安排残

2021 年残疾人就业保障金年缴纳额(雇用残疾人比例低于 1%) = (2020 年用人单位在职职工人数×1.5% - 2020 年用人单位实际安排残疾人就业人数)×2020 年用人单位在职职工年平均工资×90%(在职职工年平均工资超过当地社会平均工资 2 倍以上，按当地社会平均工资 2 倍标准计算残保金。)

用人单位在职职工，是指用人单位在编人员或依法与用人单位签订 1 年以上(含 1 年)劳动合同(服务协议)的人员。用人单位在职职工人数，按本单位在职职工的年平均人数计算。季节性用工应当折算为年平均用工人数。以劳务派遣用工的，计入派遣单位在职职工人数。

用人单位实际安排残疾人就业人数，是指本单位年安排残疾人就业的实际人数，可以不满 1 年，不满 1 年的按月计算。

用人单位在职职工年工资总额按照国家统计局有关文件规定口径计算，包括计时工资、计件工资、奖金、加班加点工资、津贴、补贴以及特殊情况下支付的工资等项目。

用人单位在职职工年平均工资，按用人单位 2020 年在职职工工资总额除以用人单位在职职工人数计算。当

（续表）

| | |
|---|---|
| 疾人就业人数）×2020 年用人单位在职职工年平均工资×50%（在职职工年平均工资超过当地社会平均工资 2 倍以上，按当地社会平均工资 2 倍标准计算残保金）。 | 地社会平均工资为当地统计部门公布的上年度城镇单位就业人员平均工资。用人单位安排残疾人就业未达到规定比例的差额人数，以公式计算结果为准，可以不是整数。 |

**【例 2】** 甲公司 2013 年成立，2020 年全年在职职工 200 人，其中持有残疾证员工 3 人，在职职工“应付职工薪酬——工资、奖金、津贴和补贴”年借方发生额 1 170 万元，“应付职工薪酬——职工福利费—工资、奖金、津贴和补贴”年借方发生额 30 万元；季节性用工（春秋两季）8 人，“应付职工薪酬——工资、奖金、津贴和补贴”年借方发生额 56 万元；接受劳务派遣用工 40 人，全年工资 40 万元。则甲公司 2021 年应申报缴纳残疾人保障金金额是多少？假设当地年平均工资 4 万元。残疾人就业比例为 1.5%。

| | |
|---|---|
| 在职职工人数 = 200 + 8 ÷ 2 + 0 = 204（人）。<br>甲公司的残疾人就业比例 = 3 ÷ 204 = 1.47%＞1%，因此可减缴 50%。<br>季节性用工应当折算为年平均用工人数。以劳务派遣用工的，计入派遣单位在职职工人数。<br>工资总数 = 1 170 + 30 + 56 + 0 = 1 256（万元）。<br>用人单位在职职工年平均工资 6.156 9 万元（1 256 ÷ 204），小于 8 万元（4×2），则按照实际平均工资计算计征残疾人就业保障金。 | 保障金年缴纳额 =（上年用人单位在职职工人数×所在地省、自治区、直辖市人民政府规定的安排残疾人就业比例 − 上年用人单位实际安排的残疾人就业人数）×上年用人单位在职职工年平均工资 =（204×1.5% − 2）×6.156 9×50% = 3.263 2（万元）。<br>借：税金及附加——残疾人保障金　32 632<br>　贷：应交税费——残疾人保障金　32 632 |

### （五）残疾人就业保障金减免缓缴政策

| | |
|---|---|
| 一、用人单位按不低于1.5%比例雇用残疾人，免交当年残疾人就业保障金，雇用1级或2级残疾人可按2倍残疾人数计算，雇用的残疾人户籍不限省籍。<br>二、在职职工总数在30人以下（含30人）的企业，免征保障金。 | 三、成立不到一个月的，不缴纳保障金。<br>四、用人单位遇不可抗力自然灾害或其他突发事件遭受重大直接经济损失，可以申请减免或者缓缴保障金。用人单位申请减免保障金的最高限额不得超过1年的保障金应缴额，申请缓缴保障金的最长期限不得超过6个月。 |

## 六、文化事业建设费减费政策解析与应用

政策依据：

《关于营业税改征增值税试点有关文化事业建设费政策及征收管理问题的通知》（财税〔2016〕25号）；

《关于营业税改征增值税试点有关文化事业建设费政策及征收管理问题的补充通知》（财税〔2016〕60号）；

《财政部关于调整部分政府性基金有关政策的通知》（财税〔2019〕46号）

《财政部　税务总局关于电影等行业税费支持政策的公告》（2020年第25号）。

### （一）征收范围

| 财税〔2016〕25号 | 财税〔2016〕60号 |
|---|---|
| 在中华人民共和国境内提供广告服务的广告媒介单位和户外广告经营单位，应按照本通知规定缴纳文化事业建设费。<br>中华人民共和国境外的广告媒介单位和户外广告经营单位在境内提供广告服务，在境内未设有经营机构的，以广告服务接受方为文化事业建设费的扣缴义务人。 | 在中华人民共和国境内提供娱乐服务的单位和个人，应缴纳文化事业建设费。 |

（续表）

| 财税〔2016〕25 号 | 财税〔2016〕60 号 |
|---|---|
| 广告服务，是指利用图书、报纸、杂志、广播、电视、电影、幻灯、路牌、招贴、橱窗、霓虹灯、灯箱、互联网等各种形式为客户的商品、经营服务项目、文体节目或者通告、声明等委托事项进行宣传和提供相关服务的业务活动。包括广告代理和广告的发布、播映、宣传、展示等。（财税〔2016〕36 号注释） | 娱乐服务，是指为娱乐活动同时提供场所和服务的业务。具体包括：歌厅、舞厅、夜总会、酒吧、台球、高尔夫球、保龄球、游艺（包括射击、狩猎、跑马、游戏机、蹦极、卡丁车、热气球、动力伞、射箭、飞镖）。（财税〔2016〕36 号注释） |

文化事业建设费的缴纳人和增值税纳税人相一致，提供广告服务的是广告媒介单位和户外广告经营单位（不包括个体工商户和其他个人），提供娱乐服务的是单位和个人；娱乐业的具体适用范围仅限税目注释列举的项目，对网吧、棋牌室等未列举的娱乐活动不属于缴纳文化事业建设费的单位和个人。广告设计属于设计服务，不属于广告服务，不需要缴纳文化事业建设费。

## （二）计费依据（含税价款和价外费用）

| 广告服务（财税〔2016〕25 号） | 娱乐服务（财税〔2016〕60 号） |
|---|---|
| 应缴费额 = 计费销售额 × 3%<br>计费销售额，为缴纳义务人提供广告服务取得的全部含税价款和价外费用，减除支付给其他广告公司或广告发布者的含税广告发布费后的余额。 | 应缴费额 = 娱乐服务计费销售额 × 3%<br>娱乐服务计费销售额，为缴纳义务人提供娱乐服务取得的全部含税价款和价外费用。 |
| 缴纳义务人减除价款的，应当取得增值税专用发票或国家税务总局规定的其他合法有效凭证，否则不得减除。 | |

（续表）

| |
|---|
| 提醒注意的是，财税〔2016〕25号使用的是“全部含税价款和价外费用”，也就是我们通常所说的价税合计金额，作为文化事业建设费的计征依据。很难理解在营改增之后的政策还做出与增值税销售额不一致的计征依据规定，因为现行与销售额相关的计税（费）依据都是指的不含税价，但文件确实如此规定，这一点需要缴费人特别关注。<br>根据财税〔2016〕36号《销售服务、无形资产、不动产注释》，广告设计、创意策划、文印晒图等属于设计服务，不缴纳文化事业建设费；广告代理和广告的发布、播映、宣传、展示等属于广告服务，需缴纳文化事业建设费；广告制作、广告品的文印晒图不再归属于广告服务，不缴纳文化事业建设费。<br>广告业纳税人，当月广告服务收入为负时，计费收入按零申报，待后期有正数收入时进行冲减。<br>纳税人缴纳文化事业建设费时对减除支付的广告发布费，目前无时限要求。 |

**（三）免征情形（财税〔2019〕46号）**

| |
|---|
| 一、自2019年7月1日至2024年12月31日，对归属中央收入的文化事业建设费，按照缴纳义务人应缴费额的50%减征；对归属地方收入的文化事业建设费，各省（区、市）财政、党委宣传部门可以结合当地经济发展水平、宣传思想文化事业发展等因素，在应缴费额50%的幅度内减征。各省（区、市）财政、党委宣传部门应当将本地区制定的减征政策文件抄送财政部、中共中央宣传部。 |
| 财税〔2014〕122号和财税〔2016〕25号规定的优惠期限到期后，在新政策出台前，只有未达到起征点的小规模纳税人免缴文化事业建设费。增值税起征点，按照《增值税暂行条例实施细则》和《营业税改征增值税试点实施办法》执行。<br>对所属期为2020年1月1日至2020年12月31日的文化事业建设费予以免征。（财政部　税务总局公告2020年第25号）。<br>根据《财政部、税务总局关于延续实施应对疫情部分税费优惠政策的公告》（财政部、税务总局公告2021年第7号）的规定，财政部、税务总局公告2020年第25号的优惠政策执行期限延长至2021年12月31日。 |

## 七、废弃电器电子产品处理基金

政策依据：

《废弃电器电子产品回收处理管理条例》(国务院令第 551 号，根据国务院令第 709 号关于修改部分行政法规的规定修正)；

《废弃电器电子产品处理资格许可管理办法》(环境保护令第 13 号)；

《财政部 环境保护部 国家发展改革委 工业和信息化部 海关总署 国家税务总局关于印发〈废弃电器电子产品处理基金征收使用管理办法〉的通知》(财综〔2012〕34 号)；

《关于进一步明确废弃电器电子产品处理基金征收产品范围的通知》(财综〔2012〕80 号)；

《废弃电器电子产品处理基金征收管理规定》(国家税务总局公告 2012 年第 41 号)；

《废弃电器电子产品处理目录(2014 年版)》(发改委、环保部、工业和信息化部、财政部、海关总署、国家税务总局联合公告 2015 年第 5 号)；

《关于印发废弃电器电子产品处理目录(2014 年版)释义的通知》(发改办环资〔2016〕1050 号)；

《废弃电器电子产品处理基金申报表》(国家税务总局公告 2015 年第 62 号)；

《财政部 工业和信息化部 国家发展和改革委员会 生态环境部关于调整废弃电器电子产品处理基金补贴标准的通知》(财税〔2021〕10 号)。

### (一) 基金缴费人及基金缴纳

| 财综〔2012〕34 号 | 国家税务总局公告 2012 年第 41 号 |
|---|---|
| 第二条　废弃电器电子产品处理基金(以下简称基金)是国家为促进废弃电器电子产品回收处理而设立的政府性基金。<br>第四条　电器电子产品生产者、进口电器电子产品的收货人或者其代理人应当按照本办法的规定履行基金缴纳义务。 | 第二条　中华人民共和国境内电器电子产品的生产者，为基金缴纳义务人，应当按照本规定缴纳基金。<br>第五条　基金缴纳义务人销售应征基金产品时缴纳基金。本规定所称销售，是指通过从购买方取得货物、货币或其他经济利益转让应征基金产品所有权。 |

(续表)

| 财综〔2012〕34 号 | 国家税务总局公告 2012 年第 41 号 |
| --- | --- |
| 电器电子产品生产者包括自主品牌生产企业和代工生产企业。<br>第五条　基金分别按照电器电子产品生产者销售、进口电器电子产品的收货人或者其代理人进口的电器电子产品数量定额征收。 | 基金缴纳义务人受托加工生产应征基金产品的,不论原料和主要材料由何方提供,不论在财务上是否做销售处理,均由受托方缴纳基金。<br>第七条　基金缴纳义务人销售或受托加工生产相关电器电子产品,按照从量定额的办法计算应缴纳基金。应缴纳基金的计算公式为:<br>应缴纳基金 = 销售数量(受托加工数量)×征收标准 |
| 依据《废弃电器电子产品回收处理管理条例》(国务院令第 551 号)和《废弃电器电子产品处理资格许可管理办法》(环境保护部令第 13 号)的规定取得废弃电器电子产品处理资格的企业(以下简称处理企业),对列入《废弃电器电子产品处理目录》的废弃电器电子产品进行处理,可以申请基金补贴。财税〔2021〕10 号提高了基金补贴标准,见下表。<br>财综〔2012〕80 号明确了纳入基金征收范围的电视机、电冰箱、洗衣机、房间空调器、微型计算机的具体范围。 | 在中华人民共和国境内生产《废弃电器电子产品处理基金征收使用管理办法》所规定的电器电子产品的生产者,为基金缴纳义务人。<br>按照国务院令第 551 号和《废弃电器电子产品处理基金征收使用管理办法》规定,目前纳入基金征收范围的电器电子产品包括电视机、电冰箱、洗衣机、房间空调器和微型计算机共五类产品,对这五类产品的生产者征收基金。鉴于出口的电器电子产品无需在国内回收处理,规定电器电子产品生产者生产用于出口的电器电子产品免征基金。为了避免重复征收,规定对购进或者收回委托加工电器电子产品已缴纳基金的,可从应征基金产品销售数量中扣除。<br>基金实行按季申报,从量定额计征,征收标准为:电视机 13 元/台、电冰箱 12 元/台、洗衣机 7 元/台、房间空调器 7 元/台、微型计算机 10 元/台。 |

## 废弃电器电子产品处理基金补贴标准

| | 产品名称 | 品种 | 补贴标准（元/台） | 备注 |
|---|---|---|---|---|
| 1 | 电视机 | 14 寸及以上且 25 寸以下阴极射线管（黑白、彩色）电视机 | 40 | 14 寸以下阴极射线管（黑白、彩色）电视机不予补贴 |
| | | 25 寸及以上阴极射线管（黑白、彩色）电视机，等离子电视机、液晶电视机、OLED 电视机、背投电视机 | 45 | |
| 2 | 微型计算机 | 台式微型计算机（含主机和显示器）、主机显示器一体形式的台式微型计算机、便携式微型计算机 | 45 | 平板电脑、掌上电脑补贴标准另行制定 |
| 3 | 洗衣机 | 单桶洗衣机、脱水机（3 公斤＜干衣量≤10 公斤） | 25 | 干衣量≤3 公斤的洗衣机不予补贴 |
| | | 双桶洗衣机、波轮式全自动洗衣机、滚筒式全自动洗衣机（3 公斤＜干衣量≤10 公斤） | 30 | |
| 4 | 电冰箱 | 冷藏冷冻箱（柜）、冷冻箱（柜）、冷藏箱（柜）（50 升≤容积≤500 升） | 55 | 容积＜50 升的电冰箱不予补贴 |
| 5 | 空气调节器 | 整体式空调器、分体式空调器、一拖多空调器（含室外机和室内机）（制冷量≤14 000 瓦） | 100 | |

## （二）废弃电器电子产品处理目录（2014 年版）

| 序号 | 产品名称 | 产品范围及定义 |
|---|---|---|
| 1. | 电冰箱 | 冷藏冷冻箱（柜）、冷冻箱（柜）、冷藏箱（柜）及其他具有制冷系统，消耗能量以获取冷量的隔热箱体（容积≤800 升） |
| 2 | 空气调节器 | 整体式空调器（窗式、穿墙式等）、分体式空调器（挂壁式、落地式等）、一拖多空调器等制冷量在 14 000 W 及以下（一拖多空调时，按室外机制冷量计算）的房间空气调节器具。 |

（续表）

| 序号 | 产品名称 | 产品范围及定义 |
| --- | --- | --- |
| 3 | 吸油烟机 | 深型吸排油烟机、欧式塔型吸排油烟机、侧吸式吸排油烟机和其他安装在炉灶上部，用于收集、处理被污染空气的电动器具。 |
| 4 | 洗衣机 | 波轮式洗衣机、滚筒式洗衣机、搅拌式洗衣机、脱水机及其他依靠机械作用洗涤衣物（含兼有干衣功能）的器具（干衣量≤10 公斤） |
| 5 | 电热水器 | 储水式电热水器、快热式电热水器和其他将电能转换为热能，并将热能传递给水，使水产生一定温度的器具（容量≤500 升）。 |
| 6 | 燃气热水器 | 以燃气作为燃料，通过燃烧加热方式将热量传递到流经热交换器的冷水中以达到制备热水目的的一种燃气用具（热负荷≤70 KW）。 |
| 7 | 打印机 | 激光打印机、喷墨打印机、针式打印机、热敏打印机和其他与计算机联机工作或利用云打印平台，将数字信息转换成文字和图像并以硬拷贝形式输出的设备，包括以打印功能为主，兼有其他功能设备（印刷幅面＜A2，印刷速度≤80 张/分钟）。 |
| 8 | 复印机 | 静电复印机、喷墨复印机和其他用各种不同成像过程产生原稿复印品的设备，包括以复印功能为主，兼有其他功能的设备（印刷幅面＜A2，印刷速度≤80 张/分钟）。 |
| 9 | 传真机 | 利用扫描和光电变换技术，把文字、图表、相片等传真静止图像变换成电信号发送出去，接收时以记录形式获取复制稿的通信终端设备，包括以传真功能为主，兼有其他功能的设备。 |
| 10 | 电视机 | 阴极射线管（黑白、彩色）电视机、等离子电视机、液晶电视机、OLED 电视机、背投电视机、移动电视接收终端及其他含有电视调谐器（高频头）的用于接收信号并还原出图像及伴音的终端设备。 |

**（续表）**

| 序号 | 产品名称 | 产品范围及定义 |
| --- | --- | --- |
| 11 | 监视器 | 阴极射线管（黑白、彩色）监视器、液晶监视器等由显示器件为核心组成的图像输出设备（不含高频头）。 |
| 12 | 微型计算机 | 台式微型计算机（含一体机）和便携式微型计算机（含平板电脑、掌上电脑）等信息事务处理实体。 |
| 13 | 移动通信手持机 | GSM 手持机、CDMA 手持机、SCDMA 手持机、3G 手持机、4G 手持机、小灵通等手持式的，通过蜂窝网络的电磁波发送或接收两地讲话或其他声音、图像、数据的设备。 |
| 14 | 电话单机 | PSTN 普通电话机、网络电话机（IP 电话机）、特种电话机和其他通信中实现声能与电能相互转换的用户设备。 |

## 八、取消、停征和整合部分政府性基金政策解析

政策依据：

《财政部关于取消、停征和整合部分政府性基金项目等有关问题的通知》（财税〔2016〕11 号）；

《财政部关于取消、调整部分政府性基金有关政策的通知》（财税〔2017〕18 号）；

《财政部 国家税务总局关于扩大有关政府性基金免征范围的通知》（财税〔2016〕12 号）；

《关于完善残疾人就业保障金制度更促进残疾人就业的总体方案》（发改价格规〔2019〕2015 号）；

《财政部关于调整部分政府性基金有关政策的通知》（财税〔2019〕46 号）；

《关于民航发展基金等 3 项政府性基金有关政策的通知》（财税〔2020〕72 号）；

《关于取消港口建设费和调整民航发展基金有关政策的公告》（财政部公告 2021 年第 8 号）。

## (一) 取消、停征和整合部分政府性基金项目(财税〔2016〕11号)

| | |
|---|---|
| 自2016年2月1日起:<br>一、将新菜地开发建设基金征收标准降为零。该基金征收标准降为零后,各地要完善财政保障机制,加大土地出让收入对蔬菜生产的支持。<br>二、将育林基金征收标准降为零。该基金征收标准降为零后,通过增加中央财政均衡性转移支付、中央财政林业补助资金、地方财政加大预算保障力度等,确保地方森林资源培育、保护和管理工作正常开展。<br>三、停征价格调节基金。该基金停止通过向社会征收方式筹集,所需资金由各地根据实际情况,通过地方同级预算统筹安排,保障调控价格、稳定市场工作正常开展。 | 四、将散装水泥专项资金并入新型墙体材料专项基金。停止向水泥生产企业征收散装水泥专项资金。将预拌混凝土、预拌砂浆、水泥预制件列入新型墙体材料目录,纳入新型墙体材料专项基金支持范围,继续推动散装水泥生产使用。<br>五、将大中型水库移民后期扶持基金、跨省(区、市)大中型水库库区基金、三峡水库库区基金合并为中央水库移民扶持基金。将省级大中型水库库区基金、小型水库移民扶助基金合并为地方水库移民扶持基金。具体征收政策、收入划分、使用范围等仍按现行规定执行,今后根据水库移民扶持工作需要适时完善分配使用政策。 |

## (二) 取消、调整部分政府性基金

| 财税〔2017〕18号 | 发改价格规〔2019〕2015号 |
|---|---|
| 一、取消城市公用事业附加和新型墙体材料专项基金。以前年度欠缴或预缴的上述政府性基金,相关执收单位应当足额征收或及时清算,并按照财政部门规定的渠道全额上缴国库或多退少补。 | 2020年1月1日起:<br>二、优化征收,切实降低用人单位成本<br>(三) 实行分档征收。<br>将残保金由单一标准征收调整为分档征收,用人单位安排残疾人就业比例1%(含)以上但低于本省(区、市)规定比例的,三年内按应缴费额50%征收;1%以下的,三年内按应缴费额90%征收。<br>(四) 暂免征收小微企业残保金。对在职职工总数30人(含)以下的企业,暂免征收残保金。 |

（续表）

| 财税〔2017〕18 号 | 发改价格规〔2019〕2015 号 |
| --- | --- |
| | （五）明确社会平均工资口径。残保金征收标准上限仍按当地社会平均工资的 2 倍执行，社会平均工资的口径为城镇私营单位和非私营单位就业人员加权平均工资。<br>（六）合理认定按比例安排就业形式。探索残疾人按比例就业多种实现形式，为用人单位更好履行法定义务提供更多选择。用工单位依法以劳务派遣方式接受残疾人在本单位就业的，残疾人联合会（以下简称残联）在审核残疾人就业人数时相应计入并加强动态监控。 |

## （三）降低部分政府性基金征收标准

| 财税〔2019〕46 号 | 财政部公告 2021 年第 8 号 |
| --- | --- |
| 四、自 2019 年 7 月 1 日起，将《财政部关于印发〈民航发展基金征收使用管理暂行办法〉的通知》（财综〔2012〕17 号）第八条规定的航空公司应缴纳民航发展基金的征收标准降低 50%。 | 二、自 2021 年 4 月 1 日起，将航空公司应缴纳民航发展基金的征收标准，在按照《财政部关于调整部分政府性基金有关政策的通知》（财税〔2019〕46 号）降低 50%的基础上，再降低 20%。 |

## （四）关于扩大有关政府性基金免征范围（财税〔2016〕12 号）

将免征教育费附加、地方教育附加、水利建设基金的范围，由现行按月纳税的月销售额或营业额不超过 3 万元（按季度纳税的季度销售额或营业额不超过 9 万元）的缴纳义务人，扩大到按月纳税的月销售额或营业额不超过 10 万元（按季度纳税的季度销售额或营业额不超过 30 万元）的缴纳义务人。

## (五)继续征收3项政府性基金规定(财税〔2020〕72号)

| | |
|---|---|
| 一、自2021年1月1日起继续征收民航发展基金、旅游发展基金、水利建设基金,截止日期另行明确。<br>二、优化民航发展基金使用方向,将民航发展基金重点投向不具备市场化条件的公共领域,逐步退出竞争性和市场化特征明显的领域;将航空物流体系建设纳入民航发展基金补助范围;不再对通用航空机场建设和运营予以补贴。<br>三、优化旅游发展基金使用方向,将国家全域旅游示范项目、促进文化和旅游消费项目纳入旅游发展基金补助范围。 | 四、2020年12月31日前已开征地方水利建设基金的省、自治区、直辖市,省级财政部门可提出免征、停征或减征地方水利建设基金的方案,报省级人民政府批准后执行。<br>五、除本通知规定外,上述3项政府性基金的具体征收使用政策按照现行规定执行。<br>六、请相关部门和地方切实加强有关政府性基金征收和使用管理,按照财政部有关文件规定,及时组织实施政策执行情况年度绩效评价工作,并将评价报告在次年5月底前报送财政部。 |

## (六)取消港口建设费和调整民航发展基金有关政(财政部公告2021年第8号)

| | |
|---|---|
| 一、自2021年1月1日起取消港口建设费。以前年度欠缴的港口建设费,相关执收单位应当足额征收及时清算,并按照财政部门规定的渠道全额上缴国库。<br>二、自2021年4月1日起,将航空公司应缴纳民航发展基金的征收标准,在按照《财政部关于调整部分政府性基金有关政策的通知》(财税〔2019〕46号)降低50%的基础上,再降低20%。降低后的征收标准见下表。 | 三、各有关部门和单位应当按照本公告规定,及时制定相关配套措施,确保上述政策落实到位。<br>四、自2021年1月1日起,《财政部 交通运输部关于印发〈港口建设费征收使用管理办法〉的通知》(财综〔2011〕29号)、《财政部 交通运输部关于免征客滚运输港口建设费的通知》(财综〔2011〕100号)、《财政部 交通运输部关于同意南京港长江大桥以上港区减半征收港口建设费的批复》(财综〔2012〕40号)、《财政部 交通运输部关于完善港口建设费征收政策有关问题的通知》(财税〔2015〕131号)废止。 |

**航空公司民航发展基金征收标准** 单位：元/公里

| 最大起飞全重 | 第一类航线 | 第二类航线 | 第三类航线 |
| --- | --- | --- | --- |
| ≤50 吨 | 0. 46 | 0. 36 | 0. 3 |
| 50—100 吨(含) | 0. 92 | 0. 74 | 0. 58 |
| 100—200 吨(含) | 1. 38 | 1. 1 | 0. 88 |
| >200 吨 | 1. 84 | 1. 46 | 1. 16 |

### (七) 部分政府非税收入项目征管职责划转

税务部门征收非税收入是非税收入财政资金属性的要求。非税收入应尽可能实行“税务收、财政管、部门支、审计查”的多部门共管模式，即：由税务部门征收非税收入，并纳入财政预算管理，再由相关部门或单位将这笔收入支付给用款单位或个人，整个非税收入的“收、支、管”全过程都要接受审计的监督。从这个意义上来说，税务征收有利于保障非税收入的安全性。根据《国税地税征管体制改革方案》中的部署，按照便民、高效的原则，合理确定非税收入征管职责划转到税务部门的范围，对依法保留、适宜划转的非税收入项目成熟一批划转一批，逐步推进。

| 划转项目和时间 | 政策依据 |
| --- | --- |
| 1. 自 2019 年 1 月 1 日起，原由财政部驻地方财政监察专员办事处(以下简称“专员办”)负责征收的国家重大水利工程建设基金、农网还贷资金、可再生能源发展基金、中央水库移民扶持基金(含大中型水库移民后期扶持基金、三峡水库库区基金、跨省际大中型水库库区基金)、三峡电站水资源费、核电站乏燃料处理处置基金、免税商品特许经营费、油价调控风险准备金、核事故应急准备专项收入，以 | 《国家税务总局关于国家重大水利工程建设基金等政府非税收入项目征管职责划转有关事项的公告》(国家税务总局公告 2018 年第 63 号) |

（续表）

| 划转项目和时间 | 政策依据 |
| --- | --- |
| 及国家留成油收入、石油特别收益金，划转至税务部门征收。征收范围、对象、标准及收入分成等仍按现行规定执行。 | |
| 2. 自2020年起，地方政府及有关部门负责征收的国家重大水利工程建设基金，以及向企事业单位和个体经营者征收的水利建设基金，划转至税务部门征收。 | 《国家税务总局关于水利建设基金等政府非税收入项目征管职责划转有关事项的公告》（国家税务总局公告2020年第2号） |
| 3. 自2021年1月1日起，水土保持补偿费、地方水库移民扶持基金、排污权出让收入、防空地下室易地建设费划转至税务部门征收。征收范围、征收对象、征收标准等政策仍按现行规定执行。 | 《国家税务总局关于水土保持补偿费等政府非税收入项目征管职责划转有关事项的公告》（国家税务总局公告2020年第21号） |
| 4. 自2021年7月1日起，将自然资源部门负责征收的土地闲置费、住房城乡建设等部门负责征收的按行政事业性收费管理的城镇垃圾处理费划转至税务部门征收。<br>（1）土地闲置费由自然资源部门向缴纳义务人（土地使用权人）出具《征缴土地闲置费决定书》等文书，并向税务部门推送《征缴土地闲置费决定书》等费源信息。缴纳义务人依据《征缴土地闲置费决定书》向税务部门申报缴纳，税务部门开具缴费凭证。土地闲置费申报期限按现行规定执行，未按时缴纳的，由税务部门出具催缴通知，并通过涉税渠道及时追缴。<br>（2）城镇垃圾处理费由缴纳义务人或代征单位自行向税务部门申报缴纳，申报期限和程序按现行规定执行。未按时缴纳的，由税务部门出具催缴通知，并通过涉税渠道及时追缴。 | 《财政部关于土地闲置费、城镇垃圾处理费划转税务部门征收的通知》（财税〔2021〕8号）<br>《国家税务总局等五部门关于土地闲置费 城镇垃圾处理费划转有关征管事项的公告》（国家税务总局 财政部 自然资源部 住房和城乡建设部 中国人民银行公告2021年第12号） |

（续表）

| 划转项目和时间 | 政策依据 |
| --- | --- |
| (3) 税务、财政、自然资源、住房和城乡建设、人民银行等部门应加强协同配合，通过信息共享和规范表证单书，实时推送费源信息、征收信息，及时开展征管信息比对，确保非税收入及时足额入库。 | |
| 1. 将由自然资源部门负责征收的国有土地使用权出让收入、矿产资源专项收入、海域使用金、无居民海岛使用金四项政府非税收入（以下简称四项政府非税收入），全部划转给税务部门负责征收。自然资源部（本级）按照规定负责征收的矿产资源专项收入、海域使用金、无居民海岛使用金，同步划转税务部门征收。<br>2. 先试点后推开。自 2021 年 7 月 1 日起，选择在河北、内蒙古、上海、浙江、安徽、青岛、云南省（自治区、直辖市、计划单列市）以省（区、市）为单位开展征管职责划转试点，探索完善征缴流程、职责分工等，为全面推开划转工作积累经验。暂未开展征管划转试点地区要积极做好四项政府非税收入征收划转准备工作，自 2022 年 1 月 1 日起全面实施征管划转工作。 | 《财政部　自然资源部　税务总局　人民银行关于将国有土地使用权出让收入、矿产资源专项收入、海域使用金、无居民海岛使用金四项政府非税收入划转税务部门征收有关问题的通知》（财综〔2021〕19 号） |

现行由税务机关负责征收的政府非税收入可分为政府性基金、行政事业性收费、其他非税收入三大类项目。部分非税收入项目在 2018 年之前就已由税务机关负责征收。依照中共中央 2018 年 3 月印发的《深化党和国家机构改革方案》关于税务部门"承担所辖区域内各项税收、非税收入征管等职责"的规定，根据财税〔2018〕147 号、财税

〔2020〕9 号、财税〔2020〕58 号、财税〔2021〕8 号、财综〔2021〕19 号等文件，在 2019 年和 2020 年、2021 年相继划转了 5 批政府非税收入项目至税务机关征收。截至 2021 年 6 月，由税务机关负责征收的政府非税收入项目有 27 项：

**税务机关负责征收的非税收入项目清单**①

<table>
<tr><th>项目名称</th><th>相关说明</th></tr>
<tr><td>国有土地使用权出让收入<br>矿产资源专项收入<br>海域使用金<br>无居民海岛使用金<br>土地闲置费<br>城镇垃圾处理费<br>地方水库移民扶持基金<br>排污权出让收入<br>水土保持补偿费<br>防空地下室易地建设费</td><td>2021 年划转项目</td></tr>
<tr><td>国家重大水利工程建设基金<br>农网还贷资金<br>可再生能源发展基金<br>核电站乏燃料处理处置基金<br>中央水库移民扶持基金（含大中型水库移民后期扶持基金、跨省大中型水库库区基金、三峡水库库区基金）<br>油价调控风险准备金<br>（场外）核事故应急准备专项收入<br>石油特别收益金<br>国家留成油收入<br>免税商品特许经营收入<br>三峡电站水资源费</td><td>2019 年专员办划转项目</td></tr>
</table>

① 来源：税海涛声公众号。

（续表）

| 项目名称 | 相关说明 |
| --- | --- |
| 教育费附加<br>地方教育附加<br>文化事业建设费<br>废弃电器电子产品处理基金<br>残疾人就业保障金 | 2018 年前已征项目 |
| 水利建设基金 | 2018 年前部分征收<br>2020 年全部划转项目 |

# 附录 2

# 国家税务总局等五部门关于土地闲置费城镇垃圾处理费划转有关征管事项的公告

（2021 年 5 月 12 日　国家税务总局　财政部　自然资源部　住房和城乡建设部　中国人民银行公告 2021 年第 12 号）

为贯彻落实党中央、国务院关于政府非税收入征管职责划转有关部署要求，以及中办、国办印发的《关于进一步深化税收征管改革的意见》，根据《财政部关于土地闲置费城镇垃圾处理费划转税务部门征收的通知》（财税〔2021〕8 号），自 2021 年 7 月 1 日起，自然资源部门负责征收的土地闲置费、住房和城乡建设等部门负责征收的按行政事业性收费管理的城镇垃圾处理费（以下简称城镇垃圾处理费）划转至税务部门征收。现就划转有关征管事项公告如下：

一、土地闲置费由自然资源部门向缴纳义务人（土地使用权人）出具《征缴土地闲置费决定书》等文书，并向税务部门推送《征缴土地闲置费决定书》等费源信息。缴纳义务人依据《征缴土地闲置费决定书》向税务部门申报缴纳，税务部门开具缴费凭证。土地闲置费申报期限按现行规定执行，未按时缴纳的，由税务部门出具催缴通知，并通过涉税渠道及时追缴。

二、城镇垃圾处理费由缴纳义务人或代征单位自行向税务部门申报缴纳，申报期限和程序按现行规定执行。未按时缴纳的，由税务部门出具催缴通知，并通过涉税渠道及时追缴。

三、税务、财政、自然资源、住房和城乡建设、人民银行等部门应加强协同配合，通过信息共享和规范表证单书，实时推送费源信息、征收信息，及时开展征管信息比对，确保非税收入及时足额入库。

四、划转税务部门征收以前欠缴的土地闲置费、城镇垃圾处理费，由税务部门负责征缴入库。原执收（监缴）单位和税务部门要加强部门协同，做好征管资料交接、欠费金额确认等工作，确保征收工作有效衔接、欠缴费款及时入库。缴纳义务人或代征单位拒不缴纳的，按现行有关规定执行。

五、资金入库后需要办理退库的，应当按照财政部门有关退库管理规定办理。其中，因缴费人误缴、税务部门误收以及汇算清缴需要退库的，由财政部门授权税务部门审核退库，具体由缴费人直接向税务部门申请办理。人民银行国库管理部门按规定办理退付手续。

六、税务部门按照属地原则征收上述项目，具体征收机关由国家税务总局各省、自治区、直辖市和计划单列市税务局按照“便民、高效”原则确定。

七、缴纳义务人或代征单位原则上使用《非税收入通用申报表》申报缴纳土地闲置费、城镇垃圾处理费。各地可与其他项目合并申报资料、简并申报流程。

八、税务、财政、自然资源、住房和城乡建设、人民银行等部门要积极推进办事缴费“一门、一站、一次”办理，不断提高征管效率，降低征管成本。持续优化缴费流程、精简申报资料，推行“非接触式”缴费服务，拓展“实体、网上、掌上、自助”等多样化缴费渠道，切实方便缴费人缴费。

九、省级税务、财政、自然资源、住房和城乡建设、人民银行等部门，可依据本公告制定具体实施办法。

十、各级税务、财政、自然资源、住房和城乡建设、人民银行等部门要把思想统一到党中央、国务院决策部署上来，切实提高政治站位，强化部门协作配合，形成非税收入征管职责划转协同共治合力。各地在征管职责划转工作中遇到的重大问题，应当及时向同级政府和上级主管部门报告，确保征管职责划转工作平稳有序落实。

本公告自 2021 年 7 月 1 日起施行。

特此公告。

国家税务总局　财政部　自然资源部

住房和城乡建设部　中国人民银行

2021 年 5 月 12 日

## 关于《国家税务总局等五部门关于土地闲置费城镇垃圾处理费划转有关征管事项的公告》的解读

现对《国家税务总局　财政部　自然资源部　住房和城乡建设部　中国人民银行关于土地闲置费城镇垃圾处理费划转有关征管事项的公告》（以下简称《公告》）解读如下：

**一、有关背景**

为贯彻落实中共中央印发的《深化党和国家机构改革方案》，以及中办、国办印发的《关于进一步深化税收征管改革的意见》，根据财政部印发《关于土地闲置费、城镇垃圾处理费划转税务部门征收的通知》（财税〔2021〕8 号），自 2021 年 7 月 1 日起，自然资源部门负责征收的土地闲置费、住房和城乡建设等部门负责征收的按行政事业性收费管理的城镇垃圾处理费(以下简称城镇垃圾处理费)划转税务部门征收。为指导各地依法依规开展征管工作,确保划转改革落地落细,税务总局、财政部、自然资源部、住房和城乡建设部、中国人民银行以《公告》的形式,明确了划转后有关征管事项,以便各级税务部门和缴费人按照相关流程,规范、便捷、高效地办理缴费业务。

**二、主要内容**

《公告》的制定贯彻了"便民、高效"的原则,从明确征收流程、加强部门协作、明确征管要求、优化缴费服务等方面,明确了有关征管事项:

(一)关于两个项目征收流程的规定

《公告》第一条、第二条规定了土地闲置费、城镇垃圾处理费划转税务部门后的征收流程,明确了部门职责分工。需要说明的是,土地闲置费与自然资源部门权责密切相关,按照现行有关规定,需由市、县自然资源部门报经本级人民政府批准后,向土地使用权人出具《征缴土地闲置费决定书》。因此,土地闲置费征收需以自然资源部门认定作为前置环节。

(二)关于部门间协作事项的规定

《公告》第三至五条规定了部门信息共享、欠费补缴、退库办理等事项,进一步明确了需要部门间协调配合的工作内容,要求相关部门依据《公告》规定共同推进改革,确保划转平稳落地。

(三)关于主管税务机关和申报表的规定

《公告》第六条、第七条规定了各地按照属地征收原则确定主管税务机关,并使用《非税收入通用申报表》,还可结合本地实际探索尝试,与其他项目合并申报、简并申报。

（四）关于缴费便利化的规定

《公告》第八条要求各地税务、财政、自然资源、住房和城乡建设、人民银行等部门形成合力，共同推进办事缴费“一门、一站、一次”办理，进一步优化申报流程，将“便民、高效”原则落实落地落细，让缴费人有更多获得感。

（五）关于各省制定实施办法的规定

《公告》第九条明确了省级税务、财政、自然资源、住房和城乡建设、人民银行等部门可根据《公告》因地制宜制定实施办法，进一步增强征管措施的针对性和有效性。

（六）关于划转工作原则性要求的规定

《公告》第十条强调了各级税务、财政、自然资源、住房和城乡建设、人民银行等部门要从讲政治的高度推动划转工作，通过凝聚共识、形成合力，加强重大问题的请示报告，确保划转工作落实落地。

**三、施行日期**

按照土地闲置费、城镇垃圾处理费划转时间要求，《公告》自2021年7月1日起施行。

# 附录 3

## 财政部　自然资源部　税务总局　人民银行关于将国有土地使用权出让收入、矿产资源专项收入、海域使用金、无居民海岛使用金四项政府非税收入划转税务部门征收有关问题的通知

（2021 年 5 月 21 日财综〔2021〕19 号）

各省、自治区、直辖市、计划单列市财政厅（局）、自然资源厅（局），新疆生产建设兵团财政局、自然资源局，国家税务总局各省、自治区、直辖市、计划单列市税务局，中国人民银行上海总部，各分行、营业管理部，各省会（首府）城市中心支行，各副省级城市中心支行：

为贯彻落实党中央、国务院关于政府非税收入征管职责划转税务部门的有关部署和要求，决定将国有土地使用权出让收入、矿产资源专项收入、海域使用金、无居民海岛使用金四项政府非税收入统一划转税务部门征收。现就平稳有序推进划转工作有关事项通知如下：

一、将由自然资源部门负责征收的国有土地使用权出让收入、矿产资源专项收入、海域使用金、无居民海岛使用金四项政府非税

收入(以下简称四项政府非税收入),全部划转给税务部门负责征收。自然资源部(本级)按照规定负责征收的矿产资源专项收入、海域使用金、无居民海岛使用金,同步划转税务部门征收。

二、先试点后推开。自2021年7月1日起,选择在河北、内蒙古、上海、浙江、安徽、青岛、云南省(自治区、直辖市、计划单列市)以省(区、市)为单位开展征管职责划转试点,探索完善征缴流程、职责分工等,为全面推开划转工作积累经验。暂未开展征管划转试点地区要积极做好四项政府非税收入征收划转准备工作,自2022年1月1日起全面实施征管划转工作。

三、四项政府非税收入划转给税务部门征收后,以前年度和今后形成的应缴未缴收入以及按规定分期缴纳的收入,由税务部门负责征缴入库,有关部门应当配合做好相关信息传递和材料交接工作。税务部门应当按照国库集中收缴制度等规定,依法依规开展收入征管工作,确保非税收入及时足额缴入国库。已缴入财政非税专户,但尚未划缴国库的有关资金,由财政部门按非税收入收缴管理制度规定缴入国库。

四、税务部门按照属地原则征收四项政府非税收入。具体征收机关由国家税务总局有关省(自治区、直辖市、计划单列市)税务局按照“便民、高效”原则确定。原由自然资源部(本级)负责征收的矿产资源专项收入、海域使用金、无居民海岛使用金等非税收入,征管职责划转后的具体工作由国家税务总局北京市税务局承担。

五、税务部门应当商财政、自然资源、人民银行等部门逐项确定职责划转后的征缴流程,实现办事缴费“一门、一站、一次”办理,不断提高征管效率,降低征管成本。具体征缴流程可参照本通知附件流程图并结合当地实际研究确定。涉及经费划转的,方案按程序报批。

六、税务部门征收四项政府非税收入应当使用财政部统一监(印)制的非税收入票据,按照税务部门全国统一信息化方式规范管理。

七、资金入库后需要办理退库的,应当按照财政部门有关退库管理规定办理。其中,因缴费人误缴、税务部门误收需要退库的,由缴费人向税务部门申请办理,税务部门经严格审核并商有关财政、自然资源部门复核同意后,按规定办理退付手续;其他情形需要退库的,由缴费人向财政部门和自然资源部门申请办理。人民银行国库管理部门按规定办理退付手续。

八、除本通知规定外,四项政府非税收入的征收范围、对象、标准、减免、分成、使用、管理等政策,继续按照现行规定执行。

九、自然资源部门与使用权人签订出让、划拨等合同后,应当及时向税务部门和财政部门传递相关信息,确保征管信息实时共享。税务部门应会同财政、自然资源、人民银行等部门做好业务衔接和信息互联互通工作,并将计征、缴款等明细信息通过互联互通系统传递给财政、自然资源、人民银行等相关部门,确保征管信息实时共享,账目清晰无误。同时,向财政部门报送征收情况,并附文字说明材料。

各级财政、自然资源、税务、人民银行等部门要把思想认识统一到中央决策部署上来,切实提高政治站位,强化部门协作配合,形成非税收入征管职责划转协同共治合力。各地在征管职责划转试点工作中若遇到重大问题,应当及时向税务总局报告,税务总局应当会同财政部、自然资源部、人民银行等有关部门根据试点情况,研究完善具体征缴流程，指导各地做好划转工作；涉及地方跨部门协调难点问题，应当及时向同级政府报告，请地方政府及时协调解决和处理，确保划转工作顺利进行。

附件：国有土地使用权出让收入等四项政府非税收入征缴流程（详见本书附录4）

财政部　自然资源部　税务总局　人民银行

2021年5月21日

# 附录 4

# 征缴流程

## 国有土地使用权出让收入征缴流程

（涉及竞买保证金的情形）

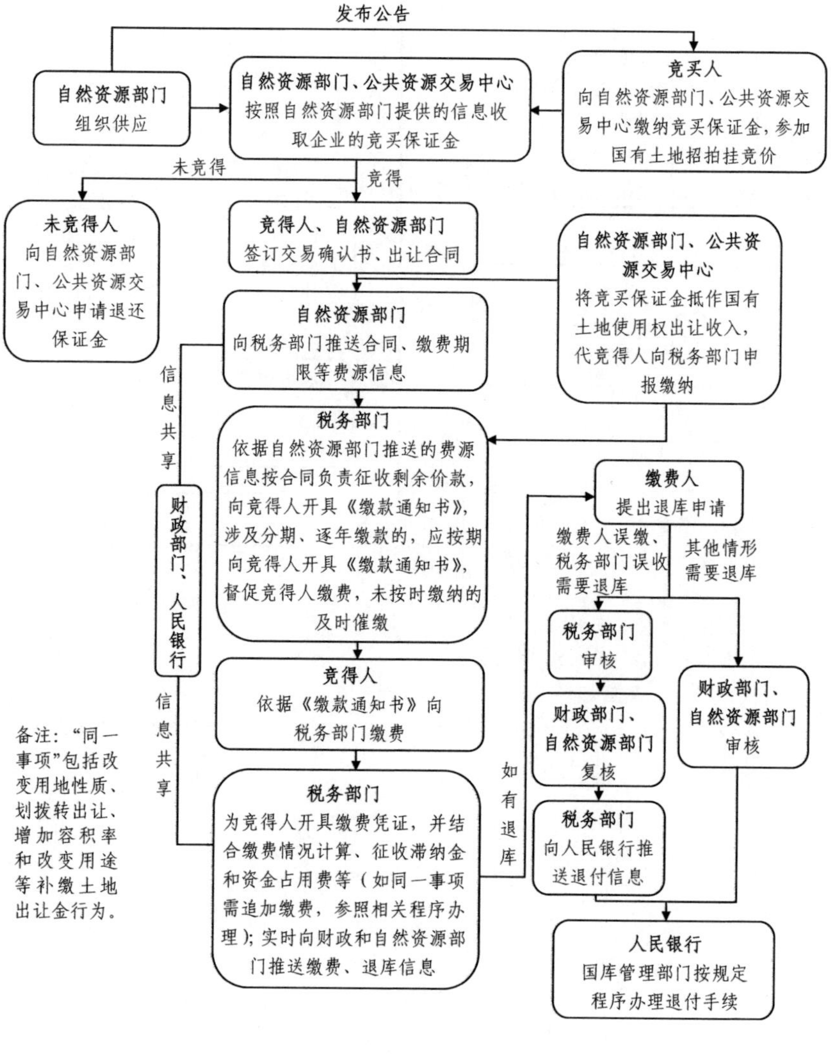


备注："同一事项"包括改变用地性质、划拨转出让、增加容积率和改变用途等补缴土地出让金行为。

# 国有土地使用权出让收入征缴流程

（按照规定标准确定出让金额，不涉及竞买保证金的情形）

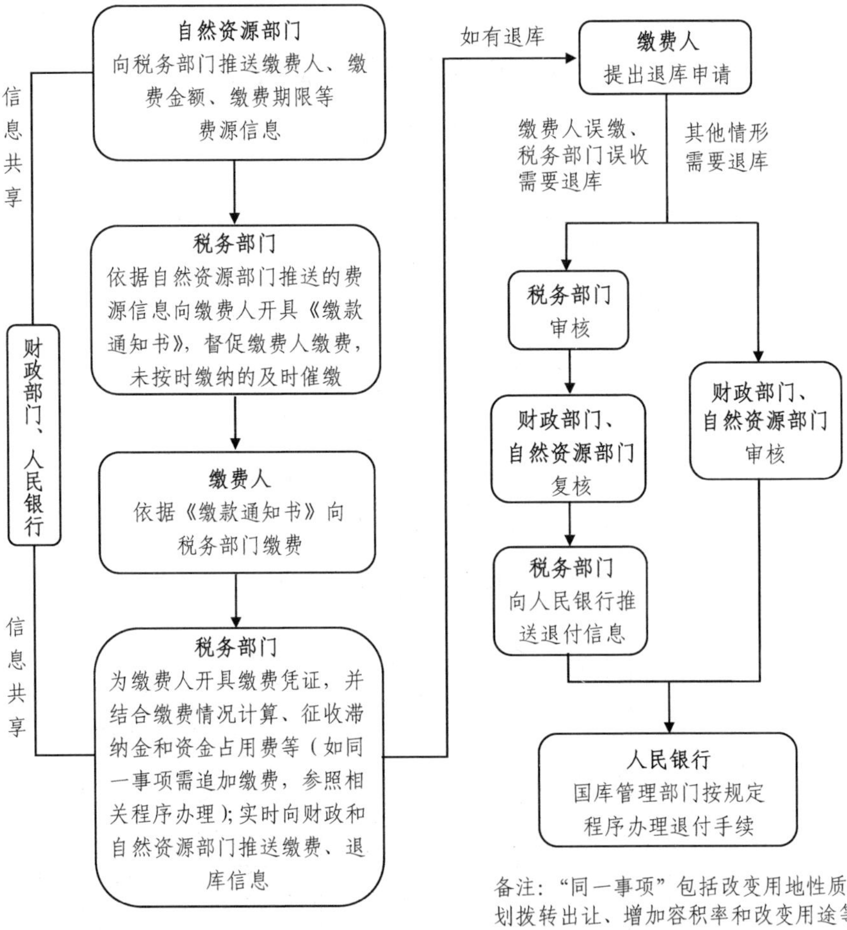


备注："同一事项"包括改变用地性质、划拨转出让、增加容积率和改变用途等补缴土地出让金行为。

# 探矿权采矿权出让收益征缴流程

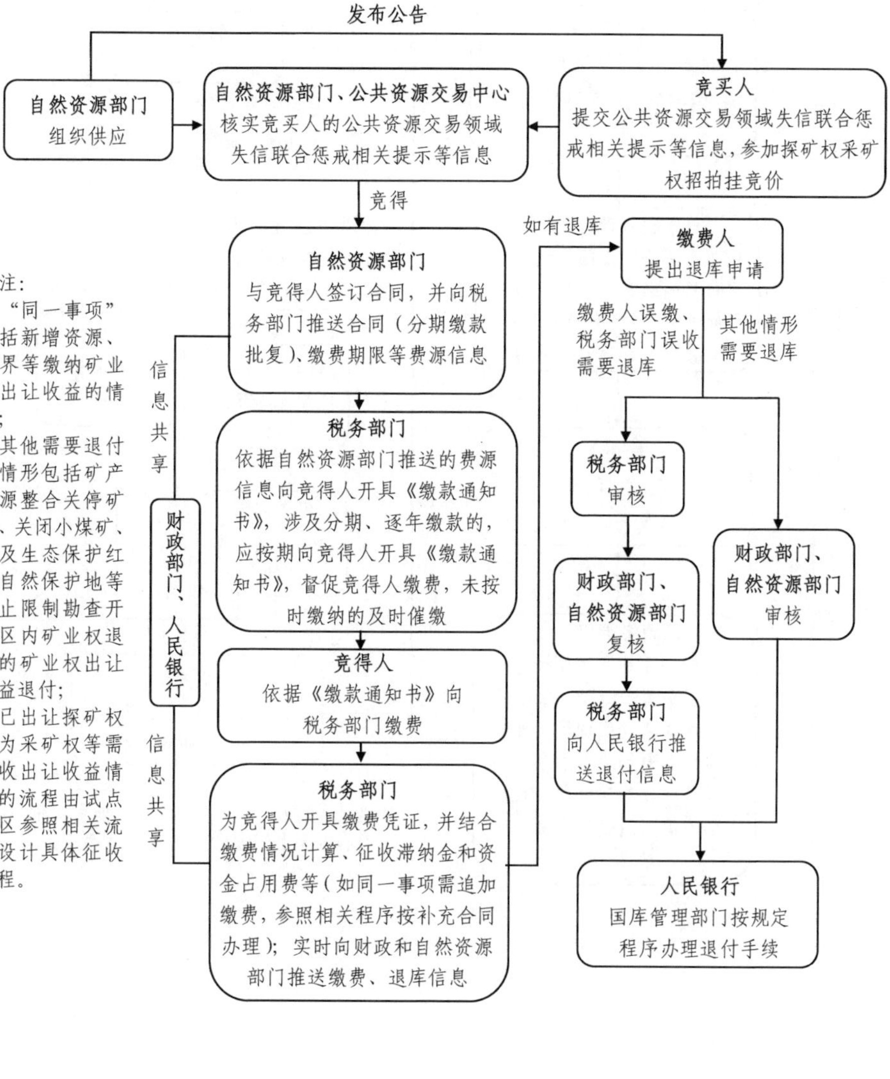


备注：
1. “同一事项”包括新增资源、扩界等缴纳矿业权出让收益的情况；
2. 其他需要退付的情形包括矿产资源整合关停矿山、关闭小煤矿、涉及生态保护红线自然保护地等禁止限制勘查开采区内矿业权退出的矿业权出让收益退付；
3. 已出让探矿权转为采矿权等需征收出让收益情形的流程由试点地区参照相关流程设计具体征收流程。

# 探矿权采矿权使用费(占用费)征缴流程

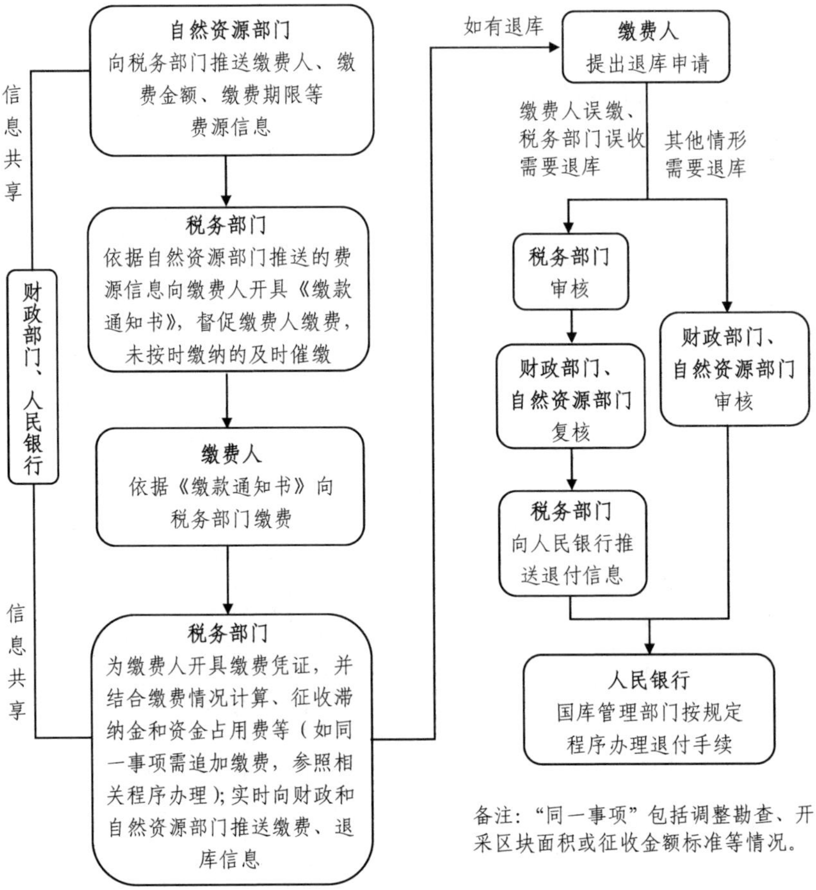


备注：“同一事项”包括调整勘查、开采区块面积或征收金额标准等情况。

# 海域使用金征缴流程

（涉及竞买保证金的情形）

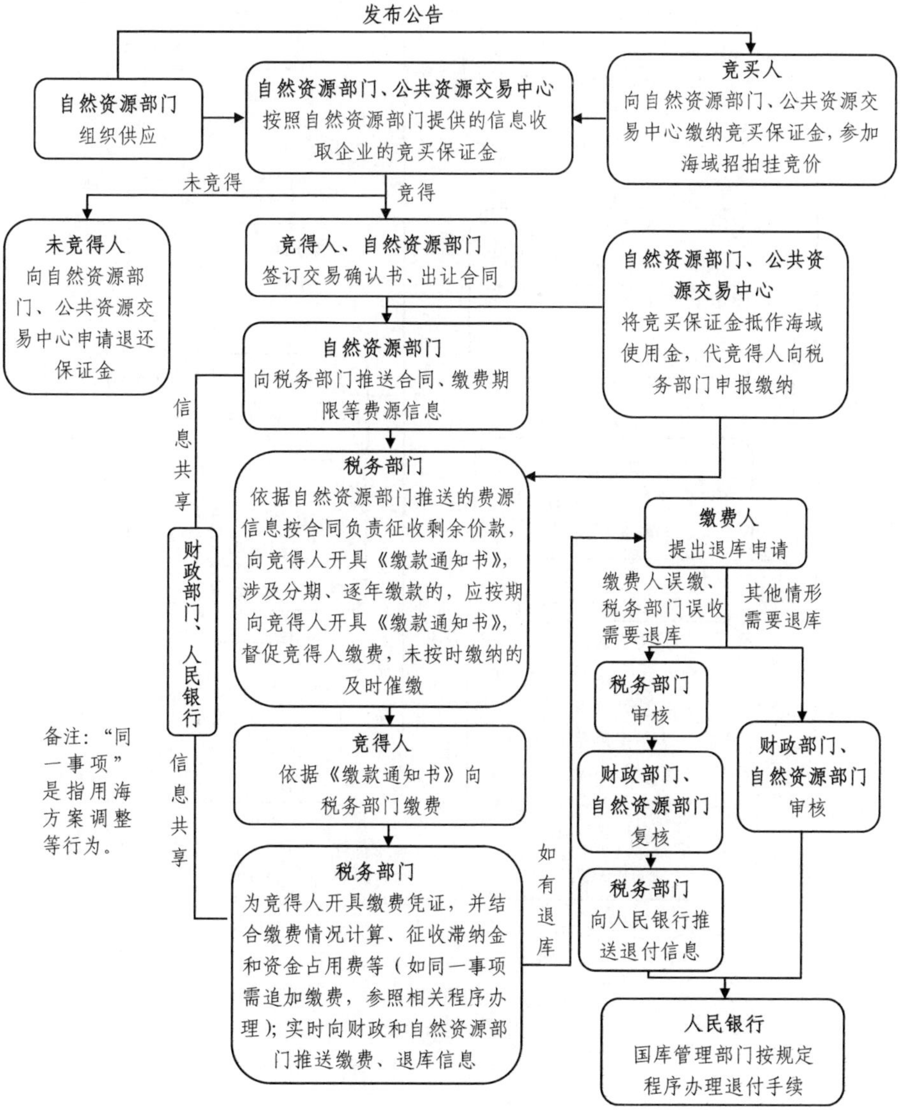


备注：“同一事项”是指用海方案调整等行为。

# 海域使用金征缴流程

（按照规定标准确定出让金额，不涉及竞买保证金的情形）

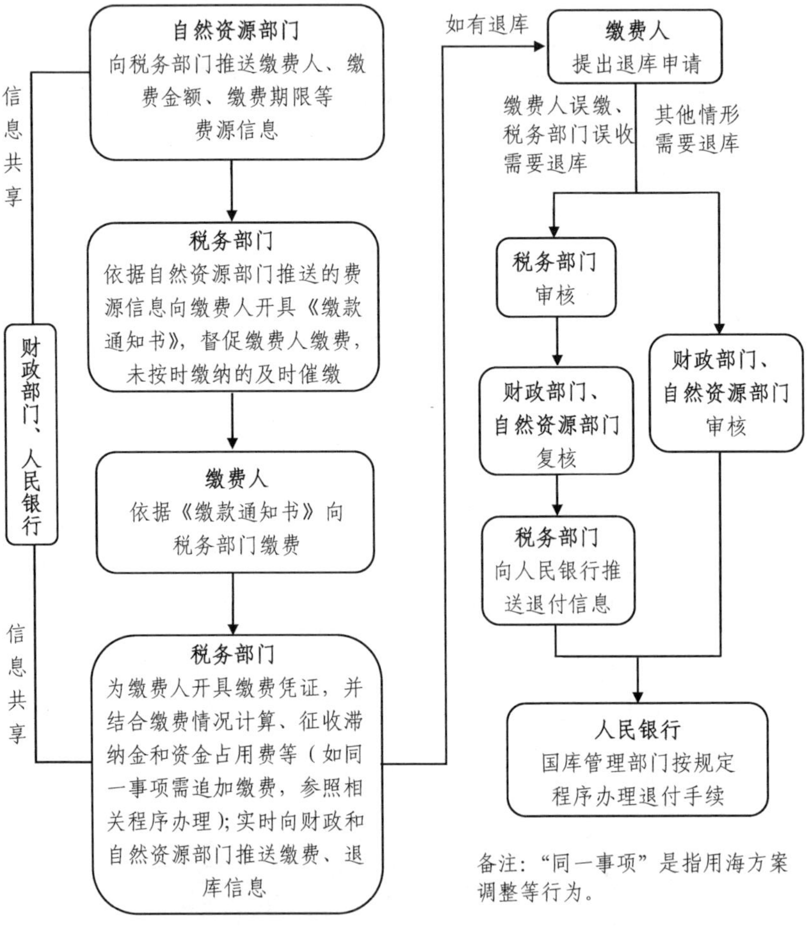

# 无居民海岛使用金征缴流程

（涉及竞买保证金的情形）

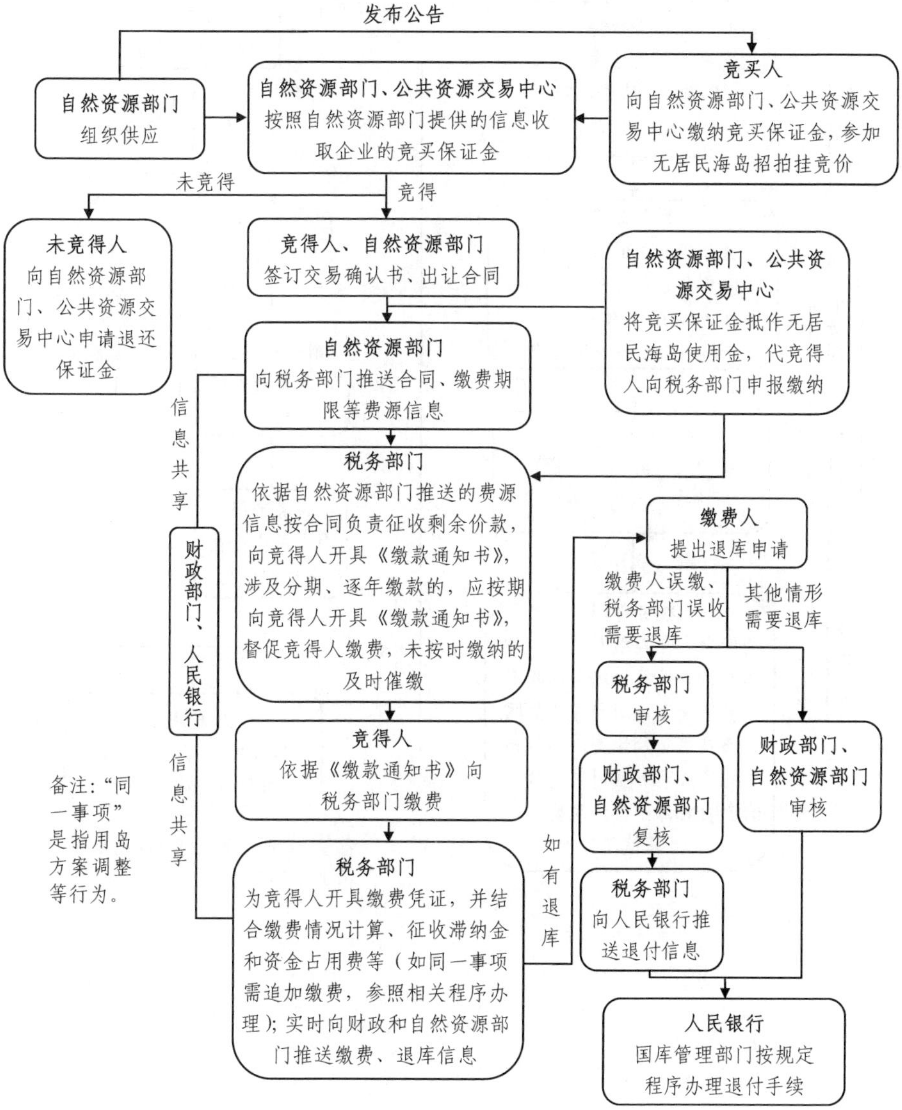

# 无居民海岛使用金征缴流程

（按照规定标准确定出让金额，不涉及竞买保证金的情形）

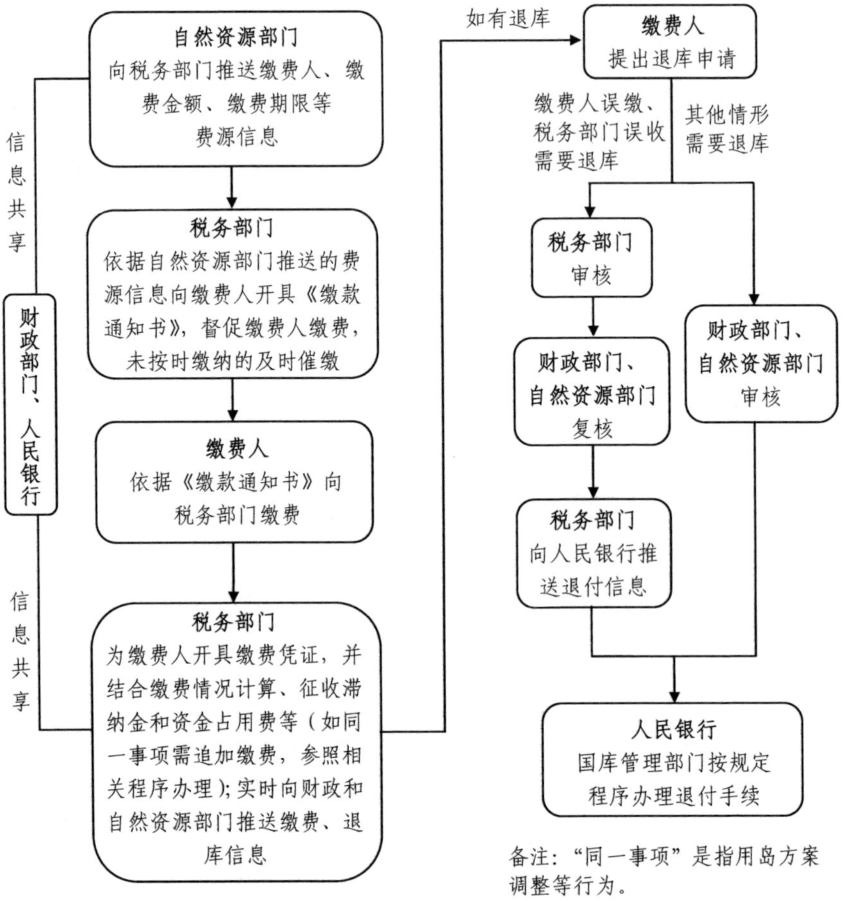

# 附录 5

# 海域使用金征收标准

为贯彻落实《生态文明体制改革总体方案》以及《海域、无居民海岛有偿使用的意见》要求，充分发挥海域使用金征收标准经济杠杆的调控作用，提高用海生态门槛，引导海域开发利用布局优化和海洋产业结构调整，根据《中华人民共和国海域使用管理法》《中华人民共和国预算法》，现对海域使用金征收标准调整如下：

**一、海域等别调整**

根据沿海地区行政区划变化以及海域资源和生态环境、社会经济发展等情况，全国海域等别调整如下：

**海域等别**

**一等：**

上海：宝山区　浦东新区

山东：青岛市（市南区　市北区）

福建：厦门市（思明区　湖里区）

广东：广州市（黄埔区　番禺区　南沙区　增城区）　深圳市（福田区　南山区　宝安区　龙岗区　盐田区）

**二等：**

上海：金山区　奉贤区

天津：滨海新区

辽宁：大连市（中山区　西岗区　沙河口区）

山东：青岛市（黄岛区　崂山区　李沧区　城阳区）

浙江：宁波市江北区　温州市龙湾区

福建：泉州市丰泽区　厦门市（海沧区　集美区）

广东：东莞市　汕头市（龙湖区　金平区　潮阳区）　中山市　珠海市（香洲区　斗门区　金湾区）

**三等：**

上海：崇明区

辽宁：大连市甘井子区　营口市鲅鱼圈区

河北：秦皇岛市（海港区　北戴河区）

山东：青岛市即墨区　胶州市　烟台市（芝罘区　福山区　莱山区）龙口市　蓬莱市　威海市环翠区　荣成市　日照市（东港区　岚山区）

浙江：宁波市（北仑区　镇海区　鄞州区）　台州市（椒江区　路桥区）　舟山市定海区

福建：福州市马尾区　福清市　厦门市（同安区　翔安区）　泉州市（洛江区　泉港区）　石狮市　晋江市

广东：汕头市（濠江区　潮南区　澄海区）　江门市新会区　湛江市（赤坎区　霞山区　坡头区　麻章区）　茂名市电白区　惠州市惠阳区　惠东县

海南：海口市（秀英区　龙华区　美兰区）　三亚市（海棠区　吉阳区　天涯区　崖州区）

**四等：**

辽宁：大连市（旅顺口区　金州区）　瓦房店市　长海县　营口市（西市区　老边区）　盖州市　葫芦岛市（连山区　龙港区）　绥中县　兴城市

河北：秦皇岛市山海关区

山东：烟台市牟平区　莱州市　招远市　海阳市　威海市文登区　乳山市

江苏：连云港市连云区

浙江：慈溪市　余姚市　乐清市　海盐县　平湖市　玉环市　温岭市　舟山市普陀区　嵊泗县

福建：福州市长乐区　惠安县　龙海市　南安市

广东：南澳县　台山市　恩平市　汕尾市城区　阳江市江城区

广西：北海市（海城区　银海区）

海南：儋州市

**五等：**

辽宁：大连市普兰店区　庄河市　东港市

河北：秦皇岛市抚宁区　唐山市（丰南区　曹妃甸区）　滦南县　乐亭县　黄骅市

山东：东营市（东营区　河口区）　长岛县　莱阳市　潍坊市寒亭区

江苏：南通市通州区　海安县　如东县　启东市　海门市　盐城市大丰区　东台市

浙江：宁波市奉化区　象山县　宁海县　温州市洞头区　瑞安市　岱山县　三门县　临海市

福建：连江县　罗源县　平潭县　莆田市（城厢区　涵江区　荔城区　秀屿区）　漳浦县

广东：遂溪县　徐闻县　廉江市　雷州市　吴川市　海丰县　陆丰市　阳东县　阳西县　饶平县　揭阳市榕城区　惠来县

广西：北海市铁山港区　防城港市（港口区　防城区）　钦州市钦南区

海南：琼海市　文昌市　万宁市　澄迈县　乐东县　陵水县

**六等：**

辽宁：锦州市太和区　凌海市　盘锦市大洼区　盘山县

河北：昌黎县　海兴县

山东：东营市垦利区　利津县　广饶县　寿光市　昌邑市　滨州市沾化区　无棣县

江苏：连云港市赣榆区　灌云县　灌南县　盐城市亭湖区　响水县　滨海县　射阳县

浙江：平阳县　苍南县

福建：仙游县　云霄县　诏安县　东山县　宁德市蕉城区　霞浦县　福安市　福鼎市

广西：合浦县　东兴市

海南：三沙市　东方市　临高县　昌江县

## 二、海域使用金征收标准调整

根据国民经济增长、资源价格变化水平，并考虑海域开发利用的生态环境损害成本和社会承受能力，海域使用金征收标准调整如下：

**海域使用金征收标准**

单位：万元/公顷

| 用海方式＼海域等别 | | | 一等 | 二等 | 三等 | 四等 | 五等 | 六等 | 征收方式 |
|---|---|---|---|---|---|---|---|---|---|
| 填海造地用海 | 建设填海造地用海 | 工业、交通运输、渔业基础设施等填海 | 300 | 250 | 190 | 140 | 100 | 60 | 一次性征收 |
| | | 城镇建设填海 | 2 700 | 2 300 | 1 900 | 1 400 | 900 | 600 | |
| | 农业填海造地用海 | | 130 | 110 | 90 | 75 | 60 | 45 | |

（续表）

| 用海方式 \ 海域等别 | | 一等 | 二等 | 三等 | 四等 | 五等 | 六等 | 征收方式 |
|---|---|---|---|---|---|---|---|---|
| 构筑物用海 | 非透水构筑物用海 | 250 | 200 | 150 | 100 | 75 | 50 | 一次性征收 |
| | 跨海桥梁、海底隧道用海 | 17.30 | | | | | | |
| | 透水构筑物用海 | 4.63 | 3.93 | 3.23 | 2.53 | 1.84 | 1.16 | 按年度征收 |
| 围海用海 | 港池、蓄水用海 | 1.17 | 0.93 | 0.69 | 0.46 | 0.32 | 0.23 | |
| | 盐田用海 | 0.32 | 0.26 | 0.20 | 0.15 | 0.11 | 0.08 | |
| | 围海养殖用海 | 由各省（自治区、直辖市）制定 | | | | | | |
| | 围海式游乐场用海 | 4.76 | 3.89 | 3.24 | 2.67 | 2.24 | 1.93 | |
| | 其他围海用海 | 1.17 | 0.93 | 0.69 | 0.46 | 0.32 | 0.23 | |
| 开放式用海 | 开放式养殖用海 | 由各省（自治区、直辖市）制定 | | | | | | |
| | 浴场用海 | 0.65 | 0.53 | 0.42 | 0.31 | 0.20 | 0.10 | |
| | 开放式游乐场用海 | 3.26 | 2.39 | 1.74 | 1.17 | 0.74 | 0.43 | |
| | 专用航道、锚地用海 | 0.30 | 0.23 | 0.17 | 0.13 | 0.09 | 0.05 | |
| | 其他开放式用海 | 0.30 | 0.23 | 0.17 | 0.13 | 0.09 | 0.05 | |
| 其他用海 | 人工岛式油气开采用海 | 13.00 | | | | | | |
| | 平台式油气开采用海 | 6.50 | | | | | | |
| | 海底电缆管道用海 | 0.70 | | | | | | |
| | 海砂等矿产开采用海 | 7.30 | | | | | | |
| | 取、排水口用海 | 1.05 | | | | | | |
| | 污水达标排放用海 | 1.40 | | | | | | |
| | 温、冷排水用海 | 1.05 | | | | | | |
| | 倾倒用海 | 1.40 | | | | | | |
| | 种植用海 | 0.05 | | | | | | |

备注：1.离大陆岸线最近距离 2 千米以上且最小水深大于 5 米（理论最低潮面）的离岸式填海，按照征收标准的 80%征收；2. 填海造地用海占用大陆自然岸线的，占用自然岸线的该宗填海按照征收标准的 120%征收；3.建设人工鱼礁的透水构筑物用海，按照征收标准的 80%征收；4.地方人民政府管辖海域以外的项目用海执行国家标准，海域等别按照毗邻最近行政区的等别确定。养殖用海标准按照毗邻最近行政区征收标准征收。

## 三、用海方式界定

根据海域使用特征及对海域自然属性的影响程度，用海方式界定如下：

**用海方式界定**

| 编码 | | 用海方式名称 | 界定 |
|---|---|---|---|
| 1 | | 填海造地用海 | 指筑堤围割海域填成土地，并形成有效岸线的用海 |
| | 11 | 建设填海造地用海 | 指通过筑堤围割海域，填成建设用地用于工业、交通运输、渔业基础设施、城镇建设等的用海。<br>工业、交通运输、渔业基础设施等填海是指主导用途用于工业、交通运输、渔业基础设施、旅游娱乐、海底工程、特殊用海等的填海造地用海；城镇建设填海是指除工业、交通运输、渔业基础设施等填海以外的其他填海造地用海。 |
| | 12 | 农业填海造地用海 | 指通过筑堤围割海域，填成农用地用于农、林、牧业生产的用海 |
| 2 | | 构筑物用海 | 指采用透水或非透水等方式构筑海上各类设施的用海 |
| | 21 | 非透水构筑物用海 | 指采用非透水方式构筑不形成有效岸线的码头、突堤、引堤、防波堤、路基、设施基座等构筑物的用海 |
| | 22 | 跨海桥梁、海底隧道用海 | 指占用海面空间或底土用于建设跨海桥梁、海底隧道、海底仓储等的用海 |
| | 23 | 透水构筑物用海 | 指采用透水方式构筑码头、平台、海面栈桥、高脚屋、塔架、潜堤、人工鱼礁等构筑物的用海 |
| 3 | | 围海用海 | 指通过筑堤或其他手段，以完全或不完全闭合形式围割海域进行海洋开发活动的用海 |
| | 31 | 港池、蓄水用海 | 指通过修筑海堤或防浪设施圈围海域，用于港口作业、修造船、蓄水等的用海，含开敞式码头前沿的船舶靠泊和回旋水域 |

（续表）

| 编码 | | 用海方式名称 | 界定 |
| --- | --- | --- | --- |
| 3 | 32 | 盐田用海 | 指通过筑堤圈围海域用于盐业生产的用海 |
| | 33 | 围海养殖用海 | 指通过筑堤圈围海域用于养殖生产的用海 |
| | 34 | 围海式游乐场用海 | 指通过修筑海堤或防浪设施圈围海域，用于游艇、帆板、冲浪、潜水、水下观光、垂钓等水上娱乐活动的海域 |
| | 35 | 其他围海用海 | 指上述围海用海以外的围海用海 |
| 4 | | 开放式用海 | 指不进行填海造地、围海或设置构筑物，直接利用海域进行开发活动的用海 |
| | 41 | 开放式养殖用海 | 指采用筏式、网箱、底播或以人工投苗、自然增殖海洋底栖生物等形式进行增养殖生产的用海 |
| | 42 | 浴场用海 | 指供游人游泳、嬉水，且无固定设施的用海 |
| | 43 | 开放式游乐场用海 | 指开展游艇、帆板、冲浪、潜水、水下观光、垂钓等娱乐活动，且无固定设施的用海 |
| | 44 | 专用航道、锚地用海 | 指供船舶航行、锚泊的用海 |
| | 45 | 其他开放式用海 | 指上述开放式用海以外的开放式用海 |
| 5 | | 其他用海 | 指上述用海方式之外的用海 |
| | 51 | 人工岛式油气开采用海 | 指采用人工岛方式开采油气资源的用海 |
| | 52 | 平台式油气开采用海 | 指采用固定式平台、移动式平台、浮式储油装置及其他辅助设施开采油气资源的用海 |
| | 53 | 海底电缆管道用海 | 指铺设海底通信光（电）缆及电力电缆，输水、输气、输油及输送其他物质的管状输送设施的用海 |
| | 54 | 海砂等矿产开采用海 | 指开采海砂及其他固体矿产资源的用海 |
| | 55 | 取、排水口用海 | 指抽取或排放海水的用海 |

（续表）

| 编码 | | 用海方式名称 | 界定 |
|---|---|---|---|
| 5 | 56 | 污水达标排放用海 | 指受纳指定达标污水的用海 |
| | 57 | 温、冷排水用海 | 指受纳温、冷排水的用海 |
| | 58 | 倾倒用海 | 指向海上倾倒区倾倒废弃物或利用海床在水下堆放疏浚物等的用海 |
| | 59 | 种植用海 | 指种植芦苇、翅碱蓬、人工防护林、红树林等的用海 |

# 附录 6

## 无海岛居民使用金征收标准

为贯彻落实《生态文明体制改革总体方案》和《海域、无居民海岛有偿使用的意见》，体现政府配置资源的引导作用，进一步发挥海岛有偿使用的经济杠杆作用，国家实行无居民海岛使用金征收标准动态调整机制，全面提升海岛生态保护和资源合理利用水平。根据《中华人民共和国海岛保护法》和《中华人民共和国预算法》，现将无居民海岛使用权出让最低标准调整如下：

**一、无居民海岛等别**

依据经济社会发展条件差异和无居民海岛分布情况，将无居民海岛划分为六等。

**一等：**

上海：浦东新区

山东：青岛市（市北区　市南区）

福建：厦门市（湖里区　思明区）

广东：广州市（黄埔区　南沙区）　深圳市（宝安区　福田区　龙岗区　南山区　盐田区）

**二等：**

上海：金山区

天津：滨海新区

辽宁：大连市（沙河口区　西岗区　中山区）

山东：青岛市（城阳区　黄岛区　崂山区）

福建：泉州市丰泽区　厦门市(海沧区　集美区)

广东：东莞市　中山市　珠海市(金湾区　香洲区)

**三等：**

上海：崇明区

辽宁：大连市甘井子区

山东：即墨市　龙口市　蓬莱市　日照市(东港区　岚山区)

荣成市　威海市环翠区　烟台市(莱山区　芝罘区)

浙江：宁波市(北仑区　鄞州区　镇海区)　台州市(椒江区

路桥区)　舟山市定海区

福建：福清市　福州市马尾区　晋江市　泉州市泉港区　石狮

市　厦门市翔安区

广东：茂名市电白区　惠东县　惠州市惠阳区　汕头市(澄海区　濠江区　潮南区　潮阳区　金平区　龙湖区)　湛江市(赤坎区　麻章区　坡头区)

海南：海口市美兰区　三亚市(吉阳区　崖州区　天涯区　海棠区)

**四等：**

辽宁：长海县　大连市(金州区　旅顺口区)　瓦房店市　葫芦岛市市辖区　绥中县　兴城市

河北：秦皇岛市山海关区

山东：莱州市　乳山市　威海市文登区　烟台市牟平区　海阳市

江苏：连云港市连云区

浙江：海盐县　平湖市　嵊泗县　温岭市　玉环市　乐清市　舟山市普陀区

福建：福州市长乐区　惠安县　龙海市　南安市

广东：恩平市　南澳县　汕尾市城区　台山市　阳江市江城区

广西：北海市海城区

海南：儋州市

**五等：**

辽宁：东港市　大连市普兰店区　庄河市

河北：唐山市曹妃甸区　乐亭县

山东：长岛县　东营市（东营区　河口区）　莱阳市　潍坊市寒亭区

江苏：盐城市大丰区　东台市　如东县

浙江：岱山县　温州市洞头区　宁波市奉化区　临海市　宁海县　瑞安市　三门县　象山县

福建：连江县　罗源县　平潭县　莆田市（荔城区　秀屿区）漳浦县

广东：海丰县　惠来县　雷州市　廉江市　陆丰市　饶平县遂溪县　吴川市　徐闻县　阳东县　阳西县

广西：防城港市（防城区　港口区）　钦州市钦南区

海南：澄迈县　琼海市　文昌市　陵水县　乐东县　万宁市

**六等：**

辽宁：锦州市（凌海市）　盘锦市（大洼区　盘山县）

山东：昌邑市　广饶县　利津县　无棣县

江苏：连云港市赣榆区

浙江：苍南县　平阳县

福建：东山县　福安市　福鼎市　宁德市蕉城区　霞浦县　云霄县　诏安县

广西：东兴市　合浦县

海南：昌江县　东方市　临高县　三沙市

我国管辖的其他区域的海岛

## 二、无居民海岛用岛类型

根据无居民海岛开发利用项目主导功能定位，将用岛类型划分为九类。

| 类型编码 | 类型名称 | 界定 |
| --- | --- | --- |
| 1 | 旅游娱乐用岛 | 用于游览、观光、娱乐、康体等旅游娱乐活动及相关设施建设的用岛。 |
| 2 | 交通运输用岛 | 用于港口码头、路桥、隧道、机场等交通运输设施及其附属设施建设的用岛。 |
| 3 | 工业仓储用岛 | 用于工业生产、工业仓储等的用岛，包括船舶工业、电力工业、盐业等。 |
| 4 | 渔业用岛 | 用于渔业生产活动及其附属设施建设的用岛。 |
| 5 | 农林牧业用岛 | 用于农、林、牧业生产活动的用岛。 |
| 6 | 可再生能源用岛 | 用于风能、太阳能、海洋能、温差能等可再生能源设施建设的经营性用岛。 |
| 7 | 城乡建设用岛 | 用于城乡基础设施及配套设施等建设的用岛。 |
| 8 | 公共服务用岛 | 用于科研、教育、监测、观测、助航导航等非经营性和公益性设施建设的用岛。 |
| 9 | 国防用岛 | 用于驻军、军事设施建设、军事生产等国防目的的用岛。 |

## 三、无居民海岛用岛方式

根据用岛活动对海岛自然岸线、表面积、岛体和植被等的改变程度，将无居民海岛用岛方式划分为六种。

| 方式编码 | 方式名称 | 界定 |
| --- | --- | --- |
| 1 | 原生利用式 | 不改变海岛岛体及表面积，保持海岛自然岸线和植被的用岛行为。 |
| 2 | 轻度利用式 | 造成海岛自然岸线、表面积、岛体和植被等要素发生改变，且变化率最高的指标符合以下任一条件的用岛行为：<br>1）改变海岛自然岸线属性≤10%；<br>2）改变海岛表面积≤10%；<br>3）改变海岛岛体体积≤10%；<br>4）破坏海岛植被≤10%。 |
| 3 | 中度利用式 | 造成海岛自然岸线、表面积、岛体和植被等要素发生改变，且变化率最高的指标符合以下任一条件的用岛行为：<br>1）改变海岛自然岸线属性＞10%且＜30%；<br>2）改变海岛表面积＞10%且＜30%；<br>3）改变海岛岛体体积＞10%且＜30%；<br>4）破坏海岛植被＞10%且＜30%。 |
| 4 | 重度利用式 | 造成海岛自然岸线、表面积、岛体和植被等要素发生改变，且变化率最高的指标符合以下任一条件的用岛行为：<br>1）改变海岛自然岸线属性≥30%且＜65%；<br>2）改变岛体表面积≥30%且＜65%；<br>3）改变海岛岛体体积≥30%且＜65%；<br>4）破坏海岛植被≥30%且＜65%。 |
| 5 | 极度利用式 | 造成海岛自然岸线、表面积、岛体和植被等要素发生改变，且变化率最高的指标符合以下任一条件的用岛行为：<br>1）改变海岛自然岸线属性≥65%；<br>2）改变岛体表面积≥65%；<br>3）改变海岛岛体体积≥65%；<br>4）破坏海岛植被≥65%。 |
| 6 | 填海连岛与造成岛体消失的用岛 | |

## 四、无居民海岛使用权出让最低标准

根据各用岛类型的收益情况和用岛方式对海岛生态系统造成的影响，在充分体现国家所有者权益的基础上，将生态环境损害成本纳入价格形成机制，确定无居民海岛使用权出让最低标准。国家每年对无居民海岛使用权出让最低标准进行评估，适时调整。

**无居民海岛使用权出让最低标准**

单位：万元/公顷·年

| 等别 | 用岛方式<br>用岛类型 | 原生利用式 | 轻度利用式 | 中度利用式 | 重度利用式 | 极度利用式 | 填海连岛与造成岛体消失的用岛 |
|---|---|---|---|---|---|---|---|
| 一等 | 旅游娱乐用岛 | 0.95 | 1.91 | 5.73 | 12.41 | 19.09 | 2 455.00 万元/公顷，按用岛面积一次性计征。 |
| | 交通运输用岛 | 1.18 | 2.36 | 7.07 | 15.32 | 23.56 | |
| | 工业仓储用岛 | 1.37 | 2.75 | 8.25 | 17.87 | 27.49 | |
| | 渔业用岛 | 0.38 | 0.75 | 2.26 | 4.90 | 7.54 | |
| | 农林牧业用岛 | 0.30 | 0.60 | 1.81 | 3.92 | 6.03 | |
| | 可再生能源用岛 | 1.04 | 2.08 | 6.25 | 13.54 | 20.83 | |
| | 城乡建设用岛 | 1.47 | 2.95 | 8.84 | 19.15 | 29.46 | |
| | 公共服务用岛 | — | — | — | — | — | |
| | 国防用岛 | — | — | — | — | — | |
| 二等 | 旅游娱乐用岛 | 0.77 | 1.54 | 4.62 | 10.00 | 15.38 | 1 976.00 万元/公顷，按用岛面积一次性计征。 |
| | 交通运输用岛 | 0.95 | 1.90 | 5.69 | 12.33 | 18.97 | |
| | 工业仓储用岛 | 1.11 | 2.21 | 6.64 | 14.38 | 22.13 | |
| | 渔业用岛 | 0.30 | 0.61 | 1.83 | 3.95 | 6.08 | |
| | 农林牧业用岛 | 0.24 | 0.49 | 1.46 | 3.16 | 4.87 | |
| | 可再生能源用岛 | 0.84 | 1.68 | 5.04 | 10.91 | 16.78 | |
| | 城乡建设用岛 | 1.19 | 2.37 | 7.11 | 15.41 | 23.71 | |
| | 公共服务用岛 | — | — | — | — | — | |
| | 国防用岛 | — | — | — | — | — | |

（续表）

| 等别 | 用岛方式<br>用岛类型 | 原生利用式 | 轻度利用式 | 中度利用式 | 重度利用式 | 极度利用式 | 填海连岛与造成岛体消失的用岛 |
|---|---|---|---|---|---|---|---|
| 三等 | 旅游娱乐用岛 | 0.68 | 1.37 | 4.10 | 8.88 | 13.66 | 1 729.00 万元/公顷，按用岛面积一次性计征。 |
| | 交通运输用岛 | 0.83 | 1.66 | 4.98 | 10.79 | 16.60 | |
| | 工业仓储用岛 | 0.97 | 1.94 | 5.81 | 12.59 | 19.36 | |
| | 渔业用岛 | 0.28 | 0.55 | 1.65 | 3.58 | 5.50 | |
| | 农林牧业用岛 | 0.22 | 0.44 | 1.32 | 2.86 | 4.40 | |
| | 可再生能源用岛 | 0.75 | 1.49 | 4.47 | 9.69 | 14.90 | |
| | 城乡建设用岛 | 1.04 | 2.07 | 6.22 | 13.48 | 20.75 | |
| | 公共服务用岛 | — | — | — | — | — | |
| | 国防用岛 | — | — | — | — | — | |
| 四等 | 旅游娱乐用岛 | 0.49 | 0.98 | 2.94 | 6.36 | 9.79 | 1 248.00 万元/公顷，按用岛面积一次性计征。 |
| | 交通运输用岛 | 0.60 | 1.20 | 3.59 | 7.79 | 11.98 | |
| | 工业仓储用岛 | 0.70 | 1.40 | 4.19 | 9.08 | 13.98 | |
| | 渔业用岛 | 0.20 | 0.39 | 1.17 | 2.54 | 3.91 | |
| | 农林牧业用岛 | 0.16 | 0.31 | 0.94 | 2.03 | 3.13 | |
| | 可再生能源用岛 | 0.53 | 1.07 | 3.20 | 6.94 | 10.68 | |
| | 城乡建设用岛 | 0.75 | 1.50 | 4.49 | 9.73 | 14.97 | |
| | 公共服务用岛 | — | — | — | — | — | |
| | 国防用岛 | — | — | — | — | — | |
| 五等 | 旅游娱乐用岛 | 0.42 | 0.84 | 2.51 | 5.45 | 8.38 | 1 056.00 万元/公顷，按用岛面积一次性计征。 |
| | 交通运输用岛 | 0.51 | 1.01 | 3.04 | 6.59 | 10.14 | |
| | 工业仓储用岛 | 0.59 | 1.18 | 3.55 | 7.69 | 11.83 | |
| | 渔业用岛 | 0.17 | 0.34 | 1.02 | 2.21 | 3.39 | |
| | 农林牧业用岛 | 0.14 | 0.27 | 0.81 | 1.76 | 2.71 | |
| | 可再生能源用岛 | 0.46 | 0.91 | 2.74 | 5.94 | 9.14 | |
| | 城乡建设用岛 | 0.63 | 1.27 | 3.80 | 8.24 | 12.68 | |
| | 公共服务用岛 | — | — | — | — | — | |
| | 国防用岛 | — | — | — | — | — | |

(续表)

| 等别 | 用岛方式<br>用岛类型 | 原生利用式 | 轻度利用式 | 中度利用式 | 重度利用式 | 极度利用式 | 填海连岛与造成岛体消失的用岛 |
|---|---|---|---|---|---|---|---|
| 六等 | 旅游娱乐用岛 | 0.37 | 0.75 | 2.24 | 4.86 | 7.48 | 927.00 万元/公顷，按用岛面积一次性计征。 |
| | 交通运输用岛 | 0.45 | 0.89 | 2.67 | 5.79 | 8.90 | |
| | 工业仓储用岛 | 0.52 | 1.04 | 3.12 | 6.75 | 10.39 | |
| | 渔业用岛 | 0.15 | 0.31 | 0.93 | 2.01 | 3.09 | |
| | 农林牧业用岛 | 0.12 | 0.25 | 0.74 | 1.61 | 2.47 | |
| | 可再生能源用岛 | 0.41 | 0.82 | 2.45 | 5.30 | 8.16 | |
| | 城乡建设用岛 | 0.56 | 1.11 | 3.34 | 7.23 | 11.13 | |
| | 公共服务用岛 | — | — | — | — | — | |
| | 国防用岛 | — | — | — | — | — | |

最低价计算公式为“无居民海岛使用权出让最低价 = 无居民海岛使用权出让面积 × 出让年限 × 无居民海岛使用权出让最低标准”。

无居民海岛出让前，应确定无居民海岛等别、用岛类型和用岛方式，核算出让最低价，在此基础上对无居民海岛上的珍稀濒危物种、淡水、沙滩等资源价值进行评估，一并形成出让价。出让价作为申请审批出让和市场化出让底价的参考依据，不得低于最低价。